重視法規文本　总结历史經驗

探索文保規律　促進事業發展

賀曉東同志《民國文物法規史評》出版

壬辰初冬　謝辰生題

時年九十

谢辰生题词

民国文物法规史评

李晓东 著

文物出版社

封面设计　张习广
责任印制　陈　杰
责任编辑　周　成　陈　峰

图书在版编目（CIP）数据

民国文物法规史评／李晓东著．—北京：文物出版社，2013.6

ISBN 978－7－5010－3704－9

Ⅰ．①民…　Ⅱ．①李…　Ⅲ．①文物保护—法律—研究—中国—民国　Ⅳ．①D922.162

中国版本图书馆 CIP 数据核字（2013）第 072692 号

民　国　文　物　法　规　史　评

李晓东　著

文物出版社出版发行
（北京市东直门内北小街 2 号楼　邮政编码 100007）
http：//www.wenwu.com
E-mail：web@wenwu.com
北京宝蕾元科技发展有限责任公司制版
保定市佰润彩印有限公司印刷
新　华　书　店　经　销
787×1092　1/16　印张：14.75　插页：1
2013 年 6 月第 1 版　2013 年 6 月第 1 次印刷
ISBN 978－7－5010－3704－9　定价：80 元

目　录

前　言

《民国文物法规史评》，是对民国时期文物、古物、古迹等政策法规文件，以历史唯物主义和辩证唯物主义观点和方法进行梳理、比较、分析研究和评论。主要选取民国北京政府和南京国民政府时期国家层面的文物、古物、古迹等政策法规文件，同时选取民国时期中国共产党和边区政府一些主要文物政策法规文件，分别以年代为纵线，以文物、古物、古迹等政策法规文件内容为横面，构建民国时期文物法规史框架，进行评论。简言之，从构建民国时期文物法规史框架要求出发，选取文物、古物、古迹等政策法规历史文件，进行构建、比较、分析、评论。为了阅读和研究便利，各章收入的文物、古物、古迹等政策法规历史文件，一般均收入文件全文。特别是法规文本，是一定历史条件下的产物，是研究法规的基本出发点。其目的既是为笔者阅读，了解全文，进行研究，也是为便于读者阅读、研究，并据此将比较、分析、研究、评论深入和完善，有利于文物法规史研究、借鉴和发展。

《民国文物法规史评》总体上分为三编，第一编为民国政府初期古物法规的肇建，分为五章；第二编为南京国民政府时期古物古迹法规的发展，分为八章；第三编为中国共产党和边区政府文物法规的创建，分为三章。

在文物保护中，对自己国家保护文物历史、文物法规史不了解，特别是对近代以来保护文物历史缺乏系统研究，不利于文物保护理论建设和保护实践。

在民国时期文物、古物、古迹等政策法规文件中，已提出一些重要文物术语，或概念、理念，或保护原则，如不可移动和可移动古物，古物古迹国有、公有、私有，文物古迹历史、科学、艺术价值，保护古代名城，保护名人故居，古迹原地保存，保护古迹古物原状、恢复原状等等。在 1948 年和 1949 年华北人民政府颁布的文物法规训令中，已经应用了“文化遗产”和“文化财产”概念，提出“今后图书古物管理工作为经常的文化建设工作之一”并成立文物管理委员会等。

特别需要重点提出的是，由中国共产党于20世纪三四十年代开启的保护同一时期文化遗物、纪念物和纪念建筑等重要思想和先进理念及其实践，对新中国保护革命文物、近代现代（当代）文物产生了极为重要和深远的影响。

今天的文物保护，是历史上保护文物的继续、发展和创新。近代中国文物保护，特别是民国时期文物保护思想原则，文物的分类与制定相关政策法规，一些文物保护术语、概念、理念的提出与规范，文物保护措施的制定等等，都应系统地梳理、总结，深入研究。缺乏中国历史上保护文物的知识，就可能出现文物保护知识链条断裂；缺乏文物保护理论研究与实践经验积累，就可能对当前文物保护某些概念、理念、措施等方面缺乏正确判断。进而言之，当代中国特色文物保护理论和道路，是在历史的中国文物保护进程中孕育、不断发展、逐渐形成的。总结、研究中国历史上文物保护，对发展和完善中国特色文物保护理论，坚持走中国特色文物保护道路是十分重要的课题。《民国文物法规史评》是这一重要课题中一个重要分支，希望以此进一步引起对该课题的关注和重视。如有不妥之处，请指正。

在我从事文物工作半个多世纪里，一直注意收集和学习文物政策法规，受益匪浅。民国时期文物政策法规资料的收集、研究，是从20世纪80年代计划撰写《中国文物学概论》时开始的，在“概论”中写了“国民政府保护文物的法规”和“边区人民政府重视文物保护”（实际主要写的法规）部分。近些年来向笔者提供民国时期文物政策法规资料的有杨育彬研究员、杭侃教授、彭蕾博士等。在《民国文物法规史评》书稿完成后，年逾九旬的新中国文物法规奠基者和开拓者之一、国家文物局原顾问谢辰生先生欣然为本书题词，给予鼓励。文物出版社领导和编辑同志大力支持，精心编辑、出版。在此，向所有给予笔者大力支持和热情帮助的同志致以诚挚的谢意。

李晓东
2012年11月8日
于北京天通西苑

第一编　民国政府初期古物法规肇建

引言：民国政府初期，由于政治、军事斗争情势，政局变化，社会动荡，自清末以来对古物的盗窃、挖掘、贩运、外流等仍然严重。在这种形势下，民国政府从国家层面开启了近代对古物（文物）的保护和古物法规的肇建。

第一章　保护古物古迹与制定法规

第一节　训令各省民政长保护古物古迹

古物古迹是中国历史文化遗存，承载着历史上政治、经济、军事、科学技术、文化艺术等方面历史文化内涵，是重要的历史见证，有重要的历史、科学、文化艺术价值。保护古物古迹，“考证古今，动关历史”，“与历史沿革，文化变迁均有关系”。

清末以来，古物古迹破坏严重，一些西方国家的团体或者个人，在我国挖掘、窃取、贩运古物，使大量古物外流。民国以来，在一些地方古物古迹的破坏仍然严重。为此，民国政府主管部门内务部，为切实保护、保存古物（文物）古迹，于中华民国五年（1916 年）三月十一日，致各省民政长训令。各省民政长：

“案查国务院函开：准外交部印送译就亚洲文艺会书记马克密所拟保存中国古物办法原函及字林西报批评专件到院。报内报称：该会之热心民国，并谓中国古物以龙门地方为可贵，现已半就毁坏。其四川、陕西、云南、福建等省，亦多就凋残。非得政府禁令，不易保存等语。查前代石刻，于历史沿革，文化变迁均有关系。我国古器留遗甚多，公家向不知护惜，一任射利之徒，窃取私收，转相运售。无知者又或任意毁坏，该会报纸所论各节，确系实情。且中国古物，本国不能自保，而令外人设法保存，尤非国体所宜，应严申禁令，设法保存，免使彝器文献尽沦域外。等因。到部。查中国文化开辟最早，山川名胜，古迹具存，历代以来，祠墓碑志，画像题名，随在多有。考证古今，动关历史，不仅如该西报所称各处毁坏可惜，合亟令行该民政长查照，通饬各属于该管地方，所有前代古物均应严申禁令，设法保存。如有窃取私收，转相运售，及任意毁坏情事，一律从严究办可也。此令。”[1]

这是中华民国北京政府内务部颁发的一项保护古物古迹的重要训令，其重要性在于从国家层面，由其主管部门向各省民政长发出指令。训令内容涉及缘起、古物古迹破坏、古物古迹价值和作用、保护古物古迹的责任，对破坏古物古迹事件从严究办等。值得重视的是：

一，古物古迹破坏，不仅在历史悠久、古物古迹丰富的河南、陕西问题严重，而且在四川及边远的云南、福建等地，古物古迹破坏也很严重，也可以说是带有普遍性问题。这应是内务部向各省民政长发出训令的一个重要原因。

二，训令指出对保护古物古迹，“公家向不知护惜，一任射利之徒，窃取私收，转相运售”。这应是古物古迹遭受破坏的关键问题。所谓“公家向不知护惜”，应是指政府及其有关部门。为此，训令“通饬各属于该管地方，所有前代古物均应严申禁令，设法保存。”明确属地保护保存的责任。

三，训令对保护保存对象，明确为“所有前代古物”，名胜古迹，如古器、彝器、文献、石刻、祠墓碑志、画像石等。既有可移动的古物又有不可移动的古迹。因此，保护保存“所有前代古物”，实为前代所有古物古迹。明确这一对象、范围不仅对保护保存实践，对法规构建也有重要意义。

第二节　古物调查规定

古物调查是全面了解古物分布、保护、保存等一种重要方法和途径。清末民政部“曾咨行各省调查古迹有案，中更事变，册报尚稀”。为了做好古物调查，民国北京政府内务部制定了古物调查表和古物调查表说明书，于中华民国五年（1916 年）十月，发给各省长和都统，“希通饬所属认真调查，按表填注，限期报部，藉便考查”。这是民国时期，从国家层面布置的一次全国性的古物调查，而古物调查表及其说明书，是对调查工作、调查对象之记录规范，有重要价值。

一　内务部为调查古物列表报部致各省长、都统文

民国五年（1916 年）十月，内务部为调查古物列表报部致各省长、都统、各长官并令行京兆尹：

“为咨行事：粤维吉光片羽，足征古代之文明，断碣残碑，辄动后人之观

感，对盘铭而起敬，抚石鼓以兴歌，胜迹名山，资历史之考证，衣冠文物睹制作之精英。凡古代品物之遗留，实一国文化之先导，固不仅摩桫石刻，发思古之幽情，想望铜标，切前贤之景仰已也。征之东西各国，保存古物，备亟经营，邦埤古城，埃及石塔，西腊佛堂之雕刻，东瀛神社之遗墟，莫不侈为美谈，争夸名迹。其通都大邑，每设博物院，寻求珍异；罗列瑰奇，千品灿陈，荟为国粹。而我国地大物博，开化最先，古代流传，何可胜纪。顾以历经浩劫，销沉已多。公家所保存，不及百分之一，私人所搜集，每集散亡。近数年来，为市侩私售舶商，以致流失海外者，迭据关吏报告为数尤夥，倘不亟谋保管，必至日渐销亡。本部保存古物，职有专司，凡物品之征求，保管之方法以及出售之限制，现正次第筹画，将以谋全国古物之保存，自当以分类调查为起点。且查有清季年，前民政部曾咨行各省调查古迹有案，中更事变，册报尚稀。兹特准酌国情，制定调查表及说明书，咨送查照，即希通饬所属认真调查，按表填注，限期送部，藉便考查。嗣后如有发现古物及关系名胜处所，并希随时报部，是为至盼。”[2]

这是民国北京政府内务部关于在全国开展古物调查，也可以说是古物普查的一份重要文件。从古物的重要价值和作用、一些国家重视古物保管，到我国在古物保管方面存在的问题，进而谋划加强保管措施，制定调查表和说明书等等，内容比较丰富。其中：

（一）“谋全国古物之保存，当以分类调查为起点。”要谋划全国古物之保存，应对各地古物保存、保护、分布等情况进行调查，在调查了解实际情况的基础上，才有利于制定相应的对策措施。这种出发点和实行的方法无疑都是正确的。

（二）古物调查表和说明书，“兹特准酌国情”制定，所谓“国情”实则是中国悠久历史及其文化遗存特点，保护、保存古物的现状，以此制定的说明书内容充分证明这一点。

（三）在概述古物价值与作用中用了“文物”一词。

二　古物调查表和说明书

内务部为古物调查制定了调查表和说明书，调查表格式为：

____县古物调查表　第____类

名称	时代	地点	保管	备考

古物调查表说明书：

——本表分为十二类如左：（笔者注：原表竖排）

建筑类：如古代城郭、关塞、堤堰、桥梁、湖渠、坛庙、园囿、寺观、楼台、亭塔及一切古建筑之类；

遗迹类：如古代陵墓、壁垒、池沼、岩洞、矶石、井泉及一切古名胜之属；

碑碣类：如碑碣、坊表、摩崖、造像及一切古石刻板片之类；

金石类：如钟鼎、泉刀、宝玉、印玺及一切古金石之类；

陶器类：如陶瓷各器及砖瓦土模之属；

植物类：如秦松汉柏及一切古植物之属；

文献类：如古代书帖、图画及一切古文玩之属；

武装类：如刀、剑、戈、矛、鍪、铠及一切古代武装之属；

服饰类：如镜、奁、簪、珥、冠、裳、锦、锈及一切古装饰品之属；

雕刻类：如佛像雕物及一切镂刻之属；

礼器类：如古代礼器、乐器之属；

杂物类：如农工用具及一切不隶于各类之属。

——右列各类古玩，先就属于国有及公有者，次第填列；其属于私有而理应保存者，应就调查所及，酌量列入备考格内，注明属于何人所有；

——名称栏内填注古物通称，如唐侯鼎、散氏盘等；

——时代栏内填注古物时代，如秦汉等；

——地点栏内填注古物所在地，如在坛庙或公署等；

——保管栏内填注保存方法，如由公家收藏或委托保管等；

——备考栏内填注其他应行声明事件；

——依表造册或填列附表，其纸幅格式应归一律，如附以图说，不拘此例[3]。

内务部制定的古物调查表和说明书，是一份关于在全国开展古物调查工作和调查范围、对象、分类的规范，以求保障古物调查的规范性和科学性。其重要性是显而易见的。这里列出几点：

（一）古物调查说明书把调查对象分为十二类，即：建筑类、遗迹类、碑碣类、金石类、陶器类、植物类、文献类、武装类、服饰品、雕刻类、礼器类、杂物类。十二类中其实可分为三大类，第一大类是不可移动的古物建筑类、遗迹类和碑碣类；第二大类是可移动的古物金石类、陶器类、文献类、武装类、服饰类、雕刻类、礼器类和杂物类；第三大类是植物类。就第一、二大类而言，包括了古代遗物和遗迹，概言之，包括了古代遗留下来的可移动和不可移动物质遗存。进而言之，"古物"概念包括了古物和古迹名胜两大部分，这一点至关重要。

至于说第三大类植物类，其所指主要是"秦松汉柏"等。这些古树名木，大多生存于古建筑（寺庙、道观等）、名胜地、陵墓区等，是文化古迹历史久远的重要佐证之一，也是其重要的附属物。

（二）古物调查说明书把可移动古物和不可移动古物分为十二类，不仅对古物调查、保护、保管，而且对古物研究也有重要价值。这是民国时期从国家古物主管部门对古物进行分类规范，从内容看，总体上是科学的，对以后会产生重要影响。

（三）在古物调查说明书中，对古物定名（名称）、时代、地点等的填写都作出说明，也是对这几项作出的初步规范，对调查工作和古物研究都有积极意义。

（四）在古物调查说明书中，把调查的古物区分为"国有及公有"和"私有"，先就国有及公有古物填表登记，对私有古物，应保存者酌量列入。换言之，调查古物从所有者来说，国有及公有古物和私有古物，都在调查登记之列，重点和首先调查登记的是前者。在一次全国范围内开展的古物调查做出如此规范，对古物法规肇建有重要价值和作用。

由民国北京政府内务部规划、部署、开展的全国各省古物调查，包括可移动和不可移动的古物及古树名木，包括国有及公有古物和私有古物，并做出相应规范。这在近代以来中国文物调查或文物普查史上还是第一次，有重要的历史意义。

第三节 保护龙门古迹

龙门古迹，即龙门石窟，位于洛阳城南13公里的伊河两岸。在西山上南北长1公里的洞窟是石窟的主要部分。石窟始凿于北魏孝文帝（493年）迁都洛阳前后，历经东魏、西魏、北齐、隋、唐、北宋四百余年开凿。西山和伊河东岸的东山共有洞窟两千一百多个，造像十万余尊，以及众多题记、碑碣、佛塔等，是我国著名的文物古迹。

一 内务部训令妥善保护龙门古迹

清末以来，各种破坏事件不断。民国北京政府内务部为妥善保护龙门古迹，于民国三年（1914年）三月二十六日致河南民政长训令，内称：

"案准外交部函送美国马克密来函，并附字林西报论说等件到部。据此察核该报论说，均关于中国保存古物，意在禁止毁弃，立意甚善。夫中国开化，先于各邦，文艺美术，久为环球所称羡。近年以来，瀛海大通，舟车利便，东西人士，联袂偕来，游踪所至，辄复征求古物，搜及山岩。官厅既不知保守，商贾复籍以居奇，以致彝鼎图书，珠函翠墨，流传海外者不知凡几。爱国之士，引为深忧。兹阅该报所载，谓龙门穴中旧存雕像，有驻扎该处兵丁任意毁坏等语。查龙门现属河南省在洛阳县城外，其地佛龛林立，密若蜂房，为北魏时所造。文字古茂，雕镂精细，实为中国数千年流传瑰宝，自宜爱护珍惜，加意保存。若如该报所言，一经兵丁毁坏，官吏既漫不经心，士民复无从过问，长此不理，势必日朘月削，毁弃无存，坐令国粹消亡，外邦腾笑，微特贤士大夫之责，抑亦中华民国之羞也。本部综理内务，保存古物，是其兼司。除咨明河南都督外，合将来件抄发，令知该民政长即行商明都督严饬龙门所驻兵队，嗣后不得将龙门佛龛任意毁坏抛弃，并由该民政长派委专员，会同该县地方官至该山调查。现在所有佛像石刻究有若干，一一登记。责成该处附近庙僧管理，准其酌取游资，以资津贴。一面仍由该县知事，附时派人查看，即使略需经费，亦当在所不计。至如何设法保守之处，并希转饬核议，详细呈复，毋任盼切。此令。"[4]

内务部训令指出龙门古迹破坏情况，如不制止破坏，加强保护，"长此不理，势必日朘月削，毁弃无存，坐令国粹消亡，外邦腾笑，微特贤士大夫之责，抑亦中华民国之羞也”。为此，除咨明河南都督严饬驻龙门兵队，不得任意毁坏佛龛，并责令河南民政长会同洛阳县官员对龙门佛像石刻进行调查登记，采取措施进行保管。这是中华民国建立之后，政府主管部门面对清末以来古物古迹被破坏，一些外国人在中国盗挖、盗窃、收买古物的严峻局面，发出的保护古迹的一个重要训令，开启了中华民国保护古物古迹事业。

二　河南省长报告保守龙门山石佛规条事

民国三年内务部致河南民政长训令，明令要求“至如何设法保守之处，并希转饬核议，详细呈复，毋任盼切”。民国五年（1916 年）十月二日，内务部又致河南省长文称：“……现在事经两年，未准将此案如何办理情形咨复到部。究竟该处佛像石刻，向系若干，现存若干，有无毁坏抛弃情事及如何设法保存，并是否订有详细条规加意防护之处，应请分别查明，迅为见复可也。”[5]

同年十月十八日，河南省长田文烈向内务部作了报告，内称：

“……查此案前准大部咨，当经委员前往，会同洛阳县知事遵照办理。嗣据复称：遵即遍历各洞，详细调查，将大小石佛一一登记，责成该山庙僧暨该管地保妥为看护，不得稍有损失。遇游观者，每人酌取游资二十文，以资津贴。等语。并将所拟保守条规暨石佛数目，开折呈署。当以保守条规尚属周备，而石佛数目仍未详尽，复批饬详晰调查，另摺呈核。旋据该县造具龙门山等处造像数目表记呈送前来。即经批饬该县加意保存，并咨请军署转饬该处驻军，协同保护，以免散失各在案。兹准前因，相应照抄条规暨表记各一纸，咨请大部查照。”[6]

河南省长田文烈“计咨送条规表折各一件”。即：

保守龙门山石佛规条[7]

委员刘稰　洛阳县知事王锡龄　谨将会订保守龙门山石佛规条呈请鉴核：

——知会驻扎龙门军队，严禁外人毁坏或窃盗。

——知会驻扎龙门军队带兵官长，严禁兵士毁坏或窃盗。

——责成该管和尚加意保守，倘有人毁坏或窃盗，准予指名来县报告，以凭往缉究办，并准由该僧自己扭送来案。

——责成该管地保随时稽查，倘有人毁坏或窃盗，准予指名来县报告，以凭往缉，并准该地保自己扭送来案。

——布告严禁毁坏或窃盗。

——知事随时密派侦探前往稽查。

——有拿获毁坏或窃盗者，无论何色人等，均赏银二十两。

——遇各界人等前往游览者，准该管和尚每人取游资二十文，以资津贴。

《保守龙门山石佛规条》制定的背景，在内务部和河南省长往来文件中已表述得很清楚，是根据当时龙门古迹和保护实际，以及当地情况制定的，内容虽然比较简单，但具体明确，对驻扎龙门军队、山庙和尚、地保等保护龙门石窟古迹的责任、权利作出明确规定，对庙僧收取游资作为津贴也予以明确。同时规定县知事可派侦探到现场稽查，对盗窃或破坏龙门石佛者给予惩处等。该规条对当时保护龙门石窟古迹是有利的。它是民国初年地方政府县知事制定的我国一处著名文物古迹保护条规。

洛阳县知事遵饬将龙门山等处造像数目列表呈报，该表为：龙门山等处造像数目表。表中列有：造像所在地、石佛之大者、石佛之大而破者、石佛之小者、石佛之小而破者、石佛之在门外者、其他、备考，共 8 项。从该表最后总计栏看，造像所在地 32，石佛之大者 476（尊），石佛之大而破者 180（尊），石佛之小者 88633（尊），石佛之小而破者 7250（尊），石佛之在门外者 6（尊），其他 742[8]。

民国初年，洛阳县对龙门石窟造像进行调查、统计列表，是一份重要的资料档案。它提供了一个标准，对当时来讲，可依据该列表检查石造像保存、保护情况，也可以确认新发现的造像数；对此后的年代，可据龙门山等处造像数列表，检查石造像保存数有无变化，在不断进行的调查研究和保护工作中新的发现据此进行确认。

同时，从列表中的项目看，是对龙门造像数的统计列表，对龙门古迹中的题记、碑碣、佛塔等，未做调查登记列表，应是一个缺憾。

第四节　颁布实施保存古物暂行办法

民国初年，内务部一方面训令各省民政长保护古物古迹，并制定古物调查表和说明书，还就河南龙门古迹保护要求河南省制定条规，一方面由内务部研究拟定保存古物暂行办法。这两方面都取得重要进展。前者详见第一节至第三节。

一　内务部颁发《保存古物暂行办法》文

民国五年（1916 年）十月，内务部为颁布实施《保存古物暂行办法》，致各省长、都统“饬属遵行咨”：

“为咨行事：案查前民政部曾拟保存古物推广办法，于前清季年通行各省。民国三年三月间，经本部通令各省民政长，并咨行各将军、都统、镇守使通饬各属，于该管地方所有前代古物，均应严申禁令，设法保存。如有窃取私收，转相售运及任意毁坏情事，一律从严究办。本年十月，复经本部制定古物调查表式并附说明书，通知各省饬属分别调查，依类填注，限期送部。等因。各在案。查中国古物至为繁夥，整理之方固以调查为入手办法，尤以保管为现时急务。诚以物品流传久而愈珍，国家无保护之专章，遂致易散而难集，商人借贩运以营利，因之积久而渐亡。又或无知愚民，任意毁坏，多财舶贾，到处搜求，长此不已，散失愈多。本部职有专司，急宜设法保管。兹酌定暂行保管办法五条，除通行各省外，合行令知该尹通饬所属，一面认真调查，一面切实保管，并将办理情形随时见复可也。此咨。

各省长

各都统

各镇守使

附保存古物暂行办法一件

中华民国五年十月　日”[9]

内务部颁发保存古物暂行办法文件，对“办法”制定作了说明，其中值得注意的是：

（一）强调对古物“整理之方固以调查为入手办法，尤以保管为现时急务。”调查是了解古物保存、保护现状之必需，也是对古物整理研究的方法，但当务之急是对古物的保管，说明古物保管面临的严峻形势，也是内务部拟订“办法”首先要考虑、面对的问题。

（二）强调制订保存古物暂行办法的重要性。“国家无保护之专章，遂致易散而难集，商人借贩运以营利，因之积久而渐亡”。认识到中国保存古物无专章，即专门章程或规章难以奏效，即制订保护古物（文物）专门规章或章程在保护工作中的重要性，在认识上是一大提高，观念上是一个进步。

（三）强调将“办法”通行各省外，“合行令知该尹通饬所属，一面认真调查，一面切实保管”。以此为契机加强对古物保护。

内务部在颁发“办法”文件中提到“前民政部曾拟保存古物推广办法，于前清季年通行各省”。应是指清宣统元年（1909年）八月草拟了《保护古迹推广章程》并报请清廷批准颁行。该“章程”规定古迹的范围为：“周秦以来碑碣、石幢、石磬、造像及石刻、古画、摩崖、字画之类”。

二 保存古物暂行办法全文

保存古物暂行办法[10]

——历代帝王陵寝，先贤坟墓，在前清时曾由地方官出具保护无误册结，年终报部。然奉行不力，徒成具文，应由各属地方官于历代陵墓设法保护，或种植树株，围绕周廓，或建立标志，禁止樵刍。其有半就淹没，遗迹仅存者，又宜树之碑记，以备考查。

——古代城廓关塞，壁垒岩洞，楼观祠宇，台榭亭塔，堤堰桥梁，湖池井泉之属，凡系名人遗迹，皆宜设法保存。其有关地方名胜者，应由地方官或公共团体筹资修葺，以期垂诸久远；其于历代有关，足资考证者，亦宜树之碑记，勿使湮没不彰。

——历代碑版造像，画壁摩崖，古迹流传至为繁赜，文艺所关尤可宝贵。凡属此类，应由地方官各就所在地，责成公正绅士或公共团体、寺庙住持，认真保存，不得任意槅摹、毁坏或私相售运；其私家所藏及所发现者，即断碑残石，亦宜妥为保存，或由公家设法收买，要［在］勿使奸商串卖，运往海外。其各处著名之石刻碑碣，历时愈久，残毁愈多，不有拓本，无从考核，应责成地方官切实搜求。凡现存者，无论完全残缺，一律拓印二份，直接邮寄本部，以备考查，仍将所拓寄之种类、数目，分别呈报该管长官备案。

——故国乔木，风景所关，例如秦槐汉柏，所在多有，应与碑碣造像同一办法，责成所在地加意防护，禁止翦伐。

——金石竹木，陶磁锦绣，各种器物及旧刻书帖、名人书画，既为美术所留遗，且供历史之研究。海通以来，舶商购买，不惜重资，游历所及，辄事搜求，长此不图，恐中国珍奇将尽流于海外。拟由各省分别搜集，择其制作最精，著录最久，足资考证者，应筹设保存分所，或就公共场所附入陈列，严定保管规则，酌取参观资金，先就公家所有，萃集保管。其私人所藏，一时即不能收买，亦应设法取缔，以免私售外人。

以上各节，均系酌定暂时保管办法，以资维持，一俟通盘筹画，略有头绪，再行厘定章程，推广办理，至各该处对于各项古物必应按习惯上特别保存方法保存者，亦可照旧办理，但须分别转报本部备案，俾资查考。

三　“暂行办法”评析

内务部颁发的《保存古物暂行办法》（以下简称“暂行办法”），对古物包括可移动和不可移动古物保护、保存进行规范，是民国初期颁发的在全国范围施行的法规。它的施行，使古物保存、保护有法规依据，有其重要意义和价值。现作一些简单评析。

（一）“暂行办法”共五条，从其内容观察，实际上对“古物”概念作出界定和诠释。古物，既包括可移动古物，又包括不可移动古物，即包括了古物和古迹以及与其相关的古树名木。五条内容，不论从分类还是具体内容，都是把内务部古物调查表说明书中的内容和分类，在颁发的“暂行办法”中加以确认，进行规范，上升到法规层面。

（二）“暂行办法”五条，实际是把古物和古迹及其附属物分为五大类，根据不同类别的特点，制定出不同的保存、保护措施。如对古代帝王陵墓和先贤坟墓的保护，是根据古墓葬类特点进行，其中对陵墓保护，“或种植树株，围绕周廊；或建立标志，禁止樵刍”。实际是以此使陵墓保护有个明确易见的范围，同时树立标志使官民知道该陵墓受保护。此办法在清朝乾隆年间陕西巡抚毕沅已经使用，是一种有效保护措施。而对陵墓有“半就淹没，遗迹仅存者，又宜树之碑记，以备考查”。在遗迹地树碑，也是保护遗迹的一种方法。

又如，对历代碑版造像、画壁摩崖等，“凡属此类，应由地方官各就所在地，责成公正绅士或公共团体、寺庙住持，认真保存，不得任意榻摹、毁坏或私相售运”。这应是根据碑刻造像、摩崖等古物古迹特点确定的保护措施，强调了古物属地官员保护，同时可责成公共团体、公正绅士、寺庙住持等团体和个人进行保护。由于传拓不慎或无此技艺而传拓，容易损坏碑刻、摩崖文字、花纹或造像，因此“不得任意榻摹”，同时明文规定禁止破坏和“私相售运”。而对著名碑刻，“凡现存者，无论完全残损，一律拓印二份，直接邮寄本部，以备考查”。著名石刻碑碣，年代久远者，或处于室外日晒雨淋，容易因风化而损失某个或某些文字等，或者漫漶不清，而关键字的损失，将会造成价值损害甚至成为历史疑团。因此，在规定“不得任意榻摹”的同时，著名石刻碑碣应有计划、限量拓印，由国家保存。这是区别对待。

再如，古代的建筑保护，也根据其不同类别作出保护规定。有关地方名胜的，“应由地方官或公共团体筹资修葺，以期垂诸久远”。“其于历史有关，足资考证者，亦宜树之碑记，勿使湮没不彰。”

（三）“暂行办法”是民国初期内务部颁发的保护古物规范，受当时法制建设水平的局限，在形式上没有设条，在内容上有的规定有悖我国传统和当时实际，如中国私人收藏有千年的历史传统，在“暂行办法”中规定“其私人收藏，一时即不能收买，亦应设法取缔，以免私售外人”。这显然不实际，也做不到。

第五节　河南省制定公布保存古物规程

河南省位于华夏腹地，地理环境得天独厚。在中华民族历史的长河中，源流有宗，衍进有序。河南省是华夏文明重要发祥地之一。在古代历史上，河南一直处于重要位置。有殷墟、洛阳、开封等古都，遗留有大量文物古迹。近代以来，文物盗掘、盗窃等屡有发生，使一些地方的文物古迹遭受到严重破坏，一些古物外流。

一　河南民政长发布保存古物规程

民国初年，河南省为了保护古物，制定了《河南保存古物暂行规程》，于民国二年（1913 年）十月十二日由河南民政长张凤台（后改任河南省长）发布，命令各县知事照办。“这应是目前所见河南省最早的文物保护条例”[11]。

河南民政长张训令　十月十二日

令　各县知事

教育司案呈河南为中国文明之起源历史古物遗留最多近来奸商土痞私发盗卖日有所闻不独有玷国光实于学术宗教历史美术损害匪浅因订古物保存规程十五条

令行各该县知事遵照办理以资保存而防遗失此令[12]

河南民政长令叙述发布《河南保存古物暂行规程》（以下简称《规程》）的缘起，制定《规程》十五条，令各县知事遵照执行，以保存古物而防遗失重点申明，作为民政长令言简意赅，以示其严肃性和权威。

二　河南保存古物暂行规程

河南民政长张凤台令颁发的《河南保存古物暂行规程》，无标点，为保持其完整性和严肃性，笔者未加标点，条文中繁体字改为简体字。特作说明。

河南保存古物暂行规程[13]

第一章　宗旨

第一条　保存古物以阐扬国光振兴古学诱起美感为宗旨

第二章　保存古物之种类

第二条　保存古物之种类如左（笔者注：原行文从右至左，故如左）

第一类　金石碑版美术品宗教中之雕刻绘塑各像及其祭器陈设品等属之

第二类　名胜古迹古代之建筑物历史上之纪念物古代帝王之陵寝宫殿名人名家之坟墓第宅古代著名之宫观寺院等属之

第三类　名家之文集画稿墨迹绝本之图书碑帖宗教中孤本之经典等属之

第三章　调查

第三条　调查分长期调查定期调查特别调查三种

一　长期调查员以劝学员教育会员县视学员分任由县行政长官督率之

二　定期调查由省视学于视察学务时兼任之

三　特别调查由省行政长官遇必要时临时委派

第四条　由行政公署按照第二条古物种类制定调查表发交各调查员按期调查呈报其式另定之

第五条　调查员不得受他人供给或借端有所要挟骚扰

第六条　长期调查员遇必要时得由其本机关酌给川资定期调查员不另给调查费特别调查员之旅费由本公署给予之

第四章　保存

第七条　各县行政长官负有保存古物之责

第八条　关于第二条所列各物不得任意损坏发掘盗卖抵押违者按法治罪

第九条　为保存之必要地方行政长官对于第二条所列各物得变更其位置或变更其形状等之一部或全部但以不失其原有之价值为限

第十条　关于第二条所列各物如依法律或习惯所有权应归个人或团体者有（由）所有者自行处理不得借端勒买但因调查员之请求仍需出示其物品或说明其来历

第十一条　古物有埋藏地下者非经地方行政长官许可不得索掘如偶然发现除根据法律当归个人者外均须报明行政长官收管由公家给与劳费或运费

第十二条　凡已经调查存案各物如被有意损坏及盗卖县行政长官须严加缉捕不得玩视违者按法惩处但所有权属于个人或私团体者不在此限

第五章　附则

第十三条　本规程如与中国民法有抵触时其抵触之部分失其效力

第十四条　本规程于中央颁布此等规程时即行取消

第十五条　本规程自公布之日施行

第一类古物调查表（笔者注：原为竖排，下同）

名称	类别	数目	形状	物质	有无残缺	创造时代	经历	现存何处	所有权	有无人保存	备考

（说明）表中形状一列如物之大小方圆等物质一列如物之为金质铁质石质等经历一列如物之转移湮没发现等

第二类古物调查表

名称	类别	所在地	形状及面积	创造时代	经历	有无损坏	所有权	有无人保存	备考

（说明）表中形状及面积一列如建筑之形状屋宇之大小多寡所占面积之广狭等经历一列如倾圮修葺等

第三类古物调查表

名称	类别	册数	形状	物质	有无残缺	著作者	现存何处	所有权	有无人保存	备考

三　保存古物暂行规程评析

民国二年，河南民政长张凤台发布《河南保存古物暂行规程》（以下简称《暂行规程》），对河南古物保存保护进行规范，是民国成立伊始，一个省率先制定古物保存规程，对古物实施规范保护的重要举措。《暂行规程》共五章十五条，章、条款俱有，并有附表。其形式较完备、内容丰富、结构合理，是一件十分罕见的早期保存保护古物规程。现作一些评析。

（一）关于宗旨

《暂行规程》第一章宗旨，即规程的宗旨，也可以说是制定法规的宗旨。在近代以来的立法中，一般首先应明确立法宗旨，作为一种指导思想和原则，它贯穿于法规的全部，具有重要价值和作用。在第一条规定：保存古物以阐扬国光、振兴古学、诱起美感为宗旨。

从第一条规定观察，河南省政府制定古物保存规程的宗旨为：保存古物、阐扬国光、振兴古学、诱起美感。可以说保存、保护古物，以弘扬中国悠久传统文化，振兴古学，进行美学美育教育等。制定《暂行规程》的目的十分明确。

（二）关于保存古物之种类

《暂行规程》第二章保存古物之种类，是把“古物”概念对象和范围作了界定，属列举式。在第二条保存古物之种类下，分列有三类：第一类是金石碑版美术品、宗教之雕刻绘塑各像、祭器、陈设品等。总的来看是属于可移动的古代各类器物、美术品、雕刻塑像等等。

第二类是名胜古迹、古代建筑物、历史纪念物、帝王陵寝、名人坟墓、第宅、宫殿、宫观寺院等，都是不可移动的古物古迹。值得注意的是把“名胜古迹”列入古物范围，作为不可移动古物之一种，且列在《暂行规程》规定的第二类古物之首。

第三类是名家文集、画稿、墨迹、绝版图书、碑帖、宗教孤本经典等。中华文明五千年连绵不断，保存了大量各类典籍，是中国文明历史的载体和见证。它们是中国古代文化遗产的重要组成部分，作为可移动古物的一大类列入《暂行规程》，明令加以保存、保护是十分重要之规定。

（三） 关于调查

《暂行规程》第三章调查，共有四条规定。第三条规定将调查分为三种：长期调查、定期调查、特别调查。

长期调查，实际应是长期坚持的，由地方官员及有关人员所进行的对古物经常性调查。规定由县行政长官督率做好古物长期调查，它应是县行政长官的职责之一。长期调查应是古物调查、保存、保护基础工作。

定期调查，应是在一定时期对古物的调查，是一种兼任性的，由省视学于视察学务时进行的对古物的调查。由于是于视察学务时兼任的一种古物调查，对各县古物调查而言，需一年或更长时间才会进行。

特别调查，应是由于古物保存保护之特别需要，临时由省行政长官委派人员进行。因此，应是一种临时性的重要调查。

第四条规定，调查应按行政公署制定的调查表由调查员调查填报。在《暂行规程》后有三种调查表，另作分析。

第五条规定“调查员不得受他人供给或借端有所要挟骚扰”，应是对调查员在调查古物时须遵守的守则。调查员在调查古物时，既不得接受他人给予的“供给”好处，又不得借调查古物对有关人士进行要挟或者骚扰。

第六条对调查员川资、旅费分别作出规定。

（四） 关于保存

《暂行规程》第四章保存，共有六条规定。

第七条规定“各县行政长官负有保存古物之责”。县是我国重要的基层行政区，行政长官肩负着治理一个县各方面的职责。经常性调查古物由县行政长官督率，保存古物也是县行政长官之责。

第八条规定，在第二条所列古物不得任意损坏、发掘、盗卖、抵押，违者依法治罪。这是一条破坏古物，应追究法律责任的规定。私自挖掘古代帝王之陵寝、名人名家之坟墓等古迹，是一种犯罪行为，自古以来，发冢者诛。《暂行规程》规定禁止任意发掘，对保护、保存古代帝王陵墓、重要墓葬等古迹有重要价值。

在第二条所列古物，不得盗卖，对保护古物安全很重要。至于不得抵押，从调查表所列项目中有一项“所有权”，第二条所列古物古迹名胜，主要应属于国有，也有的是私团体或个人所有。该条规定不得抵押，应是从保护所有权进而保护古物古迹名胜的安全。不得抵押对国有古物古迹名胜尤为重要。这是民国初年法规中出现的重要规定，有重要意义。

第九条规定，应区别对待：对可移动古物，因保存之必要，地方行政长官可变更其位置，但对其形状，即使变更其一部分也不应允许，更不要说变更其全部；对不可移动古物古迹，有的如碑碣因保存之必要，可以变更其位置，即迁移保护，一般来说，绝大多数古迹不可变更其位置，至于对其形状，不论一部或全部都不得变更，否则就损害以至失去其价值。

第十条规定，是从保护古物古迹所有权出发做出的规定，一是古物古迹所有权为个人或团体的，仍由其保存，不得勒买。所谓不得“勒买”，应是指官员以及古物调查员而言，他们没有这一权利；二是私人或团体所有的古物在调查员调查时应出示其物品或说明其来历，这是古物古迹所有者应尽的义务。从古物古迹所有权出发做出保护规定，也是民国初年法规中较早出现，是一种进步。

第十一条规定，地下埋藏古物发掘实行许可制，即“非经地方行政长官许可不得索掘”。这是区别合法与非法发掘的标准。凡是非法挖掘地下古物，属于第八条规定应依法治罪，这对打击盗掘古墓葬很重要。地下埋藏古物如在生产劳动等活动中偶然发现，除根据法律应当归个人的以外，应由地方行政长官收存保管。所谓法律规定归个人的，应是该人的埋藏物，或是可证明的祖传的埋藏物。因此，该条规定的实质应是地下埋藏的古物属于国有，由地方行政长官保管。对于个别发现地下古物者，由公家给予“劳费或运费”。

第十二条规定，对调查存档古物如有意损坏及盗卖，县行政长官必须严加缉捕，不得玩视，违者依法惩处。这条规定既追究有意破坏、盗卖古物的责任，又要对玩忽职守、不缉捕犯罪人的官员也按法惩处。从法律责任方面做出了比较全面的规定。

（五）关于附则

《暂行规程》第五章附则，共三条。

第十三条规定，本规程如与中国民法有抵触时，其抵触部分失去其效力。它所指应主要是规程中有关古物所有权及相关内容，一是体现了对古物所有权保护的重视，二是在有抵触时以上位法（中国民法）为准，体现了现代法制原则。

第十四条规定，在中央公布此等古物规程时即行取消。该条欠严谨。中央颁发的此等古物保存规程，如比较原则，而河南《暂行规程》在原则上又与之一致，且比较具体，在执行中便于操作，应继续施行。如《暂行规程》某些规定与中央古物保存规程规定相悖，这部分应失去效力。如能像十三条那样规定作处理会更合法合理。

第十五条规定，本规程自公布之日施行。这是近代以来公布法规普遍做法。同时，也有一些法规另行规定了施行日期。

（六） 关于古物调查表

《暂行规程》后有第一至第三类古物调查表，或有说明。调查表格式比较规范，项目设计依古物类别不同而有所区别，比较科学、合理。这里要特别指出，三类古物调查中，都列有一项“所有权”，即要在调查时必须了解古物所有权是国有、或团体、或私人，分别填表。表明对古物所有权归属的重视。在古物调查表中填写古物所有权，很少见，在民国初年如是做，更是罕见。

在第三类古物，即名家之文集、画稿、墨迹，绝本图书、碑帖，宗教中孤本之经典等，调查表中列有一项“著作者”，表明对此类文化古物的著作者的尊重，带有保护著作权的意识。

注释

[1]中国第二历史档案馆编：《中华民国史档案资料汇编》，第三辑文化，凤凰出版社，1991年6月第1版，2011年3月第3次印刷。

[2]中国第二历史档案馆编：《中华民国史档案资料汇编》，第三辑文化，凤凰出版社，1991年6月第1版，2011年3月第3次印刷。

[3]中国第二历史档案馆编：《中华民国史档案资料汇编》，第三辑文化，凤凰出版社，1991年6月第1版，2011年3月第3次印刷。

[4]中国第二历史档案馆编：《中华民国史档案资料汇编》，第三辑文化，凤凰出版社，1991年6月第1版，2011年3月第3次印刷。

[5]中国第二历史档案馆编：《中华民国史档案资料汇编》，第三辑文化，凤凰出版社，1991年6月第1版，2011年3月第3次印刷。

[6]中国第二历史档案馆编：《中华民国史档案资料汇编》，第三辑文化，凤凰出版社，1991年6月第1版，2011年3月第3次印刷。

[7]中国第二历史档案馆编：《中华民国史档案资料汇编》，第三辑文化，凤凰出版社，

1991 年 6 月第 1 版，2011 年 3 月第 3 次印刷。

[8]中国第二历史档案馆编：《中华民国史档案资料汇编》，第三辑文化，凤凰出版社，1991 年 6 月第 1 版，2011 年 3 月第 3 次印刷。

[9]中国第二历史档案馆编：《中华民国史档案资料汇编》，第三辑文化，凤凰出版社，1991 年 6 月第 1 版，2011 年 3 月第 3 次印刷。

[10]中国第二历史档案馆编：《中华民国史档案资料汇编》，第三辑文化，凤凰出版社，1991 年 6 月第 1 版，2011 年 3 月第 3 次印刷。

[11]河南省文物局编：《河南文物》，下册“河南文物百年记事”，文心出版社，2008 年 6 月第 1 版，2008 年 6 月第 1 次印刷。

[12]《河南文物》副主编、河南省文物考古研究所原所长杨育彬提供复印件，无标点。

[13]《河南文物》副主编、河南省文物考古研究所原所长杨育彬提供复印件，无标点。

第二章　禁止挖掘、盗售古迹古物

第一节　禁止盗挖洛阳邙山古墓

洛阳是我国著名古都。据史书记载，洛阳先后有东周、东汉、曹魏、西晋、北魏、隋、唐，以及五代后期的后梁、后唐在这里建都，素有“九朝古都”之称。因此，在洛阳地上地下遗留有大量文物古迹，龙门山石窟是洛阳著名古迹之一。在洛阳邙山一带保存有大量古代墓葬，其中还有一些帝王陵墓，如周庄东周王陵，在邙山还有北魏宣武帝景陵和孝庄帝静陵等。新中国成立后，曾配合洛阳基本建设清理发掘了许多古墓葬，著名的如烧沟汉墓群、史家屯村墓地等等。

近代以来，洛阳邙山等地经常遭到不法之徒及其团伙的盗掘，破坏古墓葬，盗窃古墓中文物，进行倒卖，使洛阳文物古迹遭受重大损失。为了保护邙山古墓等文物古迹，民国七年（1918 年）四月二十七日内务部总长钱能训，就禁止中外人等在北邙山一带挖掘古物致文河南省长，全文如下：

“为咨行事：案查本部前定保存古物暂行办法第一条内称：历代帝王陵寝，先贤坟墓，应由各地方官设法保护；第三条内称：历代碑版、造像、画壁、摩崖，应由地方官妥为保存。各等语。原以吾国开化最先，文艺美术冠绝全球，古物流传何可胜纪。惟保存之无方，斯散佚而殆尽。近年以来，舶商贩运，到处搜求，甚至毁坏冢墓，探取珍奇，遂致玉鱼、金碗时出人间，汉瓦秦砖，转流海外，长此不已，存者几何。本部有鉴于此，是以厘定办法，通饬遵行，并详列表册，分省调查，以期抱残守缺，重前代之留贻，则古称先，增爱国之思想。上年一月，因报载有人在洛阳搜集古物，曾经咨行贵省长转饬该县知事严禁中外人士不得在该处出掘古物，私相售买。等因在案。乃近闻北邙山一带陵墓左近仍有潜行挖掘，搜集古代器物情事，果若属实，殊于保存古迹显有违碍，应由该县严切查禁，认真保存。再，该县龙门地方，元魏以来，造像碑记，密若蜂房，弥满山谷，为石刻之巨观，洵古今之名胜。前经本部咨行转饬该县拟订保守规条，并开具造像数目表，旋经咨送到部，当以送表册仅列石佛，未将石刻碑记填列具报，复经咨饬再行详细查明列表，并拓印送部，历时既久，未准据呈咨复，应由该县迅将龙门石刻碑记一并详查列表，并各拓印二份，呈送备查。仍照部定保存古物暂行办法及原订保守龙门山石佛规条，切实防护，以重古迹。相应咨请贵省长转饬该县遵照，分别办理可也。此咨。”[1]

内务部总长钱能训为保护古物古迹，致河南省长文中，强调根据保存古物暂行办法规定，禁止挖掘洛阳北邙山一带古墓，提出“重前代之留贻，则古称先，增爱国之思想”。指出在北邙山一带陵墓左近潜行挖掘，搜索古代器物，违背保存古物规定，“应由该县严切查禁，认真保存”。

同时，内务总长文指出洛阳龙门石窟保存中尚未完成之工作，即在民国五年（1916 年）十月十八日，河南省长田文烈致内务部文，并呈送的“龙门山等处造像数目表”中未列石刻碑记，应“详查列表，并各拓印二份，呈送备查”。并要求根据保存古物暂行办法及洛阳县制订的保守龙门山石佛规条切实做好保护。

内务总长关于禁止挖掘洛阳北邙山一带古墓和做好龙门石窟保护的文件，是国家古物古迹保护行政主管部门重点抓我国重要文物古迹保护的重要措施之一。

第二节　禁止盗售山东石刻古物

山东省在我国历史发展进程中，处于十分重要的地位。勤劳、勇敢、睿智的山东先民，创造了悠久的历史和灿烂的文化，保留于地上地下的文物古迹十分丰富。在清光绪三十四年（1908 年）和民国五年（1916 年）“山东奉命调查全省各州县古迹古物，并登记造册。清宣统元年（1909 年），山东巡抚奉旨设立山东省图书馆并附设金石保存所”[2]。民国五年奉命调查登记古迹古物，应是根据内务部为调查古物列表报部给各省长、都统文件所进行的。

民国七年（1918 年）七月二十六日，内务部就不法商贩盗售四面刻佛古物致山东省长咨，全文如下：

“为咨行事：据山东图书馆馆长庄陔兰呈报：奉省长公署训令内开：据益都县知事范家祜呈称：知事访闻，近有一般奸商收罗金石，专恃胶济车代运，乘隙出售，藉为利薮，经派警队密查，斯免兔脱。兹托青州车站悦来公司扣获古石一座，四面刻佛，委系古物中金石一系由他县运青装载，意在得价出脱，石非益都出土者。原运商人自知非法行为，不敢希冀珠还，知事因已扣留原物，亦未再予深究。惟此石既系来此他处，不得认为益都公有之物，当将此石由火车运交济南图书馆查收，在该馆附设金石保存所内妥为陈列，以昭慎重，而垂久远。等情。到本公署。除指令外，合行令仰该馆长即便查照保存古物暂行办法第三条，将送到古石妥为保存，并由该馆按照定章连同前藏汉石各拓四份，分呈内务部及本公署备案。等因。奉此。遵即饬匠各拓四份，除分呈省长公署外，理合呈送四面刻佛及汉石拓片缘由，具文送呈收存备案。等情。到部。查山东省古物金石一类最为繁夥，近来奸商贩运，到处搜求，自非随时严查，不足以禁私售，而敬效尤。兹据来呈所称，此项四面刻佛古石，系益都县知事查获，足征注意古物，认真办理，殊堪嘉尚。除将各种拓件备案外，相应咨行贵省长转饬该馆知照，并请通令各县关于毁坏盗卖古物，一律严切查禁，以资保存。此咨。”[3]

内务部致山东省长关于查获四面刻佛文，在概述对查获四面刻佛及交济南图书馆附设金石保存所陈列等情况后，对保存石佛和各县古物作出指令。一是要求“查照保存古物暂行办法第三条，将送到古石妥为保存，并由该馆按照定章连同前藏汉石各拓四份，分呈内务部及本公署备案。……遵即饬匠各拓四份，除分呈省长公署外，理合呈送四面刻佛及汉石缘由，具文送呈收存备案”。对古代碑碣、石刻等进行传拓，是我国保存文献资料的一种传统方法。还要求对四面刻佛等拓四份，分别保存于国家主管部门和地方政府，也是我国保存、保护古文献安全的一种重要方式，万一某一处保存的古文献因人为或自然原因受到损坏，甚至丢失，还有另一处保存的同一种古文献，以免造成无法弥补的损失。

这种依照保存古物暂行办法拓印石刻，分处保存拓本资料的做法，在我国古籍文献保存中是一种传统。如在清代，乾隆四十七年（1782 年）《四库全书》编纂告成。全书 3 万 6 千册，分抄 7 部，藏于文渊、文溯、文源、文津“内廷四阁”和扬州文汇、镇江文宗、杭州文澜“江南三阁”，防患于未然。七阁现存四阁，其中“江南三阁”只存文澜一阁。《四库全书》数遭劫难，至今仍存 4 部，分藏于国家图书馆、甘肃省图书馆、台北、杭州（补全）[4]。历史充分证明，这种分处（不同地方）保存、保护同一种重要古文献的举措是完全正确的、科学的。

内务部从查获四面刻佛一事，要求省长“通令各县关于毁坏盗卖古物一律严切查禁，以资保存。”这也是贯彻执行保存古物暂行办法的举措。

第三节　查禁盗售宗祠宋代雕漆围屏

清末民初，在山东省惠民县发生一桩族人盗卖李氏宗祠宋代雕漆围屏事件，引起多方关注，来往文电多件。此案涉及李氏族人之一结伙盗窃围屏，私立合同，欲售法国人贝雅尔；李氏族人得知后反对，要保护宗族公共古物；政府和有关方面依据国家规定进行处理等。

山东都督张为民国元年（1912 年）四月一日致民政部咨，详细叙述该案件的来龙去脉，以及相关问题。文称：

“咨请事：阳历三月二十八日即壬子年二月初七日，准北京法使署来电内开：敬启者：鄙人曾与武定府住家购有围屏两架，价值本地钱五千七百吊文。兹因派遣委员王怀玉、郭小臣两人前往取货，乃武定府首县不许将物携带出境，是何道理。查该物件曾经鄙人与该卖主议妥价值，如数清偿，该首县何得干涉。用特电请尊处札饬该员，速将鄙人所购围屏两架，立即放行。一俟该委员送到物，当由外务部正式复函道谢。等因。电复。正在饬查间，即据惠民县涂令绍光禀称：案查宣统元年八月二十六日，蒙前宪孙札饬：准民政部咨，奏明保存古迹推广办法一摺，令即遵章认真办理。查章程内保存事项五条，第四条称：古庙名人画壁并雕刻塑像精巧之件，务须加意保存等因。又，是年曾奉前宪袁札饬，以嘉祥县民郭西屏私将汉画石卖与外人，曾经学司访明备价赎回，并严传郭西屏到案，禀请惩罚，令各地方官以后一体遵办。等因。知县到任后，调阅卷宗，随时访查，并谕士绅一体留心保存在案，本月阳历三月初十日即壬子年正月二十二日，据候选教谕李锡珍等九人代表李氏阖族来案禀称：李文襄公之芳祖庙内，存有雕漆围屏两架，共计二十四扇，墨地五彩花，周围金寿字及博古图，高约八尺，宽约一尺六寸，两面雕刻，十分细致。一架正面系百龄寿图，背面百鸟朝凤；一架正面汉宫春晓，背面云林山水，相传是宋朝之物。文襄公令世世子孙竭力保存，毋使不肖子弟毁失，故存于古庙内，为李氏阖族之公物，历久珍藏，无敢毁伤。乃有族棍李衡文，素不安心，与李锡锐、李树铭勾结买古董之郭小臣及不识姓名数人，各持利刀，于阳历三月初九日夜，撞门入庙，将看守庙人寿长增捆缚，遂［扭］锁赴大厅，擅将围屏全行抢出，盗买盗卖，恳请拘讯追究等语。当经传讯李其毓等，同供系李衡文等私下盗卖，族人均不知情，迨其强抢，始行查知，恳请究追。质之李衡文，亦供并未通知族人，即与郭小臣私订合同，恐族人不允，故领人抢出，以便价卖。再诘之郭小臣，则称在北京东四牌楼南本司胡同路北开设天和瓷器店，买此围屏作价京钱四千文，系与李衡文订立合同，他人并未与闻各等语。知县查阅合同内列名五人，而李锡珍、李遴榻二人供明并不知其事，其为李衡文捏写无疑。郭小臣价购围屏，未经李氏阖族公认，与李衡文私订合同，形同盗买，李衡文并不通知族人，领人于夜间强抢，显系盗卖。况围屏雕刻精巧，为前代所遗留，将及千年，诚如保存古物章程所云，美术所关，较之字迹尤可珍宝，未便听其任意盗卖，当即令郭小臣将围屏交还李族，并令李衡文将已收价京钱三千六百千（笔者注：疑为文字）全数退还，而郭小臣将围屏藏匿，勒掯不交。正在追交时，于阳历三月二十四日即壬子年二月初六日，据林润卿自北京送到贝勒贝雅尔信一封，名片后注明住法国使馆，信内称本参赞派郭小臣在本县买得漆围屏二份，立有合同，买妥后卖主别生枝节，并有控告等情。今派林润卿领取，务望格外保护。如所派之人有不法之处，即将郭小臣与卖主同保证人一并送交本员究查，并候玉音等语。查民政部保存古物原奏，以我中国保存不力，致洋商购买，我自有之，不自宝之，已痛乎其言之矣。在保存古代美术而论，断不能卖于外人。况李衡文等数人，不能代表阖族，并不合卖主资格，合同系与郭小臣私订。现在阖族既不承认，已失其效力。即以买卖而论，亦断无任其盗买盗卖之理。且合同内贝雅尔并未与名，更未便干涉。现经知县将详情酌复一信，并声明已禀宪台核办。除饬郭小臣赶紧将围屏交出外，应请宪台电咨民政部、外务部查明法国使馆有无贝雅尔其人，谕令转饬郭小臣无得盗买此物，以便交还原主，保存古代美术，抑应如何办理之处，理合将李氏原禀、李衡文合同、并贝雅尔来信暨知县复信，开择禀呈鉴核，迅赐电示祗遵等情到本都督。据此。查保存古迹事项，曾经贵部通咨各省有案。兹据电称前因，并惠民县原禀各节，核与保存古迹推广办法章内称，严禁洋商贩卖之条，不无违碍。究竟如何办理之处，除咨外务部外，相应咨请贵部，烦请查照核复施行。须至咨者。右咨

民政部

计粘抄清摺一扣

中华民国元年四月初一日即壬子年二月十四日”[5]

根据山东都督张为致民政部文和其他文电，可以看出：

第一，惠民县李氏宗祠宋代雕漆围屏，系李文襄公传世古物，为家族共有公共物品。雕漆围屏两架，共计二十四扇，“墨地五彩花，周围金寿字及博古图，高约八尺，宽约一尺六寸，两面雕刻，十分细致。……相传是宋朝之物。文襄公令世世子孙竭力保存，毋使不肖子弟毁失，故存于古庙内，为李氏阖族之公物，历久珍藏，无敢毁伤”。据李氏族人代表九人禀称为阖族公有之物，应该成立。

第二，李氏不肖子孙李衡文，素不安分，见利忘义，“与李锡锐、李树铭勾结买古董之郭小臣及不识姓名数人，各持利刀，于阳历三月初九日夜，撞门入庙，将看守庙人捆绑，遂［扭］锁赴大厅，擅将围屏全行抢出，盗买盗卖”。此确系盗窃李氏阖族公共物品。从行文看，此次盗窃，应是事先有预谋，在实施盗窃时，则采取武力抢夺，因此，也可说是武力抢劫李氏阖族公有之雕漆围屏，性质恶劣，情节严重。

第三，李衡文等与郭小臣订立买卖之合同，因“李衡文等数人，不能代表阖族，并不合卖主资格，合同系与郭小臣私订。现在阖族既不承认，已失其效力”。这样认定是正确的。李氏阖族公有之物品的处置权应归全族人员或者全族公认的代表人，即使如此，也应由全族人讨论决定，任何个人无权对阖族公有的围屏行使处分权。因此，私立盗卖公有物品合同是无效合同，没有约束力。

第四，惠民县知县对盗卖李氏宗祠雕漆围屏案的查处，包括对有关人员的讯问等，是有成效的。当时，正值辛亥革命（1911 年 10 月 10 日）推翻清王朝不久，在当时形势下查处此案难度很大。他依据 1909 年（清宣统元年）清廷民政部颁行的《保护古迹推广章程》等，对该案查处，以及对李衡文等实施盗窃、与郭小臣私订买卖合同无效等认定，都是颇有见地的。在当时国内形势下，对保护中国古物，尽到了一位县官的职责。

第五，在当时的政局形势下，加之贝雅尔的干涉，使李氏宗祠宋代雕漆围屏案的结果，特别是两架雕漆围屏归还李氏宗祠显得模糊起来。这在都统的一封电文中已表露出来。民国元年（1912 年）四月十二日张为致法国使署电称：“北京。大法国使署鉴：来电敬悉。贵使署于武定府购买围屏两架，究系何样古物，未能悬端。果无违碍，该县即不得阻止出境。恐有别故，已照电饬武定府县查明禀复核夺，如无妨碍，即饬该县放行，以副雅嘱。山东都督张。蒸。印。”[6]它是中国第二历史档案馆编《中华民国史档案资料汇编》第三辑文化一书中收录的有关该案的最后一份电文。

第四节 禁止挖掘与勒买古物

民国十年（1921 年）十一月，河北巨鹿县绅民代表刘荫南、连署人孟瑞玉、张庆余、李天锡与铺保北京天合泰记，向内务部呈报巨鹿县知事勒买民间出土古瓷，售于美国人一事，并附表列出丁知县勒买古瓷器表。该表列有：名称、件数、产地（公地或民地）、买价、备考等项，据该表统计，丁知县勒买各种瓷器 27 种 68 件，出土地多为公地，总价款 2715 元。

内务部在接收到刘荫南等人呈报后，内务总长齐耀珊于民国十年（1921 年）十一月致直隶省长公署咨，内称：

“内务部为咨行事：据巨鹿县绅民刘荫南等呈称：巨鹿县地势凹下，宋大观二年，洪水为害，瓷器沉淀地内。去年久旱，民事消闲，全县人民肆意挖掘，所出古玩名器，约有万余件。丁知事贪心顿生，贱价勒买，甚至掘户卖于古玩铺者，丁县长强行夺回。此等名器，全让外人买去。约计丁知事勒买古玩，不下二千余件。谨将所知精且美者，具表呈阅。近于八月间亲往顺德府，将猊枕古玩卖于美国人，价洋八千，图一己之利，驱国粹于外人，呈请派委莅巨鹿县按件保存，并列附表等情到部。查埋藏物之发现，依法应由地方官先行呈报查核，如系无主之物，即宜收归国有。又，本部厘定通行之保存古物暂行办法第五条内载：金石陶瓷各种器物，由各省分别搜集，筹设保存分所，或就公共场所附入陈列，严定保管规则，先就公家所有，荟萃保管，其私人所藏，亦应设法取缔，以免私售外人等语。兹据来呈所称各情，巨鹿县发现无主各种瓷器，该知县不先行呈报，竟以贱价勒买，收入私囊，已属不合；又复希图重利，私售外人，尤为荒谬。本部对于保存古物，不啻三令五申，该知事身为官吏，于新发现之无主古物，私行买卖，殊于法纪，应请贵省长切实彻底查究，如果属实，应即依法惩办。并将各器物收归国有，妥慎保存。其已售于外人者，限期勒令该知事如数追回，以重古物，而肃官箴。除批示外，相应抄录原呈及附表，咨行饬查，认真办理，并希将办理情形随时见复可也。此咨。

直隶省长”[7]

内务总长致直隶省长咨，对巨鹿县挖掘古物与县知事勒买古物并售于美国人的处理，首先依据民国五年（1916 年）十月颁发实施的《保存古物暂行办法》，凡帝王陵寝先贤坟墓，古代城廓关塞等遗迹，历史造像摩崖等古迹，金石陶瓷等，都属保护之列。在内务总长致直隶省长咨文中，重点引述了保存古物暂行办法的第五条内容。

在内务总长致直隶省长咨文中，强调“查埋藏物之发现，依法应由地方官先行呈报查核，如系无主之物，即宜收归国有”。宋代埋藏物，无论在“公地”或“民地”埋藏，应系无主之物。民众肆意挖掘，有违保存古物暂行办法规定的原则，理应制止。而挖出之古物，地方官员应依法收归国有。这是地下无主古物收归国有概念在保存古物实践中的应用。

巨鹿县知事不仅未尽职责保存发现之地下无主古物，而且倚仗职权，从民众手中勒买古物，将其中精粹者倒卖给美国人，以获取重利，系完全违法行为。因此，内务总长致直隶省长咨文中要求：“本部对于保存古物，不啻三令五申，该知事身为官吏，于新发现之古物，私行买卖，殊于法纪，应请贵省长切实彻底查究，如果属实，应即依法惩办。”地方官身负执行国家保护古物法规，保护古物安全之职责，巨鹿县知事不仅未尽保护、保存古物之职，而且知法犯法，理应依法给予严惩。

内务总长致直隶省长咨文中要求：“将各器物收归国有，妥慎保存。其已售于外人者，限期勒令该知事如数追回，以重古物，而肃官箴。”对祖先遗留下来的文物（古物），应有敬重之心，敬畏之情，认真保存、保护。以此，整肃官员“殊于法纪”之风，作为对官员之劝诫。

第五节　查处热河盗卖古物案

1911 年辛亥革命推翻了清王朝，结束了几千年的封建统治，建立了中华民国。在清朝灭亡、民国建立之初，政治局势和社会动荡，清王室的古物包括承德避暑山庄的古物，面临着十分严峻的安全问题。

民国初年，已传热河避暑山庄古物被盗买盗卖。继而大总统令国务院查办热河行宫古物盗案。民国三年（1914 年）一月二十日，国务院发出公函，三年密字第三十九号，委派许世英为查办专员。国务院总理熊希龄致许世英公函称：

“径启者：奉大总统令：据国务院总理熊希龄呈称：北京商店天聚昌等盗买热河避暑山庄前清古物一案，业经查明，先后将拿获店伙人等移交热河都统讯办，应请简派大员，前往热河认真查办，尽法严惩等语。事关前清皇室财产，自应彻底查究，应派许世英克日前往，秉公查办。此令。等因。相应抄录原文函知贵委员查照，克日前往，秉公查究可也。此致

政治会议委员许君世英。”[8]

许世英受命查办避暑山庄古物盗买盗卖案后，“遵即先调京师警察厅羁押人犯各供卷详加检阅，并呈准调用前司法次长汪守珍，前司法部参事张轸，前奉天行政公署科长马振理，前奉天康平县知事陈嘉言等四人随同赴热。于二月十一日由京师起行，取道古北口，十五日抵热，即函知都统姜桂题、承德县知事卢宗吕调阅卷宗，派汪守珍、张轸二员将拿获店伙、园庭兵目连日研究，叙具问答词，复传见园庭内总办科长、科员、苑丞、苑副询问，又从各方面调查避暑山庄保存古物向来之办法与现在之情形。于二月二十八日旋京，先后共历二月有余”[9]。遂将调查所得情况一一向大总统作了呈报。

许世英于民国三年（1914 年）四月二日，在呈报大总统文中详述了他们查究情形。

（一） 查究盗买盗卖情形

检阅京师警察厅抄来的在京羁押人犯供卷，共九人，即：宋秀田（即田霞臣）、张省三、丁福田（即丁济谦）、韩少臣（即韩玉福）、靳如珍、高连珍、石书田、常汇川、宁志明等。他们在羁押前，分别是古玩类商铺的铺伙、铺掌等。由京师警察厅起获的被盗古物共 224 件，据当时登记清册，由天聚昌起出之物 1 号 1 件，由三合公古玩铺张省三手起出之物共 29 号大小物品 55 件，由常汇川手起出之物共 27 号大小物品 77 件，四次由隐秀斋韩少臣手起之物共计 21 号大小物品 37 件，由古玩商会转呈缴三友山君之物共 10 号大小物品 22 件，由古玩商会转呈缴三合公存在娄厚甫物件共 19 号大小物品 33 件[10]。这批古物涉及瓷器、玉器、雕漆器、景泰蓝器、珐琅器、黄缎织绣品、绣花物品、地毡品等等。

盗买盗卖热河避暑山庄古物案，在承德县羁押者十七人，其中于伟卿、宋辑五、韩四（即韩德富）、何富、傅锡九、彭玉和、佟殿甲、傅锡盛、佟玉山、贾国兴、张成顺、张连顺、张振九、樊棣园等供述了盗卖避暑山庄古物情形。“该处都统署、警察厅、县知事共起获赃物三百四十余件。”据在押人供述，有些人曾在避暑山庄充当兵丁，窃得古物，有的人受雇北京瑞记洋行佣工到热河购买古

物等等。

许世英在呈报大总统文最后写道："复查此案，在热河承德县羁押者十七人，在京师警察厅羁押者九人，两方人犯互有关联，有在热河贩买，闻风潜逃，在北京逮捕者；有赃物在北京起获，罪犯在热河羁押者；有勾通买卖而在京，在京热两方供词有不一致者，牵连既多，似不能仍就原管辖各为判决。惟证据既为确凿，罪犯业已成立，此案应由京师警察厅送交司法衙门依法惩办。至两案应否归并，与管辖如何指定，均由京师司法衙门办理。除将证据供词文卷一并附呈，籍供查核外，理合呈报钧鉴，伏冀饬交内务部密交京师警厅一并送交京师地方检察厅，以资佐证，并请批示遵行。"[11]

许世英一行查办避暑山庄古物盗买盗卖案，从呈报大总统文看，工作比较细致、认真，所获材料对于处理这一案件，惩办涉案羁押人犯，是有力的佐证。据民国四年（1915 年）一月中旬报载，审判厅公布判断通告，对于盗买盗卖避暑山庄古物之人依法治罪。此案的查处和对羁押人犯的判决，打击了盗买盗卖避暑山庄古物犯罪活动，对于遏制盗售古物，保护避暑山庄古物安全有积极作用。

（二）　避暑山庄古物保管之问题

许世英向大总统呈报查处避暑山庄古物盗案的文中，就避暑山庄古物保管进行了询问："据苑丞杨恩同呈称：此次被窃，既未据各处该管苑副呈报，苑丞亦未有所闻。该管苑副及苑丞事前疏于防范，事后失于觉察，均有应得之咎。苑丞黄文凤亦以被窃各物，失于觉察，实难辞咎为词。再四询问园庭失物数目，据称：现在清理尚未完成，实不得而知。"盗买盗卖热河避暑山庄古物案是当时京师和热河的一宗大案，不仅涉案人多，而且盗买盗卖被起获的古物数量大，仅两地被羁押人有 26 人，两地起获赃物共 560 余件。对此，避暑山庄苑副、苑丞等竟称不知，未有所闻，果若如此，可见管理漏洞和问题之严重。

避暑山庄古物清理、保管方面的情况，许世英在呈报大总统文中称："代理陈设处总办郑万鳌呈称：熊前都统莅任后，移居宫内，派清理员杨承曾等指挥各苑丞等官清理各物，将各处物品分类运至前宫，所有点查装运，均系该员指挥督饬办理，及熊前都统临行时曾面告郑万鳌与杨苑丞恩。同云：际此万宝出现，若不将国宝玉器等件装箱带京，诚恐军人注目，乘此生事。嗣后，继任者系陈会办光远，熊都统以陈约束军队甚严，可保无虞，事遂中止，只将洋漆小书格二对、皇舆全图一百五十页、词谱一部带去，均有令提取在案。内中词谱未曾入册，显系杨清理员疏漏，提用竹笔四支，亦系杨承曾面奉熊都统谕经手，又高丽纸，竹帘及木床等件，亦由该苑丞奉都统署提用条发给，再杨清理员由林总办手借阅九宫、大成南北词宫谱计五套五十本。万鳌向索，以未阅毕，留函作凭。”[12]代理陈设处总办郑万鳌所呈事项，一是说明当时熊都统派清理员杨承曾等指挥各苑丞等官对避暑山庄各处物品（古物）进行清理、入册、装箱、运至前宫等，这应是一次全山庄各苑物品的清理、入册工作，为以后检点物品提供一份依据。二是说明熊都统以权势，名曰借用、借阅，实为占有之实，因“万鳌向索，以未阅毕，留函作凭”，也就不了了之。

在推翻清王朝之后，民国初年，都统（军阀）的权力很大，占用、占有避暑山庄物品，以至用避暑山庄物品（古物）作奖励之事也不鲜见。

许世英在向大总统的呈报中称：“苑丞杨恩同呈称：民国二年七月十六日，奉熊前都统令，以毅军保卫热边，甚著战绩，向清舒山馆提取高宗书戒得堂条幅一轴，及月色江声所存高宗字福长安画扇一柄，寄赠通州姜军统。八月十八日又奉令现在陈设行政公署及都统木器二百零七件，除小格二对由本都统借用，余交员点收，列入交代。”[13]因未见下文，不知这批木器后来的归属。

（三） 避暑山庄古物陈设及清理之办法

避暑山庄位于热河承德县，今承德市区北部，又称热河行宫，或承德离宫。清康熙四十二年（1703 年）开始兴建，康熙四十六年初具规模，称热河行宫。康熙五十年康熙帝在山庄午门上题额“避暑山庄”。乾隆五十七年（1792 年）竣工。全园占地面积 564 万平方米，周围建有虎皮石墙，长 20 里，有大小门 10 座。宫殿区在山庄南部，苑景区在北部，又分为湖区、平原和山峦三个景区，风景优美，气候凉爽，是清朝皇帝避暑和从事各种政治活动的地方。

避暑山庄园庭宝物（古物）陈设、清理和保管，许世英在向大总统呈报文中称：“据园庭苑丞杨恩同呈称：查园庭避暑山庄建十大处，分建七十余小处，地面辽阔，物品繁多，拨设官兵分布看守，原正副总管二员，专管园庭内外事务，值年监督三员，三年期满更替。嗣因糜费不敷，奉旨改由园内大千总内拣选三人作为苑丞，兼辖园庭事务，又添设外庙苑丞一员，专管各庙事务，复改园内大千总十名作为苑副。光绪二十八年裁撤正副总管，园庭事务归热河都统兼管。

原设苑副十一员，道光年间裁撤四员，留苑副七员，专管堂档房文案，苑副六员，专管各处弁兵及陈设，所有殿座封条锁钥，该处苑副、千总联衔，每遇开殿，公同启闭。查有情形随时呈报，苑丞、苑副等合同复勘，禀请长官究办，此历来设官分职之定章也。自光绪十四年、十八年奉旨运取陈设，委员随带磁玉，匠人拣选装箱，逐件约估，往往小件估价极昂，众兵寒苦，闻之未免动心。自此以后，屡被丢失，均经照例惩办在案。民国二年，熊都统到任，查得园内陈设分存散漫，令归并保存，派委清理员杨承曾、祝毓瑛、陈价藩会同苑丞等清理归各处，苑副督兵运送前宫点收，苑丞等拣派苑副、堂副、千总十员，书写兵二十名随同清理，嗣经杨清理员因人员不甚得力，另派专员经理，恩同因派委工程事即未经手，后经熊都统委派林海年为陈设处总办，凡关于陈设所之事件，俱不由园庭事务公所承转各等语。此园庭向来办法及熊都统清理之大概情形也。”[14]

上述园庭苑丞杨恩同所呈情况，可以看出园庭陈设宝物（古物）保管制度的演变，总的来看，早期规定比较明确，执行比较严格。自清光绪十四年（1888年）、十八年奉旨运取陈设，由于古物估价引起兵丁动心，“自此以后，屡被丢失，均照例惩办在案”。也就是说，避暑山庄古物被内部人员（兵丁）自盗自此屡有发生，虽照例惩办，仍未禁绝，直到许世英此次查办被盗案，是一次在特定情形下的大暴露的盗案，是一次内外勾结盗卖盗买国家古物的典型案例。

从许世英向大总统呈报文也说明这一点。“查避暑山庄陈设宝物，前清光绪十四年有无遗失，无档可稽。自十四年以后，起运一次即遗失一次，清理一次亦遗失一次。其故由于奸商盗买，为富不仁，因之穷苦园丁亦遂见利忘义，乘机窃取，盖几成为无可逃避之事实。观于历办之成案，可知此次清理保存是为实物之结束。遗失之数现虽由内务部派员清理，尚未蒇事，不得其详。但较从前失物为多，则已成铁证。观于此次获赃数可信，在盗买盗卖其罪固有攸归，然清理人员之办理不善，致令熊前都统保存之心变而开放之举，其咎亦属难辞。观于苑丞杨恩同、黄文凤自责之供词可证”[15]。

清王朝被推翻，中华民国建立之后，按理说，对于承德避暑山庄的古物，应及时进行清理、登记造册，加强保管，它是国家重要的文化财产，不容有失。但当时政治、军事形势的原因，这一重要的对避暑山庄古物接管工作迟迟未进行。直到民国二年（1913 年）熊都统到任，才做此项工作。同时，由于清理人员办理不善，出现不少问题，特别是熊都统拿避暑山庄古物即乾隆书条幅、画扇等赠通州姜军统，熊军统自己占用古物，杨清理员名借实索古物等，又使避暑山庄古物在清理中流失。对这次清理中的问题，熊都统难辞其咎。

避暑山庄古物，在清王朝被推翻、中华民国建立后的历史大转折时期，未能及时采取有效措施清理、接管、保护好，致使文物被盗窃倒卖，以及流失，是一个重要的历史教训。

第六节　吁请制止清室出售古物

民国十一年（1923 年），一些报纸刊载清室出售古物报道，引起民众骇异，团体愤然。以湖北省教育会一份电文为代表，反映了国民的情绪和态度。该年十一月十二日，湖北省教育会为制止清室出售古物致内务部代电称：

"北京内务总长钧鉴：顷阅各报载有清室售卖古物一则，不胜骇异。窃我国与埃及、希腊、印度同为数千年前古国，其文明久为中西所称羡。清室之古物，尤为历代帝室递嬗相传之珍秘，并非一代一人所得私有。合全国五千年之文物，集于首都之清室，一涉疏忽，不徒散佚堪虞，即立国精神且将从无取征。清室以经费短绌，转售东邻，不啻将五千年立国精神捐弃一朝，言念及此，能勿痛心。我国文物，既经八国联军转徙于先，复遭一二奄寺盗毁于后，其他鸿爪雪泥，仍不珍惜，掷之东邻，摘瓜抢蔓，隐忧实深。方今欧美各邦对于古物之保存，法有专条，诚知立国精神，舍此无所寄托。故东邻巨子，不惜牺牲巨赀，百方以谋之，我且昧然将应之。古人云：哀莫大于心死，正谓此也。敝会悯文献之失征，痛国粹之沦胥，不揣冒昧，吁恳大部设法妥为保存。并乞提交阁议，作为专案，妥筹善后办法，勿使数千年之文物失于一朝。国家幸甚！教育幸甚！湖北省教育会叩。文。印。"[16]

湖北省教育会电文，颇为精辟。论及中国五千年文明，文物为之取征；清室古物为历朝历代皇室递嬗相传之珍品，非一代一人之私有；五千年文物之散佚，立国精神将无从取征；八国联军抢掠，其他盗毁，所余仍不珍惜，掷之东邻，隐忧实深；痛斥东邻巨子百方以谋之，我且昧然将应之的行为；痛国粹之沦胥，吁恳内务部设法妥为保存，"勿使数千年之文物失于一朝"。情深意切，跃然纸上。

内务部如何处理此事，未见文件，不作评论。但就湖北省教育会致内务部电文所陈述制止清室出售古物之理由、观点是应该肯定的。古物或文物是我国五千年文明发展的载体和见证，内容丰富，内涵博大精深，是中华民族文化之根，蕴含中华民族精神之魂，称为“立国精神”，“舍此无所寄托”，言简意赅，把保护文物与立国精神连在一起，道出保存、保护中华五千年文物之本质。

湖北省教育会在致内务部电文中，三次应用“文物”概念，一是“合五千年之文物，集于首都之清室……”，一是“我国文物，既经八国联军转徙于先……”,一是“勿使数千年之文物失于一朝”。应用“文物”囊括古物，则含义深于古物。进而言之，清室古物非一朝一人私有，应为国家、民族所有之文化财富，亦即保存古物暂行办法中公家所有，或称为“国有”，应禁止清室出售。

第七节　制止清室内务府抵押古物变卖

清王朝被推翻后，按照辛亥革命产生的《清室优待条件》，逊帝溥仪及其王室仍住在宫内，即“暂居宫禁”，仍居住在紫禁城内廷，也就是保和殿后乾清门广场以北部分。在此期间，“不仅大清皇帝‘尊号’仍存在，而且继续使用宣统年号，不用中华民国纪年，并享受中华民国对待外国君主之礼遇。……在内廷宫殿内，仍有大批太监、宫女专供小‘皇帝’及皇室人员役使；仍有一批满清遗老、旧吏向溥仪跪拜称臣；仍有所谓内务府、宗人府等衙署为清逊帝及其眷属等皇室人员操办事务；仍有护军和侍卫保护小‘皇帝’和皇宫的安全”[17]。这一切，与推翻清王朝政权的结果极不相称。为此，民国二年（1914 年）十二月，民国政府根据参议院的建议制定了“善后办法”七条，其中规定逊清王室必须“通用民国纪年”，废止“与现行法令抵触”的“一切行为”。但逊清王室仍我行我素，不改变他们的生活与行为方式。在这一背景下发生了逊清王室内务府抵押古物一事。

一　故宫博物院致内务部公函

民国十六年（1927 年）四月二十五日，故宫博物院为清室内务府抵押于盐业银行之古乐金钟等致内务部函，请禁止变卖处分等。公函全文如下：

“径启者：本年三月二十六日奉大总统令开：古物流传，文献足征，不独金石图籍有关考证者应加爱护，即宫观林木，缔构维艰，剪伐宜戒，曾经该主管部署拟具保存办法，以防毁伤贩卖诸端。但因事立制，未有通行定章，难保不积久生玩。所有京外各地方，从前建筑树植及一切古物，迄今存在者应如何防护保存，着该管官署汇集成案，重订专章，呈请通行遵照。并着税务处妥订禁止古物出口办法，饬令海关切实稽察，以副政府范古模今，力维国粹之至意。此令。等因。具见政府爱护古物，保存国粹之至意，钦仰莫名。查本院于接收保管故宫物品中，曾发现有清皇室内务府将宫中所存宝册、古乐金钟及各种金器，抵押于北京盐业银行之事。曾经致函该行，请将所押物品暂为保存，勿即变卖。俟与内务府商定办法后，再与该行接洽。函达去后，迄未见复。该项抵押品中有古乐金钟十六件，闻为旷代仅存之品，为研究古乐所必须。其余宝册等物，亦多有关文献，均属明令应行保存范围，自未便听其变卖处分。相应照录原订合同及抵押品全单，函请贵部查照，禁止变卖处分，并希转行税务处对于单开各件，一律禁止出口，以保国粹，至纫公谊。此致

内务部　附钞件一份，共计七纸”[18]

故宫博物院致内务部函，有几点值得注意，一是简单明了地概述了大总统令的主要内容，强调保存古物重要性和主管部署保存办法，要求根据主管部门对迄今古物保存如何，汇集成案，重订专章，并着税务处妥订古物出口办法，通令遵行，“以副政府范古模今，力维国粹之至意”。

二是故宫博物院在对接收清宫中古物进行检查，曾发现清室内务府将宫中所存宝册等抵押北京盐业银行，即致函饬行请勿变卖，迄未见复。在贯彻大总统令中，将清室内务府抵押宫中宝册等一事报内务部，“请贵部查照，禁止变卖处分，并希转行税务处对于单开各件，一律禁止出口”。

三是故宫博物院贯彻法令和对古物保管认真负责的态度，正由于此，在各方面努力下，得以制止将抵押宝册等变卖，终归故宫博物院保管。

二　清内务府的抵押合同

故宫博物院致内务部公函附钞件一份，共七张，即清室内务府与北京盐业银行签订的古物抵押合同。合同全文如下：

立合同　清室内务府　北京盐业银行（以下简称内务府　银行）今因内务府需要款项，向银行商订条件如左：

第一条　债额　以北京通用银元捌拾万元为限，十足交款，不折不扣。

第二条　利息　每百元按月给息壹元。

第三条　借期　以一年为限，如能于期内提前陆续筹还，利随本减，照数计算。

第四条　押品　以金器等件存储银行作为此借款抵押，另开清单备查。

第五条　此项债额，到期如不能偿还，得以押品变售作价，抵还本利。届变售时，由内务府会同银行办理。如变价有余，由银行将款缴还，设有不足，由内务府负责补偿足数，或另以他项物品交由银行会同变价备抵。

第六条　此项借款合同及押品清单，缮写二份，由内务府、银行各执一份为据。

中华民国十三年五月三十一日立

附抄抵押古物品清单[19]

清室内务府与北京盐业银行签订的古物抵押借款合同，共六条，附抵押古物清单一份。合同期限一年，即从民国十三年五月三十一日至民国十四年五月三十一日，如到期不能偿还所借北京通用银元捌拾万元，根据合同第五条之规定，“得以押品变售作价，抵本还利”。这就说明抵押的金宝册等古物，届时有变价出售的风险，若如此，国家珍贵文物将流失，遭受重大损失。

合同所附抵押古物清单一份。按名单 95 件，其中有的为两件、四件、九件等，实际件数超过一百件。若依次看清室内务府抵押古物清单，心情会愈加沉重，会愈益感到问题的严重性。如，清单依次计开，昭圣皇太后之宝、仁宪恪顺皇太后之宝、慈和皇太后之宝、仁寿皇太后之宝、恭慈皇太后之宝两件、慈安皇太后之宝、慈禧皇太后之宝、皇后之宝、祺皇贵太妃之宝，共重四千六百二两七钱。在皇太后之宝之后开列的是皇太后等金册，其中有昭圣皇太后金册、慈和皇太后金册、恭慈皇太后金册 2 件共 20 页，慈安皇太后金册、慈禧皇太后金册等等，共重二千八十一两。之后是金塔两座、金镶嵌执壶两件、金盘四件、金杯两件；无射和林钟等古乐金钟十六件，即：无射、姑洗、林钟、南吕、蕤宾、大吕、夷则、黄钟、仲吕、太簇、夹钟、应钟、倍应钟、倍无射、倍南吕、倍夷则，共重一万一千四百三十九两，各式盒、七成金镶松石瓶、镇纸、挂屏、插牌、盖罐等等。

在抵押古物清单中，每一项古物后都记有重量，不是全金的记金的重量或宝石数量等。可以看出，所有抵押物基本以黄金为准，在这里，这批珍贵古物的历史、科学、文化艺术价值完全不计，不是把它们作为我国历史文化载体和历史见证。

逊清皇室内务府向北京盐业银行抵押的故宫古物，是国家公有的文化财物，不是私人财物。因此，清室内务府无权将其作为借款的抵押物，它是违反有关法律规定的，应该是无效合同。

三 抵押古物由清室内务府赎回

在故宫博物院致函内务部后，内务部、京师警察厅等有关方面积极开展查找等工作。内务部于民国十六年（1927 年）十一月十八日复函故宫博物院，据盐业银行行员称："此项抵押品业于上年冬月间，由清室内务府委托阎赈务督办，会同清室办事人员，出面接洽，业于本年四月照约备款赎回。"[20] 制止清室内务府抵押古物变卖的行动取得成功，保护了故宫文物。

注释

[1]中国第二历史档案馆编：《中华民国史档案资料汇编》，第三辑文化，凤凰出版社，1991 年 6 月第 1 版，2011 年 3 月第 3 次印刷。

[2]国家文物局主编：《中国文物地图集》山东分册（上）"概述"，中国地图出版社，2007 年 12 月第 1 版，2007 年 12 月第 1 次印刷。

[3]中国第二历史档案馆编：《中华民国史档案资料汇编》，第三辑文化，凤凰出版社，1991 年 6 月第 1 版，2011 年 3 月第 3 次印刷。

[4]李晓东著：《中国文物学概论》，河北人民出版社，1990 年 2 月第 1 版，1993 年 9 月第 2 次印刷。

[5]中国第二历史档案馆编：《中华民国史档案资料汇编》，第三辑文化，凤凰出版社，1991 年 6 月第 1 版，2011 年 3 月第 3 次印刷。

[6]中国第二历史档案馆编：《中华民国史档案资料汇编》，第三辑文化，凤凰出版社，1991 年 6 月第 1 版，2011 年 3 月第 3 次印刷。

[7]中国第二历史档案馆编：《中华民国史档案资料汇编》，第三辑文化，凤凰出版社，1991 年 6 月第 1 版，2011 年 3 月第 3 次印刷。

[8]中国第二历史档案馆编：《中华民国史档案资料汇编》，第三辑文化，凤凰出版社，1991 年 6 月第 1 版，2011 年 3 月第 3 次印刷。

[9]中国第二历史档案馆编：《中华民国史档案资料汇编》，第三辑文化，凤凰出版社，1991 年 6 月第 1 版，2011 年 3 月第 3 次印刷。

[10]中国第二历史档案馆编:《中华民国史档案资料汇编》,第三辑文化,凤凰出版社,1991年6月第1版,2011年3月第3次印刷。

[11]中国第二历史档案馆编:《中华民国史档案资料汇编》,第三辑文化,凤凰出版社,1991年6月第1版,2011年3月第3次印刷。

[12]中国第二历史档案馆编:《中华民国史档案资料汇编》,第三辑文化,凤凰出版社,1991年6月第1版,2011年3月第3次印刷。

[13]中国第二历史档案馆编:《中华民国史档案资料汇编》,第三辑文化,凤凰出版社,1991年6月第1版,2011年3月第3次印刷。

[14]中国第二历史档案馆编:《中华民国史档案资料汇编》,第三辑文化,凤凰出版社,1991年6月第1版,2011年3月第3次印刷。

[15]中国第二历史档案馆编:《中华民国史档案资料汇编》,第三辑文化,凤凰出版社,1991年6月第1版,2011年3月第3次印刷。

[16]中国第二历史档案馆编:《中华民国史档案资料汇编》,第三辑文化,凤凰出版社,1991年6月第1版,2011年3月第3次印刷。

[17]王树卿、邓文林:《故宫博物院历程(1925—1995)》,紫禁城出版社,1995年12月第1版,第1次印刷。

[18]中国第二历史档案馆编:《中华民国史档案资料汇编》,第三辑文化,凤凰出版社,1991年6月第1版,2011年3月第3次印刷。

[19]中国第二历史档案馆编:《中华民国史档案资料汇编》,第三辑文化,凤凰出版社,1991年6月第1版,2011年3月第3次印刷。

[20]中国第二历史档案馆编:《中华民国史档案资料汇编》,第三辑文化,凤凰出版社,1991年6月第1版,2011年3月第3次印刷。

第三章　限制古物出口

第一节　大总统发布限制古物出口令

清朝末期，随着西方列强侵入中国，一些西方国家的团体或者个人，以探险为名，深入我国的新疆、甘肃等地，挖掘古遗址，劫取出土古物，或者收买、骗购或勒买我国古物，贩运出境，其中代表人有俄国的D·A克列缅茨基、英国的斯坦因、法国的伯希和、日本的大谷光瑞、桔瑞起、德国的A·Von勒克科等[1]。1900年八国联军侵入北京，对圆明园等处古物大肆抢劫，贩运出境。此外，一些不法之徒盗窃古物，与古董商勾结贩卖。这一切活动，造成了我国在19世纪末20世纪初古迹、古物被挖掘、盗窃，大批古物被贩运出境，造成了我国文物在近代以来的第一次大流失，造成了中国文物难以弥补的重大损失。

随着新发现古物的不断增多和它们所揭示的历史、新的知识令世人震惊，而大量重要古物外流，使国人特别是有识之士或学术界人士倍感心酸和耻辱。为此，他们不断吁请政府阻止我国珍贵文物流失海外，呼吁禁止盗挖、盗窃、贩卖文物活动，为国家制定法规保护古迹古物创造了舆论氛围。

民国建立之初，上述古迹古物被盗挖、盗窃、贩运出境，造成我国大量重要古物外流的现状和国内人士的呼吁，是政府制定保护古物法规的基础，而民国政府建立之后，也为其提供了在这方面作出抉择的良机。限制古物出口令应是重要举措之一。

中华民国三年（1914年）六月十四日，大总统发布限制古物出口令：

大总统申令

中华文化最古，艺术最精，凡国家之所留贻，社会之所珍护，非但供考古之研究，实关于国粹之保存。乃闻近来多有将中国古物采运出口者，似此纷纷售运，漫无查考，若不禁令重申，何以遗传永久。嗣后关于中国古物之售运，应如何区别种类，严密稽察，规定惩罚之处，着内务部会同税务处分别核议，呈候施行。并由税务处拟定限制古物出口章程，通饬各海关一体遵照。至保存古物，本系内务部职掌。其京外商民如有私售情事，尤应严重取缔。着由各地方长官实行禁止，以防散佚，而广流传。此令。中华民国三年六月十四日[2]。

大总统在限制古物出口令中，提出“关于中国古物之售运，应如何区别种类，严密稽察，规定惩罚之处，着内务部会同税务处分别核议，呈候施行。并由税务处拟定限制古物出口章程，通饬各海关一体遵照”。这是两项重要工作，如能早日完全，将是加强古物售运、限制古物出口的重要规定，但困难很多。

税务处在民国二年（1913 年）十二月二十七日致内务部总长公函称：“径启者：前因中国古物每年出口运往外国者不知凡几，应酌定限制章程。曾于上年十二月间，函请贵部将从前保存古物章程检送本处。旋准函称：此项章程，本部现正提议，即古物保存暂行章程尚未公布，未便检出，俟前项章程拟定后再行一并函送。等因。在案。查洋商报运中国古物出口，海关以向无专章，不能禁止，兼之各国公使以输运各该国博物院陈设，并非售品，要求免税。本处以历届办有成案，无从核驳，遂致近来古物出口络绎不绝，动辄数十箱之多，不特不能禁阻，且不能征税，长期漫无限制，深恐一二年后，所有中国之金石书画，一切古董，悉为外国所吸收。若不从速设法取缔，殊非保存国粹之道，特再函达贵部查照，迅将前次限制章程拟定，转达外交部知照各国公使有案，并抄送本处，以便通饬遵办。”[3]

上述税务处致内务部总长公函反映出当时实际情况和问题，致使限制古物出口章程迟迟不能出台，颁布实施，带来的问题应该说是严重的。“遂致近来古物出口络绎不绝，动辄数十箱之多，不特不能禁阻，且不能征税，长期漫无限制，深恐一二年后，所有中国之金石书画，一切古董，悉为外国所吸收”。这应该不是危言耸听，而说明问题的严重性及其后果。

在没有限制古物出口章程的情况，外国公使借此为洋商等贩运中国古物出境进行辩解，不仅使洋商以至一些团体或个人贩运中国古物出境多方干预，致使中国古物大量外流。

内务部拟定，颁行保存古物暂行办法是民国五年（1916 年）十月，在民国二年时确无此类章程。但在保存古物暂行办法后，未见致税务处文件，一直到民国十四年才又与税务处会商限制古物出口事。

民国十四年（1925年）十二月十四日，税务处致内务部公函述及古物出口限制章程拟定事与贵部联系过程、保存古物暂行办法内有取缔古物私售外人等，已有明文规定，继而称京师总商会“据京师古玩行商会请将新出土各古物，酌予免税，以奖出口一节，殊与保存古物法规显相违背，自难照准。至此项古物，究应如何区别种类，限制出口之处，亟应由贵部明订办法，知照本处，以便行关而资遵守”[4]。

内务部在接到税务处公函后，即作出复函，内称：“查古物一项，关系国家文化，无论何国，对于古物绝无奖励出口办法，是以关税则例，向来未有专章。暨民国三年，大总统申令：关于中国古物之售运，应严密稽查，规定罚例。等因。即系禁止出口之意，并非于古物之中，分别种类，酌定税则，许其出口。……总之，本部对于古物之保存，向系绝对禁止出口。于来函所称：该商会将出土古物酌予税免，以奖出口，殊与保存古物法规显相违背，自难照准。各节用意正复相同。至所称区别种类，限制出口之处，只能分别物品是否古物，绝对不能于古物之中，再行区别何者禁止出口，何者准其出口。现惟有遵照命令，一律严密稽查，禁止出口。”[5]

税务处和内务部都十分明确否决“京师古玩行商会请将新出土各古物，酌予免税，以奖出口”一事，指出此系“与保存古物法规显相违背，自难照准”。维护保存古物法规的严肃性，依法保护国家古物安全，在当时的社会环境下坚持依法保护古物，实属不易。古玩行商会所请，完全站在商会与商人的立场，而置国家古物保存于不顾，如依商会所请，则不仅是“奖励出口”，而实则是奖励对地下古物的盗挖、盗窃，那将会造成难以数计古墓葬古遗址等惨遭破坏，将是对中国古物的一场大的浩劫。古玩行商会所请，不仅违背保护古物法规、违背大总统令，也违背了中华民族的根本利益。

内务部致税务处公函明确指出，大总统申令“关于中国古物之售运，应严密稽查，规定罚则。……即系禁止出口之意，并非于古物之中，分别种类，酌定税则，许其出口”。民国三年大总统限制古物出口令，确有禁止出口之意，从这一点出发，它应是判断古物出口是否合法的准绳，也是判断中国文物外流的重要法律依据。

第二节　大总统令妥订禁止古物出口办法

民国三年，大总统令要求制定限制古物出口章程，内务部为此做了许多工作，拟订了草案等。但由于时局变化等原因，国务会议未经议决公布。内务部民国十四年（1925年）十二月致税务处公函对此有明确说明："上年本部拟有古籍、古物、古迹保存法草案，经提交国务会议，因时局变更，未经议决公布。草案第二十八条内载：凡古籍、古物及古迹，无论何人，不得任意毁弃损坏，并不得贩运或携出国境等语。"由于没有限制或者禁止古物出口的具体规定，即专门章程或者办法，内务部、海关、税务等部门在稽查古物贩运、出口等方面存在诸多难题，加之保存古物暂行办法在执行方面的问题，盗挖、贩运、出口古物问题仍很严重。

民国十六年（1927年）三月二十六日，大总统令妥订禁止古物出口办法：

大总统令

古物流传，文献足征，不独金石图籍有关考证者应加爱护，即宫观林木，缔构维艰，翦伐宜戒。曾经该主管部署拟具保存办法，以防毁坏贩卖诸弊。但因事立制，未有通行定章，难保不积久生玩，所有京外各地方从前建筑、树木及一切古物迄今存在者，如何防护保存，著该管部署汇集成案，垂订专章，呈请通行遵照。并著税务处妥订禁止古物出口办法，饬令海关切实稽察，以副政府范古模今，力维国粹之至意。此令[6]。

中华民国十六年三月二十六日

国务院摄行

国务总理　顾维钧

内务总长　胡惟德

财政总长　汤尔和

教育总长　任可澄

农商总长

在制定禁止古物出口办法的指示物和范围等方面，内务部和税务处存在着不同意见，在内务部民国十六年八月致税务处公函中表露无遗。

如，第一，什么是古物，何者不应视为古物。内务部意见“凡非现时制造及一切普通应用之商品，即可视为古物。例如三代之彝器……洪宪之瓷，年亦至近，诸如此类，虽非珍奇，均不得与通商品视同一律”。其中“洪宪之瓷”即袁世凯称帝后制造的瓷器，即使其年代很近，也非珍奇，但可作为“古物”。这一点与西方一些国家以 50 年或 100 年以上之物品才可称为文化财产的规定不同，其实质是以它历史价值、文化价值来认定，对以后会产生影响。

第二，对禁止出口古物是否一一列诸条文。内务部意见“至古物品类一层，既在通行之暂行办法内已逐条赅括。然如来函所称各节，非特吾国开化最早，古物至为繁伙，势不可能一一列举。……盖订定法规限于情势，与其挂一漏万，不如浑括之为愈”。“此中标准，临时研求不难，即物而酌定，而欲一一列诸条文，非惟以枚数，阖不胜其烦，亦决不能标举无遗，推行尽利。”制定禁止古物出口办法，将各种类古物一一列诸显然不妥，也不可能这样做。但以科学的合理的分类方法，将禁止出口古物分类，加之年代限制，做出禁止性规定应该是可能的，也是应该的，不然太过宽泛之规定，缺乏可操作性，则失去了专门规定的价值。

第三，如何制定应急之规定。内务部意见：“复函贵处，均实声明：在根本法未经订定公布以前，仍应按照原议，由贵处参酌民国五年本部订定通行之保存古物暂行办法各条，厘定章程，通行各机关遵照办理，以资救济。其根本法应俟政局大定，当由本部依据十三年草案详为厘定，再行提交阁议议决，公布施行。”[7]政局不大定已严重影响保存古物根本法的决议和公布施行，自然也影响到禁止古物出口办法的制定与颁行，这一切的严重性在于我国古物继续遭受破坏、盗挖、盗窃、贩运、流失出口，所造成的损失难于弥补，许多已是无法弥补。这已为历史所证明。

第三节　禁止龙门、云冈石刻外流

龙门石窟和云冈石窟是我国重要的石窟遗存，内容丰富，内涵博大精深。保存与保护龙门、云冈石窟，在民国时期防止盗窃石窟造像和贩运外流更为迫切。

一　禁止龙门石刻造像外流

内务部为保存、保护龙门石刻造像，曾于民国三年、五年致河南民政长、河南省长文，提出保护要求。河南省和洛阳县根据内务部要求，对石窟石刻进行了调查登记造册，同时制定了《保守龙门山石佛规条》，采取了保护措施。民国十五年（1926 年）九月，内务部在接到中国画学研究会会长、北京佛教会评议长周肇祥八月二十一日呈报，就龙门、云冈造像大量外流事致河南、山西省长文称：

“为咨行事：据周肇祥呈称：此次赴日，于该国绅富家所见石造佛头甚多，询系我国大同云冈、洛阳龙门之物，为古董商贩运前往。查大同云冈造像，洛阳龙门造像，其于历史上价值重大，宜宝贵维护，以存国粹。失今不图，想必残毁殆尽。应请咨行山西、河南军民长官，妥筹保护之方，明定管守之责，损害者从重治罪，贩卖者加以严惩，庶佛法文化，皆有极大裨益。等情。到部。查龙门佛像石刻，曾经于民国五年咨行贵省长严饬军民人等不得毁坏贩运，并派委专员，会同该地方长官查明现在所存佛像石刻，究存若干，一一登记，责成该处附近庙僧管理，一面仍由该县知事将保管办法详细呈复。嗣据该县知事王锡龄将龙门造像填列表册，并将（保）守龙门规条呈送到部，当以所送表册，仅列石佛，未将石刻题记填列，复经咨行详细查明，列表并拓印送部，迄未见复。复于七年咨行转饬列表拓印，并照部定保存古物暂行办法及原定保存石佛规条，切实保护。等因。各在案。是本部对于龙门造像石刻，历经咨饬该地方官认真保管，严禁毁弃贩运，不惮再三。究竟现在有无损坏及贩卖情事，本部无从悬揣。兹据周肇祥呈称各节，除咨行山西省长并批示外，相应钞录原呈，咨行贵省长转饬查明，遵照历案，切实保护，并将现在情形，呈复咨部，以凭查核。此咨

山西省长

河南省长”[8]

洛阳县对龙门石窟，于民国五年（1916 年）依据内务部文件要求进行调查，将造像数目列表和制定保守龙门规条报部，在本编第一章第三节“保护龙门古迹”中作了概述。此后龙门石窟造像至民国十五年有无破坏、被盗、贩运外流，未见呈报。因此周肇祥呈报内务部文所称在日本绅富家所见龙门佛头，不知为何年贩运外流之事。无论如何，内务部以周肇祥所呈，要求河南省长加强对龙门石刻造像保护，继续填列石刻题记，严禁毁弃贩运，应是贯彻保存古物暂行办法之举，应予肯定。

二　禁止云冈石刻造像外流

云冈石窟位于山西大同以西16公里的武周山南麓，依山开凿，东西绵延1公里。石窟始凿于北魏兴安二年（453年），一直延续到正光年间，以太和年间最盛。按自然分布，石窟分为东、中、西三部分，有洞窟50多个，共计1100多个小龛，大小造像51000余尊。其中高僧昙曜主持早期开凿的五个窟，气魄最为雄伟。云冈石窟是我国著名的三大石窟之一。

20世纪初，日本人伊东忠太到山西调查了云冈石窟，在日本发表了调查报告，引起了广泛关注。在周肇祥于日本绅富家看到的云冈石窟造像佛头，应是从20世纪初到20年代，由国内外不法之徒盗窃、贩卖而外流之物。尽管内务部致山西、河南省长文之后，未见山西省对此的回应，但在日本绅富家所存云冈石造像佛头，已足以证明这一事实。

内务部文要求山西省保护云冈石刻造像，严禁毁弃贩运，对损害者从重治罪，对贩运者加以严惩，是根据保存古物暂行办法。尚未见山西省回应，也不知效果如何。

山西省石刻造像除云冈石窟集中外，还有太原天龙山石窟石刻造像等。民国二十二年（1933年），日本人对天龙山石造像进行肢解、夺取，运往日本。周肇祥在日本绅富家看到甚多佛头，“询系我国大同云冈、洛阳龙门之物，为古董商贩运前往”。恐不能全归咎于古董商贩，它应是日本人的一种推辞。

第四节　制止日本人盗运汉砖出口

在清末，特别是民国初期，一些国家的团体或个人通过各种方式和途径获取中国古物，贩运出境，而一旦被海关或有关部门查扣，他们的驻华使馆，便出面干预，一个共同的说辞即为博物馆陈设所需，或为某大学教学所需。这是掠夺中国古物的一种手段。

民国十五年（1926年）七月六日，税务处税务督办蔡廷幹致函内务总长，内称：“税务处为咨行事：准外交部函开：准日本使馆来函，以驻京日本居留民会拟将汉砖四块、石膏模型一个，捐赠京都帝国大学建筑学教室，不日由天津装运。应请转行该管机关设法，俾得简便过关。等因。查前项物品，日本公使来文声明系捐赠帝国大学之用，可否饬关予以简便通过之处，应函达查照，核办见复。等因。前来。查古物保存，系属贵部职掌，此项汉砖为古物之一，应否即予装运出口之处，相应咨行贵部查照，酌核见复，以凭办理。”[9]

内务部在接到税务处税务督办蔡廷幹公函后，于民国十五年（1926 年）七月二十一日，由内务总长张国淦具署致税务处公函，根据保存古物暂行办法，作了明确答复，即：“查本部厘订通行之保存古物暂行办法，对于古物出口，限制綦严。来函所称：日本居留民会拟将汉砖四块装运出关，此项汉砖，当然为应行禁止出口之古物。所请转行该管机关简便过关各节，按照定章，实属未便照准。至石膏模型，如系现时仿造之品，尚可通融准其出关，相应函达查照可也。”[10]

内务部根据民国五年公布施行的保存古物暂行办法之规定，不批准汉砖四块出口，是以当时法规为准，不以所谓大学教学所动，体现了执法的严肃性，保护了古物不致外流。至于石膏模型系仿制品，并非古物，可允其出关，体现了根据实物情况作出的灵活决定。对古物仿制品可以出口，对以后稽查古物出口会产生一定影响。

第五节　查禁日本人盗运清室内阁大库档案和钟祥县志

20 世纪初以来，日本一些团体和个人在中国挖掘、收买、勒买、劫取古物，涉及古物不同种类，将其运往日本，造成我国文物大量流失，在本书以前章节中均有叙述。此前禁止出口日本的汉砖后，又有日本人盗运清室内阁大库档案和钟祥县志事。

民国十六年（1927 年）十月二十日，天津海关监督公署致内务部代电称：

“北京内务部钧鉴：窃查前奉直隶省长令开：案准内务部电开：顷据报告：前清内阁大库所存文卷，前由教育部售与罗振玉，现由罗振玉售与日本人松崎，共肆拾余箱之多，日内运往大连等语。事关国家文献，亟应严加禁阻，用特电请查照，迅速通饬海陆关局严密检查扣留，至为公盼，并希电复。等因。准此，除电复并分令外，合行令仰该监督转饬海陆常关严密检查，扣留勿违。切切。此令。等因。当经函致陆海常关税务司严查扣留，并电请税务处签核各在案。兹准海关税务司魏阿兰咨称：查现据日本人松崎报运钟祥县志等共拾柒箱，装由竹岛丸轮船出口往大连，惟不知内务部电称前清内阁大库文卷，是否将此项书籍包括在内，一并禁止出口，未能详细叙明，相应咨会查照，迅予核议见复，以凭办理。再，如经禁运出口，倘将来设有错误，该日商要求赔偿损失等事，贵监督应负完全责任，合并申明。等因。准此。查前奉钧部电示前清大库文卷是否包括书籍在内，并应否一并查留之处，理合电请钧部鉴核，迅予核示遵行。津海关监督祁彦儒。哿。印。"[11]

内务部十月二十二日，即电复天津海关监督，电稿称：

"天津津海关祁监督鉴：哿电悉。松崎装运钟祥县志等既有十七箱之多，当不止此一种，究系何项书籍，共若干部，是否隐藏内阁文卷在内，应饬详细检明，并应查明书籍种类数目，开具清单，详注何项纸版及印行年月，速复到部，以凭核办。内务部。养。印。"[12]

国家档案乃国史、国脉所系，失去会造成历史空白、国脉中断，难以为继。清室内阁大库档案关系国家历史与文化，理应严格保存，存之久远。古代各种质地材料的文书档案，都是我国重要的物质文化遗存。档案中这一部分应属于古代文物，承载着不同历史时期政治、经济、军事、交通、科学技术、文化艺术等内容，是我国国家、民族历史和文化发展的见证，应作为重要历史遗产保存、保护和管理。

从上述天津海关和内务部文电观察，第一，认为清内阁大库档案，"事关国家文献，亟应严加禁阻"，同时采取措施依法禁止出口，是完全正确的，以维护国家历史的完整性。

第二，作为如此重要的清内阁大库档案，教育部将其售与罗振玉个人是完全错误的，违背了国家保存档案的规定。而罗振玉又将这批重要档案卖给日本人，更是错上加错，如被运往日本，会有多少历史资料流失，造成难以弥补的重大损失。教育部售卖清内阁大库档案已属违规，而罗振玉又将其卖于日本，是"私售外人"的违法行为，对国家历史和文化极不负责，是一种严重危害国家和民族利益的行为。

第三，钟祥县志应是民国以前的出版物。我国县志、州志、府志等，记载了一个行政区域的政治、经济、文化教育、风土民情、名胜古迹等等，是很重要的历史资料。清末以来，一些西方国家团体和个人，在掠夺中国古物的同时，也对中国地方志等文化资源进行掠夺，日本人欲把钟祥县志运回国就是其中一例。钟祥县志是古籍，是民国五年施行的保存古物暂行办法规定要保存的古物，禁止出口是完全合法的，应依法查禁。

注释

[1]李晓东著：《中国文物学概论》，河北人民出版社，1990 年 2 月第 1 版，1993 年 9 月第 2 次印刷。

[2]中国第二历史档案馆编：《中华民国史档案资料汇编》，第三辑文化，凤凰出版社，1991 年 6 月第 1 版，2011 年 3 月第 3 次印刷。

[3]中国第二历史档案馆编：《中华民国史档案资料汇编》，第三辑文化，凤凰出版社，1991 年 6 月第 1 版，2011 年 3 月第 3 次印刷。

[4]中国第二历史档案馆编：《中华民国史档案资料汇编》，第三辑文化，凤凰出版社，1991 年 6 月第 1 版，2011 年 3 月第 3 次印刷。

[5]中国第二历史档案馆编：《中华民国史档案资料汇编》，第三辑文化，凤凰出版社，1991 年 6 月第 1 版，2011 年 3 月第 3 次印刷。

[6]中国第二历史档案馆编：《中华民国史档案资料汇编》，第三辑文化，凤凰出版社，1991 年 6 月第 1 版，2011 年 3 月第 3 次印刷。

[7]中国第二历史档案馆编：《中华民国史档案资料汇编》，第三辑文化，凤凰出版社，1991 年 6 月第 1 版，2011 年 3 月第 3 次印刷。

[8]中国第二历史档案馆编：《中华民国史档案资料汇编》，第三辑文化，凤凰出版社，1991 年 6 月第 1 版，2011 年 3 月第 3 次印刷。

[9]中国第二历史档案馆编：《中华民国史档案资料汇编》，第三辑文化，凤凰出版社，1991 年 6 月第 1 版，2011 年 3 月第 3 次印刷。

[10]中国第二历史档案馆编：《中华民国史档案资料汇编》，第三辑文化，凤凰出版社，1991 年 6 月第 1 版，2011 年 3 月第 3 次印刷。

[11]中国第二历史档案馆编：《中华民国史档案资料汇编》，第三辑文化，凤凰出版社，1991 年 6 月第 1 版，2011 年 3 月第 3 次印刷。

[12]中国第二历史档案馆编：《中华民国史档案资料汇编》，第三辑文化，凤凰出版社，1991 年 6 月第 1 版，2011 年 3 月第 3 次印刷。

第四章　设立古物陈列所

第一节　古物陈列所及其章程

民国元年筹设古物陈列所，一方面是与博物馆的建立有关，而最重要的是清王朝被推翻后，要接收清内府所藏奉天（沈阳）、承德热河行宫（避暑山庄）等处的各种古物。

内务部于民国元年（1912年）十月一日，向大总统呈筹设古物陈列所报告称："查古物应归博物馆保存，以符名实。但博物馆尚未成立以先，所有古物，任其堆置，不免有散失之虞。拟请照司所拟，于京师设立古物保存所一处，另拟详章，派员经理。至各省设立分所之处，应从缓议，是否有当，伏候鉴核。"[1]

在民国二年（1913年）十二月二十四日，内务部公布古物陈列所、保存古物协进会章程令中，明确写道："于都市之中辟古物陈列所一区，以为博物院之先导。"即在成立博物院之前，在故宫保和殿以南的外朝部分，设立古物陈列所，将沈阳故宫、承德避暑山庄的文物，迁到古物陈列所展出，供各界人士观赏。

一　公布古物陈列所章程令

内务部在公布古物陈列所章程的第七十二号令中，对设立古物陈列所的重要性和意义有深刻阐述："大地博殖，万品灿陈，物质区分，各以其类。考古之士，探求学理，于以察天演之递嬗，研制作之精奥，究人事之变迁。东西各邦，搜罗珍异，创立专院，一以耀生产之繁富，一以斳美术之专攻，而尤重于笃守古器，永保弗失。其国人得所参观，资以发明，学术既兴，工业益进。我国地大物博，文化最先，经传图志之所载，山泽陵谷之所蕴，天府旧家之所宝，名流墨客之所藏，珍赍并陈，何可胜纪。顾以时代谢，厉劫既多，或委弃于兵戈，或消沉于水火，剥蚀湮没，存者益鲜。而异邦人士，梯航远来，又复挟资以求，怀宝而去，或且兢兢焉考究东方古学，侈为大家，以我国历代创造之精，又多笃学好古之士，而顾不暇自保，而使人保之，亦可概［慨］也！近世学者虽亦为保持古物不逮，寖至废辍，此学者之忧而国家之责也！本部有鉴于兹，爰乃默察国民崇古之心理，搜集累世尊秘之宝藏，于都市之中辟古物陈列所一区，以为博物院之先导。综吾国之古物与出品二者而次第集之，用备观览，或亦网罗散失，参稽物类之旨所不废欤！博物君子，如有闻风而兴起者，则尤本部所企望者也。兹为制定《古物陈列所章程》十七条、《保存古物协进会章程》二十五条，公布施行。此令。”[2]

二　古物陈列所章程

内务部令公布的古物陈列所章程，全文如下：

古物陈列所章程

第一条　古物陈列所掌握关于古物保管事项，隶属于内务部。

第二条　古物陈列所设职员如左：

一　所长　　二　副所长

三　书记员　　四　司事

第三条　所长一人，综理所内事务。

第四条　副所长一人，辅助所长督率职员，协理所内事务。

第五条　书记员分掌文书、会计及庶务各事，由所长呈请充任。

第六条　司务分办庶务及缮写等事，其员额由所长拟呈核定雇用。

第七条　如有关于装璜整理之事，得由所长临时雇用匠作。

第八条　所内分设三课如左：

一 文书课　　二 陈设课　　三 庶务课

第九条　文书课职务如左：

一 关于登记事项；　　二 关于编辑事项；

三 关于调查事项；　　四 关于报告事项。

第十条　陈设课职务如左：

一 关于编列事项；　　二 关于保固事项；

三 关于修正事项。

第十一条　庶务课职务如左：

一 关于会计出纳事项；　　二 关于物料匠作事项；

三 关于本科纠察事项。

第十二条　各课办事细则另定之。

第十三条　关于审查各事，另行组织评议机关，协赞进行。

第十四条　本所如有应行调查搜辑之事，所长得向保存古物协进会征集意见。

第十五条　其他未尽事宜，应由所长查酌，随时呈请总长核夺办理。

第十六条　每届年终，应由所长将陈列物品造册及办理成绩报告于总长。

第十七条　本章程自公布日施行[3]。

三　简单评析

古物陈列所设立伊始，内务部以部令公布该所章程，以法规形式对古物陈列所各项事务作出规范，使该所在机关本身建设和开展各项工作中，有基本的法规依据，有利于该项事业的发展。

这里略谈几点：

第一，章程第一条对古物陈列所的职责和隶属关系作出明确规定。它的职责是“掌握关于古物保管事项”。它“隶属于内务部”，当时内务部是主管古物的行政管理部门。由此，可知它是国家设立的古物陈列所，“以为博物院之先导”。

第二，章程第二条至第七条规定了所内所长、副所长及其所的管理人员、职责范围、人员任用。

第三，章程第八条至第十一条规定了所内三个内设部门及其职责，无论是文书课、陈设课还是庶务课，它们的职责、工作范围都很明确，既便于各尽其责，又便于监督检查。

第四，章程第十三条规定了另组评议机关，协赞审查各事。该审查各事，应是指古物陈列所各项事务。第十四条规定了古物调查搜集等事，应向保存古物协进会征求意见，该协会的性质、职责等另有专门章程规定。

第五，章程第十六条规定了所长年终总结事项，值得注意的是“陈列物品造册”报告内务总长，对了解古物陈列及其安全有价值。

第二节　保存古物协进会及其章程

内务部在筹设古物陈列所时，考虑了相应组织的设立，以从整体上推进古物陈列、保管、调查、研究等事业的发展。设立保存古物协进会是其中重要措施之一。内务部以部令第七十二号公布《古物陈列所章程》的同时，公布《保存古物协进会章程》，就可证明该组织的重要性。

一　保存古物协进会章程

内务部民国二年（1913 年）十二月二十四日，以部令第七十二号公布的《保存古物协进会章程》，全文如下：

保存古物协进会章程

第一条　本会为筹办博物院之预备，暂时附属于古物陈列所，专事征求中国历史上应行保存之古物，以协赞陈列所之进行。

第二条　本会组织如左：

一 会长　　二 名誉会长

三 会员　　四 名誉会员

第三条　会长一人，由内务总长聘请，综理会务。

第四条　凡中外博物专家，夙具宏愿，对于本会有特别补助者，得由内务总长聘为名誉会长。

第五条　会员由会长介绍入会，分任会务，其会员员额及其资格，须经内务总长认可。特致聘任书。

第六条　名誉会员无定额，由会长及会员介绍，经内务总长认可入会，参与会务。其有以家藏古物，愿供国家博物院或陈列所永久保存，经本会审查认为有公世之价格者，得为名誉会员。

第七条　凡为本会会员，均为义务职，不支薪俸。

第八条　凡会员对于本会有所发明及实力赞助者，得由会长报明内务总长给与名誉褒章。

第九条　本会组织如左：

一　调查部

二　评议部

三　建设部

第十条　调查部掌关于征访搜辑事项。

第十一条　评议部掌关于审查鉴别事项。

第十二条　建设部掌关于建筑陈设计划事项。

第十三条　每部设主任一人，由会员公推，主理其事。

第十四条　本会会议分为全体会议及会员会议两种。

第十五条　全体会议由会长召集，凡属本会会员均得与会。

第十六条　职员会议，由部长召集开本部职员会。

第十七条　各部有应联合研究事项，由会长召集开全体职员会。

第十八条　本会应行开会事项如左：

一　内务总长交议事项；

二　古物陈列所交议事项；

三　本会会员提议事项；

四　会外各机关或个人建议事项。

第十九条　关于前条第三、第四两项之应否开会时，由会长酌定之。

第二十条　全体会议每季举行一次，会期由会长酌定，先期公布。

第二十一条　职员会无定期，由各部主任随时通告举行之。

第二十二条　本会对于第十八条第一、二两项讨论结果，应由会长分别报告于内务总长及古物陈列所。

第二十三条　关于第十八条第三、四两项讨论结果，应由会长报告于内务总长，并知照原提议、建议之机关及人员。

第二十四条　会议规则及办事细则另定之。

第二十五条　本章程自公布日施行[4]。

二　简单评析

保存古物协进会章程，对该会性质、任务（职责）、负责人、内设部门及其职责等作出了明确规定。章程从形式到内容规定都比较规范。

章程第一条应是对该会性质、任务和隶属关系等作出规定。它是筹办博物院的预设组织，“专事征求中国历史上应行保存之古物，以协赞古物陈列所之进行”。

按第一条之规定，协进会应是内务部批准建立的一个组织，对其有明确的任务和要求。同时，值得注意的是，它的会长、名誉会长由内务总长聘任，会员由会长介绍入会，会员均为义务职，不领薪俸。其中规定名誉会员由会长及会员介绍，经内务总长认可入会；对捐家藏古物由博物院或陈列所永久保存者，可为名誉会员等，都又带有民间组织的成分。

协进会内设三个部，主任由会员公推，主持办理该部负责之事项。各部和职员会议都有明确规定。从这些条文规定看，协进会办理各种事项，职责明确，程序明确，而且充分发挥各部、各会员、职员的积极性。

章程规定了协进会与内务总长、古物陈列所各有关事项处理的要求和程序，以及与对古物保存的建议处理应作出答复等都作出了明确规定，有利于发挥保存古物协进会的作用。

第三节 古物陈列所鉴定委员会简章与鉴定委员

古物陈列所为加强古物鉴定，提高对古物认定、价值评定的科学性，设立古物鉴定委员会。于民国十五年（1926 年）十二月制定公布了鉴定委员会简章和函聘委员名单。

一 古物陈列所鉴定委员会简章[5]

第一条 定名为古物陈列所鉴定委员会

第二条 本会就本所保存各古物鉴定之。

第三条 本会设委员长一人，委员二十人以内，概不支薪。

第四条 委员长由本所所长兼任，委员由委员长聘请富有鉴定古物之学识经验者充之。

第五条 本会共分（甲）书画、（乙）陶瓷、（丙）金石、（丁）杂玩四组，每组由各委员自行认定，愿兼任二组者听之。

第六条 本所就鉴定各物粘贴印记，编订成册，由委员会及鉴定委员署名盖章，永久保存，以资查考。

第七条　本会得设事务员办理庶务缮录等事，即有本所现有职员兼充，不支薪水。

第八条　本会办事细则，由委员长协商委员另订之。

二　古物鉴定委员会委员名单

古物陈列所鉴定委员会委员实行聘任制，由内务部有关部门聘任。民国十五年（1926 年）十二月，内务部礼俗司第四科函称[6]：

径启者：本部附属之古物陈列所储藏各种古物，均关国粹。现于该所设立古物鉴定委员会，以期分别鉴定，俾资保存。夙仰先生学识淹通，鉴别精深，兹特函聘为古物鉴定委员会委员。敬祈即日莅会，协助进行，无任钦迟。此致

罗振玉	萧　恁	徐鸿宝	福开森
徐宝琳	容　庚	陈承修	庆　宽
马　衡	陈时利	陈汉弟	邵长光
郭葆昌	宝　熙	陈　浏	颜世清
王国维	王　禔	袁励准	

三　古物鉴定及鉴定委员会的影响

古物陈列所的古物鉴定，其对象是接收清内府所藏奉天（沈阳）、热河行宫等处古物。就鉴定的内容来说，主要应有辨别古物真伪、判明古物年代、评定古物价值等几个主要方面。它们之间有着密不可分的内在联系。在古物陈列所接收的古物中，大都是传世品，往往会夹杂着伪品，在保管、研究、陈列时，首先应把可能夹杂古物中的伪品辨别出来。然后对古物年代进行断定，继而评定其价值高低等。

当年，内务部设立古物陈列所，继而设立古物鉴定委员会，对所藏各种古物进行鉴定。无论是对古物鉴定，俾资保存，还是聘任“学识淹通、鉴别精深”的学者组成古物鉴定委员会，制定章程，对各方面进行规范，对后代都产生了重要影响。现在的文物鉴定和文物鉴定委员会都与古物鉴定和古物鉴定委员会有着渊源关系。

内务部聘任的古物鉴定委员会委员都是著名的大家，他们受聘于古物鉴定委员会，“概不支薪”。古物鉴定委员会简章规定的内容，在以后的年月也不断发展丰富，带有新的时代特点。

第四节 修订特许研究古物规则及指令

古物陈列所收藏陈列的古物，应属国有或公家所有，公众有参观、学习、研究的权利。对研究者来说，利用陈列所古物进行研究，既是学术发展的需要，也是阐扬文化，进行历史知识等学习、教育的需要。为解决保管与研究的问题，采取了特许研究古物的办法，并制定了相应规则。内务部对古物陈列所呈报的规则审慎研究，重行修订后，令古物陈列所遵照办理。

一 内务部指令及特许研究古物规则[7]

内务部指令

令古物陈列所所长周肇祥

呈一件，为改订特许研究古物规则请鉴核由。

具呈已悉。查所呈改订特许研究古物规则，系为奖励学术，阐扬文化起见，用意良善。惟限制稍宽，恐滋流弊。业经由部详加审核，重行修订。合亟钞录改订条文，令行遵照办理。此令。

中华民国十六年九月三十日

附抄：修订特许研究古物规则

第一条 凡请求特许研究古物者，须先将姓名、籍贯、职业、住址及请求之理由、研究之目的并其范围，开具请求书，呈内务部核准。

如系机关或团体人员，依上项之规定开具请求书，呈由各该主管部署或各法团转送内务部核准，但每次不得逾五人。

第二条 凡经特许来所研究古物者，以请求者之本人为限，不得有他人参加或顶替。

第三条 研究者于其指定范围内，如遇必要时，并得请求摹绘或摄影。但以经内务部核准，合行古物陈列所知照为限。其摄影之件，不得单独制版售卖。

前项之规定于书画不适用之。

第四条 内务部为研究古物之特许后，须由古物陈列所指定赴所研究日期，函知请求者遵照。

第五条 研究物品除现在陈列者外，亦得请求研究。但每人每次不得过两件，并须缴费一元。

第六条 研究古物，对于陈列所各项规则有遵守之义务。

第七条 研究者入门券及瞻览券，均须照章购买。如系官署或团体介绍者，得酌量改收半价。

第八条 本规则自内务部核定之日施行，如有未尽事宜得呈请修改之。

二 特许研究古物及其规则的价值

民国十六年（1927 年）九月三十日，内务部指令古物陈列所遵照办理的特许研究古物及其修订规则，是一件重要的法规性文件。规则内容比较全面，形式比较规范。

第一条规定内容，既包括研究者个人之请求，又包括团体、机关人员研究之请求，均须开具请求书，并列明应写明之个人项目、研究范围、目的等内容，送内务部核准。

第三条规定请求摹绘、摄影的核准，并明确摄影之件不得单独制版售卖，也就是不得以此营利，只能用于研究，或作为研究成果的插图之类。在第二项特别规定，摹绘、摄影不适用于法书绘画，这应是对书画的特殊保护之举；特别是摄影会对书画造成较大影响。

第五条规定请求研究的古物，不限于陈列物品，未陈列的古物也可请求研究，但每人每次请求研究的古物不得超过两件，并须缴费一元。

第七条规定研究者入门券及瞻览券，均须照章购买等。

第六条规定研究古物者有遵守古物陈列所各项规则的义务。

古物陈列所陈列和收藏的古物，可以通过特许研究，为社会人士包括机关、团体介绍的人士，其他研究机构的人员研究古物陈列所古物构建一个平台，使古物陈列所的国有古物为需要研究的人员开放，通过此项措施，吸引更多人士关心古物、研究古物、宣传古物、阐扬中国传统文化。它与个人收藏秘不示人，皇家收藏为皇家观览所垄断相比，是一个大的进步，具有重要历史价值和意义。

特许研究古物，使国有古物对需要研究者适度开放，有利于把古物陈列所陈列和收藏的古物价值，通过研究成果向社会公布，对社会、对学术都大有裨益，以此提升了对古物的利用，发挥了古物诸多作用。

古物陈列所古物为国家所有，公民有权利参观、欣赏、学习、借鉴，有权利对古物进行研究，开展学术探索。特许研究古物为公民研究古物开辟了一个通道，有利于发挥各方面人士研究古物的积极性。其中，对收藏古物的研究，研究者在提交申请时应知道所有他需要研究的古物。这就要求古物陈列所对收藏的古物，应有古物目录可供研究者检索，否则很难提出所需研究古物名称等。从这一点看，也是对古物陈列所对收藏古物编目工作的一个有力促进，自然对加强古物保管也是有利的。

国有古物特许研究，有利于打破保管单位对古物和相关资料的垄断。同时，由内务部令公布特许研究古物规则，对有关事项进行比较全面的规范，使该项举措有法规性保障，使特许研究古物有序进行，以"奖励学术，阐扬文化"。

内务部从设立古物陈列所、保存古物协进会，到设立古物鉴定委员会，同时公布各组织章程，对它们的工作进行规范，以及修订特许研究古物规则等，构建起法规制度保障。仅就这一系统法规章程而言，从制度构建方面是卓有成就的，具有重要价值和历史意义，应进一步总结与阐释。

注释

[1]中国第二历史档案馆编：《中华民国史档案资料汇编》，第三辑文化，凤凰出版社，1991年6月第1版，2011年3月第3次印刷。

[2]中国第二历史档案馆编：《中华民国史档案资料汇编》，第三辑文化，凤凰出版社，1991年6月第1版，2011年3月第3次印刷。

[3]中国第二历史档案馆编：《中华民国史档案资料汇编》，第三辑文化，凤凰出版社，1991年6月第1版，2011年3月第3次印刷。

[4]中国第二历史档案馆编：《中华民国史档案资料汇编》，第三辑文化，凤凰出版社，1991年6月第1版，2011年3月第3次印刷。

[5]中国第二历史档案馆编：《中华民国史档案资料汇编》，第三辑文化，凤凰出版社，

1991年6月第1版，2011年3月第3次印刷。

［6］中国第二历史档案馆编：《中华民国史档案资料汇编》，第三辑文化，凤凰出版社，1991年6月第1版，2011年3月第3次印刷。

［7］中国第二历史档案馆编：《中华民国史档案资料汇编》，第三辑文化，凤凰出版社，1991年6月第1版，2011年3月第3次印刷。

第五章　设立博物馆

第一节　20世纪初博物馆述略

中国近代博物馆的出现，距今已一百多年。有关外国博物馆的情况，是在我国沦为半封建半殖民地的情况下，随着西方科学文化的传入而逐渐介绍到中国来的。在这方面做的工作最多的是两部分人，一是西方国家的传教士，一是中国到西方考察、留学的人员。

19世纪末，我国一些资产阶级改良主义者出于推行“新政”的需要，把创办博物馆和其他“新政”内容一起进行宣传。1895年，上海强学会最早提出了办博物馆的主张，把办报、译书、开设图书馆、博物馆，研究中国自强道路作为该会的宗旨，并通过其章程提出了具体主张，为中国博物馆的建立作了舆论和规章准备[1]。

而外国团体如英国皇家亚洲文会华北分会早在1874年（清同治十三年）在上海建立亚洲文会博物院，内设考古、动植物、古生物、地质等组，长期收集中国石器、甲骨、秦汉古物等[2]。

清光绪三十一年（1905年），张謇在《上南皮相国请京师建设帝国博物馆议》和《上学部请设博物馆议》中，建议清政府建设合博物馆与图书馆为一体的博物馆。他在“上南皮相国议”写道：“朝廷之征求，尊为中秘之藏；而私家之搜辑，则囿于方隅，限于财力。故扃键锢箧，私于其家者有之，不能责以公诸天下也。居今稽古其道未有。”“大而都畿，小而州邑，莫不高阁广场，罗列物品，古今咸备，纵人观览。公立私立，其制各有不同。……盖其国家尽出其历代内府所藏，以公于国人。并许国人出其储藏，附为陈列，诚盛举也。”[3]他一方面评说了皇家、私家收藏不能公诸天下之弊端，一方面盛赞了西方博物馆公开展出的盛举。

但张謇的建议未被朝廷采纳，他遂在南通自己筹建博物苑。初建时占地35亩，以后逐步扩大。有中馆、南馆、北馆，收藏、陈列古物和自然标本，并广植树木花草，饲养少许动物，建有荷池、假山、水榭等，是中国人自己创办的第一个公共博物馆。

1911年，辛亥革命推翻了清朝政府，结束了封建帝制，建立了中华民国。博物的社会作用愈来愈受到重视，博物馆相继建立。1912年（民国元年）七月教育部在北京安定门内清代国子监旧址成立历史博物馆筹备处，开始筹备工作。民国二年（1913年）交通部筹设交通博物馆，民国三年（1914年）顾维钧等筹设中华博物馆，民国九年（1920年）教育部在北京筹办教育博物馆，民国十四年（1925年）故宫博物院正式成立。有些省也成立了博物馆，至民国六年（1917年）十月，各省成立的博物馆如下表[4]：

地别	处数	备考
直隶	二	现名博物院
山东	一	附设图书馆内
山西	一	由省城青年会设立
江苏	公立一	附设于通俗教育馆内
	私立一	私立者在南通县
湖北	一	所藏多教育品类书籍，附设于图书馆内
广东	一	附设图书馆内
云南	一	附设图书馆内

另据记载，民国七年（1918年）江西省教育厅建立了博物馆，民国八年（1919年）山西省成立教育图书博物馆等。

筹备历史博物馆、交通博物馆、中华博物苑，成立故宫博物院，都有相应的法规性文件，或政府令、或组织大纲、或章程、或条例等，旨在使博物馆建设以及运作有章可循，从其开始就纳入规范管理轨道。

第二节 筹建历史博物馆及规程

辛亥革命推翻清王朝，民国建立之初，百事待兴，在此背景下，教育部即筹划建立历史博物馆，是一件开启民众教育，弘扬传统文化的重大举措。当年鲁迅任职教育部，参与了历史博物馆筹备处选址等工作。教育部为筹建历史博物馆向大总统递呈报告，选择国子监为历史博物馆筹备处地址，进行筹备工作，开创了国家建立博物馆道路，具有重要历史意义。

一　以国子监筹办历史博物馆呈大总统并批令

民国三年（1914 年）六月二十八日，教育部总长请拨国子监筹设历史博物馆呈报大总统，全文如下[5]：

“为历史博物馆现就国子监地方筹办，拟俟成立后再行开放，并令该馆兼管文庙情形，仰祈鉴核事：窃准内务部咨开：本部呈请开放京畿名胜场所，并酌订章程缮单请核示遵等情。五月二十二日奉批令：呈单并悉。所拟章程尚属妥洽，准予照办。除北海、景山、颐和园、玉泉山外，应由该部酌择一、二处先行开放。单存。此批。等因。奉此。查原呈所列文庙、国子监、隶属贵部主管，应候本部酌定开放时间，再行知照。并钞录原呈及章程，咨请查照等因。到部。查文庙及国子监两处，自民国元年经本部接管，当以国子监一处所有辟雍等建筑，在前清时迭经儒臣考订，宏此规模，关系于历史学术者甚巨，于历史博物馆性质甚为合宜，是以前经国务会议议定改国子监为历史博物馆，并由本部先就地设立筹备处在案。历史博物一项，能令愚者智开，嚣者气静，既为文明各国所重，尤为社会教育所资：本部现正设法进行，一俟筹办完毕，自应正式开放。至文庙为尊师重地，现令筹办处暂行敬谨兼管，将来应否开放，应俟历史博物馆正式成立后再行酌量办理。所有呈明旧国子监业经改办历史博物馆并兼管文庙情形，谨乞大总统钧鉴，训示施行。谨呈

批令：准如所拟办理。此批。

中华民国三年六月二十八日

国务卿　徐世昌”

国子监是元、明、清三代的国家最高学府旧址，位于北京安定门内成贤街，东与孔庙毗邻。国子监坐北朝南，平面呈南北长方形。主要建筑有辟雍，为皇帝讲学的地方，重檐黄琉璃瓦四角攒尖鎏金宝顶方形亭式建筑，深广五丈六尺，四面只设可开敞的隔扇，周以围廊。彝伦堂在辟雍之北，本为藏书之所，后为监生

上课之地。还有东廊庑、西廊庑等建筑。因此，教育部总长呈大总统报告中称："查文庙及国子监两处，自民国元年经本部接管，当以国子监一处所有辟雍等建筑……关系于历史学术者甚巨，于历史博物馆性质甚为合宜，是以前经国务会议议定改国子监为历史博物馆，并由本部先就地设立筹办处在案。"在国子监筹办历史博物馆在当时是较好的选择。

二 历史博物馆筹办简况

教育部筹设历史博物馆，始于民国元年（1912 年）七月，以国子监建筑为历史博物馆筹办地。国子监旧址，毗连孔庙，内有辟雍、彝伦堂等建筑，"皆于典制学问有关，又藏有鼎、石鼓及前朝典学所用器具等，亦均足为稽古之资，实于历史博物馆性质相近，故教育部即就其中设立历史博物馆，设历史博物馆筹备处"[6]。遂开始筹备工作，设法搜集发现之古物。"是时所有物品半系国学故物，嗣由洛阳购得墓俑明器多件，储藏略富。民国六年，以国子监馆址，地处偏僻，屋舍狭隘，由教育部提议将清故宫前部之端门、午门作为本馆及京师图书馆馆址。嗣因图书馆暂不迁入，本馆乃单独迁入。""民国七年，将端门、午门略加修葺，实行迁移。""民国八年，教育部将旧存料［科］举时代殿试策一万五千余件移存本馆……""民国九年，又有董康先生捐赠墓志九件。"前已捐唐代墓志 10 方。"民国十年，因旧存内阁大库所储诏令题奏档案多件，年久丛杂，乃聘请各部人员会同清理，分类编号。"直隶巨鹿发现宋城，发掘出土瓷器等 200 余件。"十二年，由本部征集股采购三代古王兵器、汉唐古鉴、魏唐墓俑等约千余件。……""十三年春，函聘毕士博、董宪忠等名誉顾问，先后赴直隶、河南、陕西、山西等省调查古迹古物，并在河南信阳发掘汉冢三座，得汉代陶瓷砖甓多件，并于冢旁掘获上古陶石诸器共二百余件，运馆陈列。……""十四年农商部地质调查所转来安特生博士赠送上古石器及陶器五百余件，辟室陈列。是年六月，京师警察厅移交旧太医院针灸铜像一件，中西医学人士来馆参考者甚多。"（中华民国国立历史博物馆概略）[7]在"概略"中，现存藏品部分，"总计二十一万五千一百七十七件，共分二十六类"，有：金类、石器、刻石、甲骨刻辞、玉类、陶器、明器、俑类、瓷类、砖瓦、木器、兵器、衣冠、地图、画像、碑帖、唐人写经、宋代精椠、板片、明清诏令册命题奏、试卷、武试用品、前代御用品、现代国际纪念品、模型、影片。这 26 类反映了当时藏品分类水平。值得注意的是，列有“现代国际纪念品”，具体是指“意大利所赠环游世界之飞机及美国霍孟博士考古奖章”等。据此，说明历史博物馆当代收藏不全是古代物品，也有近代物品，且是国际纪念性物品。从“概略”可以反映出，历史博物馆从民国元年开始筹办，到民国十四年（1925 年）藏品已初具规模，并有部分陈列供人们观览。

历史博物馆建馆初期十四年的努力，为以后的发展打下了初步基础。

三　教育部公布历史博物馆规程

民国十六年（1927 年）十月十五日，教育部令第 168 号，兹制定教育部历史博物馆规程公布之。此令。教育总长刘哲。

教育部历史博物馆规程[8]

第一条　教育部为搜集历代文物，增进社会教育，特设历史博物馆。

第二条　历史博物馆以呈准拨用之午门、端门及东西朝房为馆址。

第三条　历史博物馆之组织分部如下：

一　总务部　掌关于本馆之文牍、会计、庶务事项；

二　征集部　掌关于历史之物品分别调查、搜集、购置、陈列、保管事项；

三　编辑部　掌关于物品之说明、编目及本馆书报编译事项；

四　艺术部　掌关于物品之摹拓、绘画、摄影及制造模型、绘制图表事项。

第四条　历史博物馆设馆长一人，主持馆务，由教育总长聘任，或派部员兼任；设馆员若干人，由教育总长委任，分任馆务。

第五条　各部得各设主任一人，由馆长就馆员中选用，呈部备案。

第六条　历史博物馆设评议会、讲演会，其会员均为名誉职，由教育总长聘任。

第七条　历史博物馆缮写事项，得由馆长雇用书记。

第八条　历史博物馆各项办事细则，应由馆长酌定，呈部核准备案。

第九条　本规程自公布日施行。

四　新的起点

教育部令公布的历史博物馆章程，涵盖了历史博物馆工作的基本内容，是一个比较规范的章程。第一条规定了设立历史博物馆宗旨，即为了搜集历代文物，增进社会教育。值得注意的是，章程规定“为了搜集历代文物”，一是古代，一是近代，为此，没有用“古物”，而用“文物”，应是在法规中较早应用“文物”一词，这些对后代都产生了重要影响。

第二条规定历史博物馆馆址为午门、端门及东西朝房。馆址的确定，对博物馆收藏、陈列而言，都有了场地（阵地），举办陈列，处于市中心的历史博物馆，交通方便，便于人们参观。

第三条规定，确定了历史博物馆内设部门及其职责，有利于依据章程规定开展各部门的工作。

第四条至第七条规定了历史博物馆馆长、各部主任的聘任、评议会等会员名誉职及其聘任等，即规定了历史博物馆各层领导及馆员等基本人事制度。

第八条规定，教育部授权馆长酌定博物馆各项办事细则，向教育部备案。

历史博物馆章程确立了该馆基本制度，标志着历史博物馆自筹办以来在各项工作等基础上，向前发展的新起点。

历史博物馆在迁往午门之前的十多年时间里，在博物馆藏品搜集方面做了大量工作。从上述二十多万件藏品来源看，其主要渠道有征集、采购、考古发掘获得出土文物、其他部门拨交和捐赠，这五种获得馆藏物的方式，不仅是当时历史博物馆获得藏品的主要方式，也是该馆和其他国家所办博物馆获得藏品的主要方式，它的历史价值和影响已远远超过了时空所限。而历史博物馆二十多万件藏品，也是历史博物馆向前发展的新起点的物质基础。

第三节　筹建交通博物馆及章程

继教育部民国元年七月在国子监筹设历史博物馆之后，交通部于民国二年（1913 年）七月十四日委任华南圭筹设交通博物馆，颁发筹办大纲、创设宗旨和公布交通博物馆章程，开启了中国工业交通博物馆建设历程。

一　筹办交通博物馆令、筹备大纲

民国二年七月十四日，交通总长朱启钤签署交通部委任华南圭筹设交通博物馆令。交通部委任令第九十九号称[9]：

令署技正华南圭

本部依据官制，应行设立交通博物馆。兹先就铁路一门提前筹办，委任署技正华南圭为路政门主任，按照筹备大纲从速举办。此令。

交通总长朱启钤

中华民国二年七月十四日

交通博物馆如何筹办，在朱启钤任命华南圭为路正门主任的令中，已明示"按照筹备大纲从速举办"。筹备大纲就交通博物馆设立、隶属、内设各门、筹办期限、馆长及各门主任等人员、筹办经费、陈列物征集等作出明确规定，筹办的目的、内容、任务等都很明确，以便于筹备工作进行。

交通博物馆筹备大纲[10]

——本部依据交通部官制第六条，设立交通博物馆。

——交通博物馆附属于总务厅，其内容分路政、电政、航政、邮政四门。

——交通博物馆自筹备之日起，期以一年成立，于未成立之前，各门分头筹备。

——交通博物馆应置馆长一人，以本部荐任官充之。但未成立之前，统由次长督促进行。

——交通博物馆在筹备时期，各门置主任一人；课长、课员、艺徒、看守生、工匠等视事务之繁简，酌量委用之。

前项人员或由部员兼任，或由各局调用，或临时雇用，均由主任拟定，呈请部长核准行之，但主任由部长委派。

——筹备时期所需经费，以规定于预算者为限，如实在不足，临时追加。

——各项陈列之事物，即向本部直辖各机关征取，不另给价。

——筹备方法及详细规则，由各部主任拟定，呈请部长核准施行，其房屋之布置，应由各门主任会商一致。

二　交通博物馆创设宗旨

交通部创设交通博物馆，而又以铁路为最重要，故先从铁路一门入手筹办，创设宗旨对筹办博物馆的依据、目的、任务，或价值、作用等作出了明确规定。

交通博物馆创设宗旨全文如下[11]：

交通博物馆之设立，为官制所载，权衡四政之缓急，应以铁路为最重要，是以先从铁路一门入手，馆屋暂不建筑，借用交通传习所为筹备场所。预计开办费二万元。其筹设此项博物馆之重要目的如下：

（一）使国人鉴于事实，并比较铁路未兴时之交通状态，而悟铁路之重要；

（二）供全国人之观览，以增进铁路上之普遍智识；

（三）供铁路学习界之实验，以增益其观摩；

（四）供铁路事业界之参观，以砥砺其熟练；

（五）比较各路器械材料之优劣，以资改良；

（六）搜罗各国新模范，以资摹效；

（七）表示各路制度习惯之异同，以为统一之预备；

（八）表示铁路用品之众多，以诱起本国之商业；

（九）表示本国能用之材料，以诱起本国之工业；

（十）表示交通之便捷，以诱起国民之旅行心；

（十一）表示各物品之名称，以助画一名词之速于通行。

三　公布交通博物馆章程

交通部于民国九年（1920 年）十二月七日公布交通博物馆章程令并章程。交通部令第六二二号“兹订定交通部交通博物馆章程公布之。此令”。中华民国九年十二月七日。署交通总长叶恭绰。

交通部交通博物馆章程[12]

第一条　本馆隶属于交通部，主掌征集陈列关于交通事业之物品、模型、标本及记载，以供公众观览及研究。

第二条　本馆设左列三股：

一　总务股

二　陈列股

三　编查股

第三条　总务股职掌如左：

一　关于收发文件及纂辑案卷事项；

二　关于馆舍布置及整洁事项；

三　关于购置与保管馆有物品事项；

四　关于预算、决算、账册及款项收支事项；

五　其他不属于各股事项。

第四条　陈列股职掌如左：

一　关于陈列物品之装置及陈列事项；

二　关于陈列物品之保存及修理事项；

三　关于编制标签说明及绘制图样事项；

四　关于纪录陈列物品簿册事项；

五　关于招待展览及解说事项。

第五条　编查股职掌如左：

一　关于编辑及调查国内外交通事物事项；

二　关于征集国内交通事业之物品、模型、标本及记载事项；

三　关于征求国外交通事业之物品、模型、标本及记载事项；

四　关于编制统计报告及经理印刷事项；

五　关于答复国内外交通事物之咨询事项。

第六条　本馆设职员如左：

馆长一人，由交通总长委派，承部长之命，总理本馆一切事务。

股长三人，股员十人至十五人，就交通部各机关职员遴选，呈请交通总长派充，承馆长之命分任办理各股事务。

第七条　本馆因缮写及打字得酌用雇员。

第八条　本馆应用机匠、木匠等，得由部辖各局所调用之。

第九条　本馆得延请交通部各机关技术人员为名誉赞助员。

第十条　本馆于必要时得派员赴各处实地调查交通事物，并得请由主管机关派员接洽办理。

第十一条　本馆调查国外交通事物，得函托交通部派赴国外留学实习员生就近代为办理。

第十二条　本馆每年须将陈列物品编辑目录，呈部备查。

第十三条　本馆办事细则及展览规程另定之。

第十四条　本章程自公布日施行。

四　简单评析

交通博物馆创设伊始，就设定了明确的创设宗旨，制定了筹备大纲，制定了规范的博物馆章程，其宗旨是科学的、筹备大纲是合理的、章程是规范的，总体上是科学的、符合实际的和进步的。

创设交通博物馆宗旨，指导思想明确，从实际出发，即“权衡四政之缓急，应以铁路为最重要，是以先从铁路一门入手，馆屋暂不建筑，借用交通传习所为筹备场所”。在条件尚不具备，又无筹办经验的情况下，如果不分缓急轻重，齐头并进，在当时条件下困难会更多。先从铁路一门入手筹办，重点明确，任务相对集中，既可从此入手筹办取得经验，又可早见成效。因此，从指导思想和工作方法上都是正确的、合理的。

创设交通博物馆宗旨共有十一点，每一点都有一个主题，有一个明确目标要求，如第一点是要通过博物馆陈列物品的事实，让人们比较在铁路未兴时交通状态，认识铁路交通重要性。第二点是供全国人之观览，增进铁路知识。第三点和第四点是供铁路业界学习实验、学习参观，提高技能。第六点是向各国新模范学习。第七点是表示铁路用品之多，以促进本国商业。第八点是陈列本国铁路能用之材料，促进本国工业发展。第十点是促进国民旅行。第十一点是促进物品名称统一，以利通行。

创设交通博物馆宗旨内容全面、主旨明确、观念进步。如通过博物馆陈列物品，促进我国工业、商业、交通业和旅游业发展。博物馆征集陈列之物品，小的应有铁路信号物品、检车物品工具、车票等等，大的应有铁轨、列车车厢、机车等等。后者当时我国有的不能生产，在征集国外交通事业之物品中应有此类物品，或日后退役的机车等。当时提出征集、陈列交通事业之物品中的工业遗存或遗物应是不可或缺的，进而言之，在20世纪初提出了通过博物馆保存、保护、陈列、宣传近代工业遗存的观点，是进步的、超前的。

交通部交通博物馆章程共十四条，第一条明确规定了办馆宗旨，即“主掌征集陈列关于交通事业之物品、模型、标本及记载，以供公众观览及研究”。第二条至第五条规定了交通博物馆内设部门及其职责。第六条至第九条规定了博物馆人事方面的内容，从馆长、股长到一般职员及工人等。第十条和第十一条规定了交通博物馆征集物品方面的内容，值得提出的是调查国外交通事物，不是由博物馆派员，而是“函托交通部派赴国外留学实习员生就近代为办理”。此做法好处有节省出国经费，在国外留学实习员生就近调查等，业务或相同，或相近，工作上、语言等方面都有便利条件。

在章程中，第五条编查股职责中有“编辑及调查国内外交通事物事项”，有“征集国内交通事业之物品、模型、标本及记载事项”，有“征集国外交通事业之物品、模型、标本及记载事项”等。“从铁路一门入手”筹办交通博物馆，而在征集的物品、模型、标本等等事项中，铁路的物品、模型、标本等应是应有或必须征集的物品，其中工业产品必不可少，不言自明。交通部通过筹设交通博物馆宗旨和章程把它确定，实质上通过法规进行规范。

交通部创设交通博物馆宗旨、筹备大纲和博物馆章程是创建交通博物馆的一套法规性文件，其目的是要把交通博物馆从创设伊始，就纳入科学、规范的轨道，为其发展打下一个好的基础。三件法规性文件有重要历史价值，对中国铁道博物馆乃至交通博物馆建设产生了深远影响。

第四节　中华博物院组织大纲

民国三年（1914 年）六月二十八日，内务部向大总统呈报，顾维钧等拟组织中华博物院，呈报称：“本年三月十四日开会成立，并公举高凌尉、颜惠庆、程克、张国淦、朱启钤、金绍城、福开森、安得乐思、严智怡、丁文江、徐协贞、翁文灏、孙壮、周诒春及维钧等十五人为董事，五月二日复经董事会公推维钧为董事长，行远自迩，经营各竭。夫寸心登高一呼，倡导必资乎大力。兹谨将办理情形并缮具组织大纲呈请钧部立案。”“查博物院之设立，在东西各国，类皆由国家经营，故能规模宏廊，搜集美备。吾国地大物博，冠绝五洲，诚宜及时建设，以为保持文化，发扬国光之先导，只以限于财力，一时未能举办。兹据原呈，纠合同志，以私人团体拟组织中华博物院，意在并蓄兼收，藉供研究与考订名物，裨益良多。惟保存古物，本部职有专司，曾经由部遵照宪法，拟订保存法草案提交阁议，并援案呈请筹设国立博古院在案。此次顾维钧等所请组织之博物院，系为广搜各种物品，以资研究，与本部所设之博古院，专为保存有关文化之古籍古物暨古迹者性质既有不同，自可并行不悖。且俟将来国家设立博物院时，亦可补助进行，以期公私两不相方［妨］。合亟仰恳准予特颁明令，以资提倡之处，出自钧裁。所有顾维钧等组织中华博物院，请转呈明令提倡各缘由，理合附钞原订组织大纲，恭呈具陈伏乞鉴核训示施行。谨呈。”[13]

“批令：准如所拟办理。此批。”[14]国务卿徐世昌。

一 中华博物院组织大纲

在内务部呈大总统报告中称“请转呈明令提倡各缘由，理合附钞原订组织大纲。”组织大纲的起草，“公推颜君惠庆、顾君维钧、林君长民、严君智怡、章君士钊、金君绍城、周君诒春、瞿君宣颖、福君开森为起草委员。”中华博物院组织大纲全文如下：

中华博物院组织大纲[15]

一 本院定名为中华博物院。

二 本院之业务，以搜求陈列并研究关于自然科学及工业的、美术的、历史的各种品物为范围。

三 本会设董事会以处理一切事务。第一次之董事会由本院发起人互选组织之，董事之数不得超过二十五人。

董事会各董事，自第一次就职后分五组，其任期为三年。董事中有在任期中因故不能继续任职者，则由董事会推选候补人，提出于次届董事会选定之。

四 董事会于每年一月及九月内各开常会一次，其时间地点临时酌定之。此外，如有特别事项，得由董事长或董事五人以上提出召集特别会议。

五 董事会设董事长一人，副董事长二人，书记长、会计长各一人，皆由董事中推选，以投票法决定之，其任期均为一年。

六 董事会于每年须指派下列各委员会：

甲 执行委员会；

乙 稽核委员会；

丙 经济委员会；

丁 选举委员会。

以上各委员，皆由董事中选任，其任期均为一年。

七 董事会认为必要时，得随时指派其他各类之委员会。

八 董事会得聘任院长一人，副院长一人，承董事会之命，执行全院事务，其任期由董事会酌定之。

九 董事长除综理全院一切事务外，并为每届董事会开会时之主席，董事长因事缺席时由副董事长二人依次代理之，副董事长全缺席时由执行委员会推举一董事代理之。

十　书记长应列席本院之一切会议，其职务为摘录、会场记事、执掌印章、文牍等事。

十一　会计长执掌院中出纳事务，每届董事会议会计长应提出报告。

十二　董事长得任命书记干事、会计干事各若干人，襄理书记长、会计长之事务，其任期由董事会酌定之。

十三　执行委员会由董事九人组织之，董事长、书记长及会计长各一，其他六人依第六条之规定，每年由董事会指派之。该委员会执掌标本、图书及其他院中公产事项。

十四　稽核委员会由董事三人组织之。关于出纳账目，由该委员会请著名会计师每半年至少稽核一次。

十五　经济委员会由董事五人组织之，其中一人为会计长，管理捐款、会费、基金及财产支配事项。

十六　选举委员会以董事三人组织之，凡入本院为会员者，须由该委员会提出于董事会。

十七　董事会议以董事九人为法定人数。但董事满五人时得改开谈话会，提出议案，俟下届开会时表决之。

十八　关于本大纲未尽事宜，由董事以附则规定之，并随时提出于董事会。

十九　凡具左列资格之一者，得为本院会员：

（一）本院发起人；

（二）赞成本院宗旨而经会员二人以上之介绍者。

二十　本院会员所纳会费及名称分为左列三种：

（一）普通会员，年纳国币十元；

（二）特别会员，年纳国币二十元；

（三）终身会员，一次纳国币二百元。

二十一　凡于科学研究具有特别之劳绩及名誉者，得由董事会或执行委员会推举为学术会员，免纳一切会费。

二十二　凡有左列资格之一者，得由董事会或执行委员会推举为名誉会员：

（一）捐助书籍标本事项，其价值由执行委员会评定在千元以上者；

（二）捐助现金或资产在二千元以上者，合于第一、第二之资格者，并得指定继承人。

二十三　本大纲之修正，以下列各手续行之：

（一）于前届董事例会预行宣示修正大纲之提议；

（二）于例会或专为修改大纲而召集之特别董事会时提出修正案；

（三）由大多数董事之表决。

二　历史价值与影响

内务部呈大总统顾维钧等拟组织中华博物院报告和中华博物院组织大纲等是一套重要的法规文件，有重要的历史价值。

顾维钧等对中国历史、文化的认识很全面、深刻，很到位，在《中华博物院组织缘起》文件中写道："凡一民族存立于世界，必有其独立之历史，而能维持其独立历史，不为他族所同化或淘汰者，必有一种诚确精当、颠扑不破之精神灌注之，方能永持而［不］敝。此精神者大而礼俗政教，小而一器一物，莫不可见。俗言之则习惯，文言之则文化，是已世界民族好尚虽各不相同，而对其本族之文化，莫不爱护保守，日思有以发挥而光大之。"[16] 基于此深刻之认识，遂由有识之士集议组织中华博物院，并起草了中华博物院组织大纲。

内务部呈大总统报告称"纠合同志，以私人团体拟组织中华博物院，意在并蓄兼收，藉供研究与考订名物，裨益良多"。"此次顾维钧等所请组织之博物院，系为广搜各种物品，以资研究，与本部所设之博古院，专为保存有关文化之古籍古物暨古迹者性质既有不同，自可并行不悖"。国家批准组织中华博物院，搜集、研究物品或古物与国立博物院有所不同，可以并行不悖，而就私人团体性质的中华博物院与国立博物院也可并行不悖，可以互相补助，互相促进，公私两不相妨。在民国初年，距今将近百年之时作出如此明确的决断，其意义重大，影响深远。

中华博物院为私人团体组建，定性准确，与国立博物院关系定位明确，这对博物馆事业的发展有积极意义。近一百年后的今天，除了国有博物馆作为博物事业主体外，也有一些民间人士或团体建立的博物馆，是我国现阶段博物馆体系的重要组成部分，两者应互为补充，相互促进。

中华博物院虽为私人团体组建，仍需经内务部报大总统批准。私人团体组建的博物馆只有经主管部门依法批准，方有合法地位，依法开展博物馆物品搜集、研究、陈列等工作，接受主管部门的管理。

中华博物院组织大纲，是一份法规文件，它规定了博物院名称、业务范围和院及院内组织等各主要方面的内容。第二条规定的本院业务，“以搜求陈列并研究关于自然科学及工业的、美术的、历史的各种品物为范围”。以此观察，中华博物院应是包括自然科学、工业、历史、文化艺术的，跨学科、跨不同领域的，兼具自然、工业、历史、文化艺术的博物院，具有自然博物馆、工业博物馆、历史博物馆等功能。

中华博物院组织大纲第三条规定，“本会设董事会以处理一切事务”。董事会是中华博物院最高领导者和管理者。组织大纲对董事会等组成及其职责作出明确规定。董事会是近代以来实行的一种法人治理结构。中华博物院从组建到治理，通过组织大纲把这种法人治理结构确立起来，以保障博物院依据组织大纲有序运作和管理。这一点对当今有的团体建立的博物馆而言有重要借鉴价值。

中华博物院依据组织大纲，实行会员制。博物院的物品、经费由会员捐赠、交纳会费等资金支持，也体现了私人团体组建博物馆的性质。

第五节　成立故宫博物院

民国十三年（1924 年）十一月五日，被辛亥革命推翻的清王朝逊帝溥仪及其眷属被冯玉祥将军驱逐出紫禁城，十一月七日，临时执政府发布命令，组织成立“清室善后委员会”负责清理清室公产、私产及一切善后事宜，大总统令将宫禁备充博物馆等项之用，为故宫博物院成立准备了条件。

一　大总统令[17]

大总统令称：

修正清室优待条件业经公布施行，著国务院组织善后委员会会同清室近支人员协同清理公产私产，昭示大公。所有接收各公产，暂责成该委员会妥慎保管。俟全部结束，即将宫禁一律开放，备充国立图书馆、博物馆等项之用，藉彰文化，而垂永远。此令。

中华民国十三年十一月七日

把溥仪及其眷属等驱逐出紫禁城，为在紫禁城设立博物馆等创造了必要的政治前提条件；组织善后委员会清理清室公产私产，接收公产，为将紫禁城办成博物馆创造了必需的物质基础。这是一次民主共和的胜利，是中国博物馆创建史上的一件大事，其意义重大，影响深远。

二　清室善后委员会及其主要成果

根据民国十三年（1924 年）十一月七日大总统令，组织成立“清室善后委员会”，负责清理清室公产、私产及一切善后事宜。十一月十四日，又在政府公报上公布了“清室善后委员会组织条例”，同时聘请李煜瀛为清室善后委员会委员长。十一月二十日，清室善后委员会宣告成立。李煜瀛任委员长，政府方面委员 9 人，清室方面委员 5 人，连同委员长共 15 人。政府方面委员有：汪兆铭（易培基代）、蔡元培（蒋梦麟代）、鹿钟麟、张璧、范源濂、俞同奎、陈垣、沈兼士、葛文俊；清室方面指定的有：绍英、载润、耆龄、宝熙、罗振玉。

由于当时政局动荡，清室善后委员会的工作，既受到段祺瑞政府的阻挠，又受到清室方面的破坏。特别是清室遗老和王公旧臣，妄图阻止清室善后委员会对皇室财产的清理，恢复原“清室优待条件”，使溥仪还宫。

清室善后委员会对段祺瑞政府的干扰和清室的破坏进行了坚决抵制，卓有成效地开展了一系列工作。如，十二月二十日，召开了第一次委员会会议，在清室委员拒绝参加的情况下，按法定程序通过了《点查清宫物件规则》。清室善后委员会在召开点查预备会议时，同时决定，立即按《清室善后委员会组织条例》的规定，成立图书馆、博物馆筹备会，聘请易培基为筹备会主任，开始筹备工作。经过近一年时间，清宫中大多地方的物品得到初步点查，并编辑出版了《清室善后委员会点查报告》。图书馆、博物馆筹备会同时做了大量筹备工作，“主要有：初步确定博物馆的名称为‘故宫博物院’，以溥仪原居住的清宫内廷为院址；起草了‘故宫博物院临时组织大纲’，‘故宫博物院临时董事会章程’和‘故宫博物院临时理事会章程’；初步决定院领导下的组织机构设古物馆和图书馆”[18]。

清室善后委员会根据当时的政治局势和图书馆、博物馆筹备会完成的筹备工作情况，于民国十四年（1925 年）九月召开会议，决定成立故宫博物院；“会议讨论通过了《故宫博物院临时组织大纲》、《故宫博物院临时董事会章程》与《故宫博物院临时理事会章程》；通过了聘任的第一任董事与第一任理事名单；同时决定 10 月 10 日举行故宫博物院成立典礼”[19]。

三　故宫博物院成立

民国十四年（1925 年）十月十日，清室善后委员会关于故宫博物院成立（开院）典礼进行通电，全文如下：

北京。段执政钧鉴：各部院、各机关钧鉴：本会成立半载有余，竭蹶经营，规模粗具。现已遵照去年政府命令，将故宫博物院全院部署就绪，内分古物、图书两馆，业于本日双十佳节举行开院典礼，观典者数万人。除该院临时董事会、理事会各规程前已正式披露外，特电奉闻，诸希匡言，临电无任翘企之至。清室善后委员会叩。

民国十四年双节[20]。

故宫博物院成立典礼，发出请柬 3000 多份，邀请政府、文化、军、警、学、商等各界人士到会，于民国十四年十月十日下午，在故宫乾清门隆重举行开院典礼。“典礼由清室善后委员会监察员、故宫博物院临时董事会董事庄蕴宽主持。清室善后委员会委员长李煜瀛首先报告清室善后委员会的工作和故宫博物院的筹备情况，接着，出席典礼的各界要人和故宫博物院临时董事会董事黄郛、王正廷、蔡廷干、鹿钟麟、于右任、袁良等先后讲了话”[21]。

故宫博物院的正式成立，是民主共和的又一重大胜利，是我国文化发展史上、特别是近代博物馆发展史上又一重要里程碑。它将紫禁城昔日帝王居住的宫苑禁区，改变为民众可以进入参观的文化场所；把皇宫收藏，仅供皇帝观赏的珍贵古物书画等，作为国立博物馆藏品，陈列供公众观览，变为全民族共享的文化财富。故宫博物院的正式成立，对我国文化、文物博物馆事业产生了重大而深远的影响。

注释

[1]李晓东著：《中国文物学概论》，河北人民出版社，1990 年 2 月第 1 版，1993 年 9 月第 2 次印刷。

第二编　国民政府时期古物古迹法规发展

引言：1928 年 6 月，国民革命军第二次北伐成功，结束了军阀斗争、时局动荡局面。南京国民政府时期，在民国初期古物法规初创的基础上，从国家层面加强了古物古迹法规建设，制定公布了涉及古物古迹保护一些主要方面的法规，取得了重要发展。

第一章　名胜古迹古物保存条例及其价值

第一节　公布名胜古迹古物保存条例

民国十七年（1928 年）九月，内政部公布了《名胜古迹古物保存条例》，共十一条，全面规范了名胜古迹古物保护的主要内容。同时，还附有“名胜古迹古物调查表”及填载例言。全文如下：

名胜古迹古物保存条例[1]

（民国十七年九月内政部公布）

第一条　凡在中华民国领土内所有名胜古迹古物之保存，除法令别有规定外，依本条例行之。

第二条　本条例所称名胜古迹古物分类如下：

甲　名胜古迹

一　湖山类，如名山、名湖、及一切山林、池沼、有关地方风景之属；

二　建筑类，如古代名城、关塞、堤堰、桥梁、坛庙、园囿、寺观、楼台、亭塔、及一切古建设之属；

三　遗迹类，如古代陵墓、壁垒、岩洞、矶石、井泉及一切古胜迹之属；

乙　古物

一　碑碣类，如碑碣、坊表、摩崖造像、及一切山古石刻板片之属；

二　金石类，如钟鼎、泉刀、宝石、印玺、及一切古金石之属；

三　陶器类，如陶瓷各器、及砖瓦土模之属；

四　植物类，如秦松、汉柏、及一切古植物之属；

五　文玩类，如书帖、图画、及一切古代文玩之属；

六　武器类，如刀剑、戈矛、斧铠、及一切古代武器之属；

七　服饰类，如镜奁、簪环、冠裳、锦绣、及一切古装饰品之属；

八　雕刻类，如佛像、雕物、及一切镂刻之属；

九　礼器类，如古代礼器、乐器之属；

十　杂物类，如农工用具、及一切不属于各类之物。

第三条　各省区民政厅应饬市县政府将辖境内所有名胜之古迹古物，依照部定调查表式逐一详确查填，呈由该管省区政府转函内政部备查。

第四条　各市县政府于辖境内所有名胜古迹古物，应分别情形依照下列方法妥为保护：

一　湖山风景之属非于必要时，不得任意变更，致损本来面目；

二　古代陵寝坟墓应于附近种植树株围绕周廊，或建立标志禁止樵牧，其他有关名胜之遗迹及古代建筑应商同地方团体筹备随时修葺，其有足资历史考证或渐就淹没以及仅存者，宜树碑记，以备查考；

三　历代碑板、造像、画壁、摩崖之属，应责成地方团体或其他适当之人认真保护，不得任意搨摹毁坏或私相售运，凡可拓印者，无论完全残缺，一律完全拓印两份，直接邮寄内政部备查，仍将所拓寄之种类数目分别呈报该省长官；

四　古代植物之属应责成所在地适当团体或个人加意防护严禁剪伐；

五　其他金石、陶器、雕刻等各类古物应调查收集就近筹设陈列或就公共场所附入陈列，并严定管理规则避免散失。

第五条　各市县政府得斟酌地方情形，组织名胜古迹古物保存会妥拟办法，呈经该管民政厅核定，转呈内政部备案。

第六条　各市县政府为保存辖境内名胜古迹古物得于不抵触现行法令范围内发布单行规则。

第七条　凡名胜古迹应永远保存之但依土地征收法，应征收时由市县政府呈经民政部转呈内政部核办。

第八条　名胜古迹如因保护疏忽致毁坏或消灭时，各该市县政府负责人员应受惩戒处分。

第九条　对于名胜古迹古物有毁坏、盗窃、诈欺或侵占等行为者，依照刑法所规定最高之刑处断。

第十条　特别市辖境内所有名胜古迹古物准用本条例各规定，由特别市政府调查保存并函报内政部备查。

第十一条　本条例自公布日施行。

附：名胜古迹古物调查表

市/县名胜古迹古物调查表（甲/乙）类

名称	时代	地址	所有者	现状	保管	备考

填载例言

一　先按《名胜古迹古物保存条例》第二条所列各种类分别填载；

二　名称栏内填载名胜古迹或古物名称，如扫叶楼、燕子矶等；

三　时代栏内填载名胜古迹或古物创始时代，如周、秦、汉、魏等；

四　地址栏内填载名胜古迹或古物所在地，如明孝陵在南京城外何处等；

五　所有者栏内填载属于国有或公有，其属于私有者，应就调查所及、酌量填载并注明所有者之姓名；

六　现状栏内填载名胜古迹古物之现在状况是否完好；

七　保管栏内填载保存方法；

八　备考栏内填载其他应行声明事项。

第二节　名胜古迹古物保存条例诠释

民国十七年（1928 年）九月内政部公布的《名胜古迹古物保存条例》（以下简称《名胜古迹条例》），是在南京国民政府建立后公布的一件保护古迹古物的法规，它与民国五年（1916 年）十月北京政府内务部公布的《保存古物暂行办法》和古物调查表、古物调查表说明书，在内容上有不少相同之处，《名胜古迹条例》则更加规范，内容比较丰富。

《名胜古迹条例》第一条，明确规定了该条例的适用范围，即凡中华民国领土内所有名胜古迹古物之保存，除法令另有规定外，均依本条例保存。

第二条明确规定了名胜古迹古物分类，即本条例规范保存的名胜古迹古物类别。这里没有对名胜古迹古物从定义上作出规定，而是采取对名胜古迹古物规范分类详细列出，以明确本条例规范保存名胜古迹古物对象。

在第二条对名胜古迹古物分为两大类，即甲名胜古迹，乙古物。每一大类又分一些小类，在甲名胜古迹大类，又分湖山类、建筑类和遗迹类三类；在乙古物大类，又分为十类，即：碑碣类、金石类、陶器类、植物类、文玩类、武器类、服饰类、雕刻类、礼器类、杂物类。

甲名胜古迹大类包括的湖山类、建筑类和遗迹类，应属不可移动的风景和古迹；乙古物大类包括的上述十类，应属可移动的古物。但把植物类，如秦松、汉柏及一切古植物之属列在古物类中不妥，如列在名胜古迹大类中比较好，它们应是古迹类的附属物，古迹年代久远的见证物，也是风景之属的组成部分。在《保存古物暂行办法》中明确规定“故国乔木，风景所关，例如秦槐汉柏”。

第三条明确规定名胜古迹古物由市县政府负责调查填表呈报。即明确调查名胜古迹古物的责任和填表上报备查，为保存古迹古物提供依据。

第四条明确规定了市县政府对辖区内名胜古迹古物之保护应采取的主要方法。因名胜古迹古物类别不同，保护的方法也必须因其类别不同而有区别，要有针对性，因类制宜，收到保护成效。

对湖山风景之属，应保持其本来面貌，不得任意变更其形状等，使其面目受损，其风景景观价值就会受到影响，因此非必要时不得变更。它内含保存保护风景景观完整性的思想。

对古代陵墓和古代建筑，前者应于附近植树围绕，形成周廊，也是明确的陵墓应保护的范围，建立标志，禁止樵牧，以保护古代陵墓的完整和肃穆氛围。而对古代建筑，因中国古代建筑以木构建筑的特点，应商地方团体随时修葺，以保护不塌坏和完整；至于已湮没的古迹应树立碑记，以示其原址，作为记忆、查考。

对于历代碑碣等应责成地方团体或适当人士认真保护。此类古物多而分散，保护难度大，可采取多种不同方法进行保护。本条例规定由地方团体或适当之人保护是重视民间保护古物的力量和发挥他们的积极性。同时对拓印作出明确规定。因拓印碑碣等石刻需要有专门的技艺，才不致使碑碣字迹、花纹、造像等受损；也要防止不良之人为了提高其拓片价值，故意在拓印后损坏某个字的行为发生，防患于未然。

对于其他金石、陶器、雕刻等古物，应收集筹设陈列，严格管理，避免散失。

第五条明确规定各市县应根据当地情形，组织名胜古迹古物保存会，妥拟办法，保存名胜古迹古物。该保存会应是市县政府设立的专门保存名胜古迹古物组织，按照拟定的办法做好保存工作，是一项组织保障。

第六条明确规定市县政府应制定保存所辖境内名胜古迹古物单项规则，其原则是不得与现行法令抵触，即不得与上位法相抵触，可在上位法规定的原则、范围内，就某一单项作出进一步符合当地实际情形、进一步细化的保存方法等，以保障国家法规法令的统一性。

第七条明确规定了名胜古迹应永远保存的原则，为了永远（永久）保存，需征收土地，应依征收土地法，由市县政府呈民政部转呈内政部协办。该措施是保障名胜古迹永久保存的一项重要举措。

第八条明确规定了市县政府负责人员因玩忽职守致使名胜古迹古物毁坏或消灭（灭失），应受惩戒行政处分。

第九条明确规定对名胜古迹古物有毁坏、盗窃、诈欺或侵占等行为者，应追究其刑事责任，依照刑法给予所规定最高之刑处断。

第十条明确规定特别市辖境内名胜古迹古物准用本条例。南京国民政府建立后，北京改为北平，为特别市，在名胜古迹古物保存方面适用本条例。

第十一条规定本条例自公布之日施行。由于该条例的公布施行，实际已取代了民国五年十月（1916 年 10 月）内务部公布实施的保存古物暂行管理办法。

第三节　名胜古迹古物保存条例评析

民国十七年（1928 年）九月，内政部公布的《名胜古迹古物保存条例》（以下简称《名胜古迹条例》）与民国五年（1916 年）十月内务部公布的《保存古物暂行办法》相比较，《名胜古迹条例》无论在形式和内容上都有很大进步，有很大发展，这里主要谈以下几点：

一，形式比较规范，内容比较丰富。从形式看，《名胜古迹条例》设有条、款（或项），共有 11 条，是比较规范的法规形式。从内容看，如第一条规定基本上是明确立法宗旨。第二条规定应是条例规定受保护的名胜古迹古物范围。该条没有对名胜古迹古物定义分别作出规定，而是采用对名胜古迹古物分类列出的方法，明确了条例规范保护名胜古迹古物的对象和范围。在条例其他条中明确规定了地方政府保护名胜古迹古物责任，根据名胜古迹古物不同类别采取与其相应的保护方法，对破坏名胜古迹古物的，根据情况，或追究行政责任，或追究刑事责任等等。一个法规应有的基本要素都已具备。这一切都较之《保存古物暂行办法》有了很大进步和发展。

二，将名胜古迹与古物相对应。在《保存古物暂行办法》中，把古迹和古物都统称为古物，在第一和第二条所列实际都是古迹，可称为不可移动古物，在第三和第五条所列为古物，可称为可移动古物，第四条实为风景所属之乔木等。在《名胜古迹条例》，则明确将不可移动古物和风景所属内容划为名胜古迹大类，而可移动古物大类则列出十类，从分类上讲是一大进步，增强了分类的科学性和合理性。同时，这样分类作出规定，有利于根据不同类别的实际情况，有针对性地规定出保护措施和方法，增强保护的实效性。这样的分类，也有利于加强文物科学研究和宣传。

三，名胜与古迹连结成一个词语，逐步形成“名胜古迹”概念。“名胜”一词，出现于晋。在《晋书·王导传》记载：“帝亲观禊，乘肩舆，具威仪。敦、导及诸名胜皆骑从。”王导经历晋元帝、明帝、成帝三朝（318—334），出将入相，辅佐明帝、成帝，官至太傅。王导及诸名胜皆骑从的“名胜”，犹名流，应是有文化有地位的人物。从“名胜”一词的出现，就赋予了它文化的内涵，迄今约1700年。

在历史发展的进程中，“名胜”一词的内涵也在不断发展与丰富。如到了北齐时期，“名胜”又指著名的风景地，在《北史·孙腾传》中附有韩轨之子韩晋明，传曰：“朝廷欲（处）之贵要地，必以疾辞。告人云：‘废人饮美酒，对名胜，安能作刀笔吏，返披故纸乎？’”也可以说，从此“名胜”文化内涵中增加了风景内涵，使“名胜”一词具有人文和自然内涵相融的重要内容。

名胜对象、范围的不断拓展，内涵也不断丰富。从根本上讲，名胜是文化和自然风景相结合并融为一体，具有历史、科学、文化艺术价值和景观价值，内涵博大精深，是我国传统文化的精华。

名胜与古迹连结成一个词语：名胜古迹，其对象更广，范围更大，内涵更深厚更丰富。“名胜古迹”逐渐发展成为一个重要概念，影响深远。新中国继承名胜古迹概念，在一系列法律法规文件中应用“名胜古迹”概念。如，为了加强文物保护和考古管理工作，1950 年 5 月 24 日，中央人民政府政务院令指出：“查我国所有名胜古迹，及藏于地下，流散各处的有关革命、历史、艺术的一切文物图书，皆为我民族文化遗产。”又如，1951 年 5 月 7 日，中央人民政府文化部、内务部令就共同制定管理名胜古迹职权分工及“关于地方文物名胜古迹的保护管理办法”，业经政务院批准，兹特公布实行等等。

四，保护古代名城。在《名胜古迹条例》第二条规定分类保护名胜古迹大类之建筑类中，例举的第一项即“古代名城”。这是在近代或民国文物保护法规中，第一次明确规定“古代名城”是受条例保护的对象。虽然未对“古代名城”应具备什么条件，或如何保护作出规定，但提出“古代名城”概念，并在 1928 年内政部公布的《名胜古迹条例》中明确规定保护“古代名城”。这本身就具有重要价值和意义。

以前，在谈到中国历史文化名城保护时，一般都谈到 1982 年国务院批准公布第一批 24 座国家历史文化名城，同年《文物保护法》中规定：“保护文物特别丰富，具有重大历史价值和革命意义的城市，由国家文化行政管理部门会同城乡建设环境保护部门报国务院核定公布为历史文化名城。”中国开始了历史文化名城保护工作。严格讲，应是新中国于 1982 年开始了历史文化名城保护工作，并在法律中作出明确规定。

中国保护名城，以法规规定，即以《名胜古迹条例》规定为标准，应始于 1928 年，距今已有 95 年的历史！

五，所有权延用国有或公有及私有古物概念。《名胜古迹条例》所附名胜古迹古物调查表填载例言，对所有权填写“属于国有或公有，其属于私有者，应就调查所及，酌量填载并注明所有者之姓名”。这里一是所有权延用古物国有或公有及私有概念；二是强调对私有的名胜古迹古物在力所能及调查的范围内，酌量填载，应是在其私有者同意调查、填载的条件下有限度的进行，这是不同于国有或公有名胜古迹古物的调查与填载；三是当年已提出并尝试对私有名胜古迹古物的调查、填载，应该是为了有利于对名胜古迹古物作为中华民族历史遗产进行保护的做法，是合理的。

第四节 孔庙修葺与财产保管规定

孔子为中华民族文化至圣先师，尊崇和纪念孔子，以启发国民注重和发扬民族文化之精神。自古以来，为尊崇和纪念孔子，各地建立了众多孔庙，是中华民族重要的历史纪念建筑。在曲阜保存着孔庙孔府孔林。它们是中华民族重要的历史遗产，应加强保护和管理。

民国十八年（1929年）六月十七日，拟订《孔庙财产保管办法》。民国二十三年（1934年）十月十三日，国民党中央执行委员会致函国民政府，内称“前经本会第一三六次常会推定戴委员传贤筹拟办法，兹于第一四一次常会通过修理维持曲阜孔子陵庙办法两项，相应函达，即希查照，饬交主管机关，妥拟详细计划，送会核定为荷”[2]。国民政府及内政部，先后就一些地方孔庙修葺等发出指令或公函，内政部对全国孔庙保存情况作了调查，做了大量工作。这里举例作些了解和分析。

一 拟订《孔庙财产保管办法》

据国民党中央执行委员会秘书处档案，有一份日期为民国十八年（1929年）六月十七日的《孔庙财产保管办法》（以下简称《办法》），其中最后一条规定：“本办法由教育部、内政部、财政部商订公布施行。”应是尚未公布施行的法规，但反映了保护管理孔庙的基本思路和原则，以及具体措施，有重要历史研究价值。《办法》全文如下：

孔庙财产保管办法[3]

一 本办法所称孔庙财产，系指孔庙之房屋、田地及其他一切产款而言。

二 孔庙财产均应拨充地方办理教育文化事业之经费，不得移作他用。

三 孔庙财产之保管，依左列之规定：

甲 省有者由大学区或教育厅保管之；

乙 旧府厅州所有者，由大学区或教育厅保管之，但其财产应办理旧府州范围内之教育文化事业；

丙 县有者由各县教育局保管之，其未设教育局者，由县政府职掌教育行政者保管之。

四　孔庙房屋应由各该保管孔庙之教育行政机关以时修缮，其原有之大成殿，仍应供奉孔子遗像，于孔子诞辰开会纪念。

五　孔庙地址应充分利用，以办理学校或图书馆、民众学校等。

六　地方绅士不得藉故占用孔庙财产，其原设有礼乐局等机关者，应视其有无价值，分别存废。其存者应由主管教育行政机关管辖之，所有经费并应按照预算实报实销。

七　在本办法未颁布以前，已经指定办理某种教育之孔庙产款，应维持原议，未经教育行政核定，不得变更。

八　本办法由教育部、内政部、财政部商订公布施行。

二　全国孔庙实况调查

内政部在对全国孔庙实况调查作的汇总报告中称：查我国孔庙，至为普遍，不但各省会有宏伟之建筑，即各县所建立者，工程亦多有可观。内政部因欲明瞭各地孔庙实地状况，曾于二十三年十月，制定孔庙实况调查表，发交各省市查填，以便计划整理。截至现在止，各省市送到者已有十六省市，兹列表统计如下：

孔庙实况调查表[4]

省市别	已报县市数	孔庙数	残毁数	使用状况			
				教育机关	地方公所	军事机关	其他
安徽	35 县	39	4	27	7		3
湖北	33 县	35	5	14	5	10	5
湖南	1 市 71 县	78	5	43	8	6	20
山东	1 市 106 县	108		89	32		7
河南	1 市 77 县	88		45	14	13	7
河北	113 县	119		96	21	6	7
陕西	42 县	42		14	3	5	20
浙江	1 市 53 县	60		38	14	3	7
福建	1 市 56 县	63		24	5	10	25
广东	46 县	46	2	32	4	5	7
广西	67 县	69		42	6	7	15
云南	1 市 54 县	57	1	39	6	3	11

续表

省市别	已报县市数	孔庙数	残毁数	使用状况			
				教育机关	地方公所	军事机关	其他
甘肃	45县	47		14	3	4	26
宁夏	6县	6		3	2		1
察哈尔	10县	10		6	1		4
绥远	3县	4		3	1		
南京		2		2			
上海		1		1			
合计	6市817县	874	17	532	132	72	165

附注：

1. 孔庙数系指各省已报县市区内孔庙总数，其中少数县城除县庙外，尚有府庙，故孔庙总数超过已报县市数。

2. 使用状况之教育机关，系指教育局、学校、民众教育馆、运动场等，地方公所系指县公所、区公所、党部等，军警机关系指公安局、驻地保安队、壮丁训练所等。

3. 一庙有二机关使用者，分别两栏，故使用状况栏内总数容有超过孔庙总数。

三　几点评析

从上述《办法》和全国已报十八省市孔庙保存实况调查来看，可作一些简单评析。

（一）《办法》第一条对孔庙财产作了界定，即包括房屋（建筑物）、田地及其他一切产款。这些类别的财产，依据第三条孔庙财产保管之规定，无论是省管，还是县管，其所有者都是国家，所谓省有、旧府厅州所有、县有，可说是省国有孔庙财产，旧府厅州国有孔庙财产，县国有孔庙财产。因此，省有和旧府厅州所有孔庙财产由大学区或省教育厅保管，县有孔庙财产由县教育局等保管。孔庙财产分级所有和保管，有利于责权利统一，把孔庙保管落到实处，把孔庙及其财产保护和利用好。

（二）孔庙的保管和利用。《办法》第五条规定“孔庙地址应充分利用，以办理学校或图书馆、民众学校等”。这是利用的原则和基本方式。从调查汇总情况看，十八省市共保存孔庙数874座，其中作为教育机关利用的532座，达六成以上。作为教育机关利用，特别是作为学校、图书馆、文化馆等，与孔庙的基本属性相通。在教育机关利用中，有教育局、学校、民众教育馆等。另地方公所、军警机关和其他非文教单位的利用，有些并不合理。《办法》中关于孔庙地址利用的规定和实际利用情况，对孔庙的保护和管理产生了深远影响。

（三）孔庙是历史纪念建筑物中一个重要类别，是中国不可移动文物的重要组成部分，保护和管理好孔庙有重要意义和深远影响。《办法》第四条规定由保管机关对孔庙建筑进行修缮，“其原有之大成殿，仍应供奉孔子遗像，于孔子诞辰开会纪念”。大成殿是孔庙的正殿、孔庙的主体建筑，内供孔子塑像，是祭孔场所，具有历史、艺术、科学价值，应当保护与修缮。孔子塑像是孔子形象的载体，给人们对孔子以直观认知，具有历史和艺术价值。在孔子诞辰时，供人们瞻仰、尊崇，是一种形象的中华传统文化教育和传播的重要方式。

（四）《办法》第二条规定“孔庙财产均应拨充教育文化事业之经费，不得移作他用”。孔庙财产中的田地、产款，是孔庙财产收入的重要部分，应保证孔庙建筑物，特别是大成殿的修缮保护，唯有如此，第二条的规定才有重要价值和作用。当年，寺观、坛庙拥有地产比较普遍，如内政部民国二十一年（1932 年）3 月拟订清理部管地产修复坛庙古迹章程致行政院呈稿中称：“因查各该坛庙向有附属地产……又查前清礼部光禄寺太常寺备作祭祀宴飨等用之官地，相沿至今，仍向本部缴租，散在北平附近各县者，为数亦在五万亩左右。……亟思清理地亩，及坛庙附属地产，俾原佃户等有优先留置之权，酌收最低价值，一方面足以为修复坛庙之用，一方面亦可以使向日缴租各佃户等确定产权，以符耕者有其田之主旨，似属一举两全办法。”[5] 拟以此筹款修缮北平天坛、孔庙、国子监以及其他坛庙古迹。

《办法》第六条规定“地方绅士不得藉故占用孔庙财产”，也是保障国有财产不致流失，有利于孔庙保护管理的规定。

第五节　内政部呈东陵管理处组织章程

东陵和西陵是清朝帝后的陵墓。清东陵位于河北遵化马兰峪，清西陵位于河北易县梁各庄。清朝被辛亥革命推翻之后，东陵和西陵的保护管理发生了很大变化，出现一些问题，特别是清东陵遭到孙殿英部队盗掘，破坏严重。

为了加强东陵和西陵的保护管理，内政部于民国十七年（1928 年）八月三十日，向国民政府呈送东陵、西陵管理处章程，对各项管理工作作出明确规定。以东陵为例。

一 东陵概况

清东陵陵区东起马兰峪，西至黄花山，北接雾灵山，南有天台山、烟墩山。当时陵区总面积2500平方公里。以昌瑞山分水岭为界，长城以北为“后龙”，以南是“前圈”。这里建有帝陵5座：顺治帝孝陵、康熙帝景陵、乾隆帝裕陵、咸丰帝定陵、同治帝惠陵；后陵4座：孝庄、孝惠、孝贞（慈安）、孝钦（慈禧）后陵；妃园寝5座：景陵妃园寝、景陵皇贵妃园寝、裕陵妃园寝、定陵妃园寝、惠陵妃园寝。十四座陵园有300多座单体建筑，均以昌瑞山主峰下的孝陵为中心，分布于东西两侧，依山就势，高低错落，主次分明，是现存中国封建王朝规模最大、体系最完整、布局最得体的陵寝建筑群。

二 内政部致国民政府呈

民国十七年（1928年）八月三十日，内政部致国民政府呈：“呈为拟具东西陵管理处组织章程，恭请鉴核备案事。窃东陵、西陵为前清皇室陵寝所在，具有历史上之价值。其间陵寝之维护、陵地之整理，事务繁重，向由前北京内务部保管。民国四年，因东陵之户生计艰难，将陵中荒地、陵木垦伐一部，以资给养，而前直隶省政府认为利之所在，攘夺心生，遂于民国九年藉词接管，设局置官，大事垦伐，加以委派非人，惟图中饱，不知保护，省库未见挹注，而东陵荒芜、盗窃日多，从此不堪词问。本部有鉴于此，拟将所有旧设采植等局，一律取消，而另设东陵管理处，总理其事，仍归本部直接管理，又，查西陵与东陵性质相同，应请亦归本部管辖，设西陵管理处，总理其事。至两陵陵务，应如何保管整理之处，即责成各该管理处拟订详细计划，负责进行，庶几前代陵寝，得以保存，而盗窃歪风，亦可从此遏抑。谨将管理处组织章程，缮具清摺，备文呈请鉴核备案施行。至于经费一层，东陵略有收益，暂可挹注，毋庸另行筹措，西陵有无收益，已饬本部北平档案保管处就近查复，拟俟查复前来，再行陈报，合并陈明。”[6]由内政部长薛某签署的呈文，附有东陵、西陵管理处组织章程各一件。

三 东陵管理处组织章程

内政部呈国民政府关于东陵管理处组织章程，共11条，全文如下：

内政部东陵管理处组织章程[7]

第一条　东陵管理处直隶于国民政府内政部，依法令管理关于东陵陵墓、陵地及其他有关事务。

第二条　东陵管理处设置第一、第二两科。

第三条　第一科之职掌如左：

一、关于陵墓及建筑物保护修葺事项；

二、关于本处庶务、会计及陵地收益事项；

三、关于文件收发保管事项；

四、关于典守信印事项；

五、其他不属于他科事项。

第四条　第二科之职掌如左：

一、关于陵地开放事项；

二、关于陵地整理及保管事项；

三、关于陵木之保管事项；

四、其他有关土地事项。

第五条　东陵管理处置处长一人，由内政部荐请任命，经理本处事务，并监督所属职员。

第六条　东陵管理处各科置科长一人，由内政部委任，承处长之命管理各科事务。科员办事员若干人，承长官之命，助理各科事务；科员、办事员额数，由处长呈请内政部核定委派之。

第七条　东陵管理处因事务上之必要，得置技士一人至三人，办理技术事务。

第八条　东陵管理处因缮写文件及其他事务得酌用雇员。

第九条　东陵管理处得酌用丁役若干人。

第十条　东陵管理处办事细则另定之。

第十一条　本章程自公布之日施行。

四　简单评析

清王朝统治时期，各陵寝均设有文武官员守卫和管理陵寝各项事务。辛亥革命推翻清王朝之后，按民国政府《保管皇室八条》第四条“保护清宗庙及陵寝”规定，设有“东陵办事处”，有专职护陵官员守卫。自民国十四年（1925年）起，直系、奉系军阀先后进驻东陵，护陵官员逃逸。军阀军队以筹军饷为名，将陵区数十万株松柏尽行砍伐、盗卖。陵寝殿宇肆意拆卸构件，破坏惨重。特别是民国十七年（1928年）七月，孙殿英部队盗掘东陵，将乾隆裕陵和慈禧定东陵地宫炸开，劈棺椁，抛尸骨，将珍贵殉葬品洗劫一空，国内外震惊！在这样的背景下，内政部于民国十七年（1928年）八月三十日，拟具东陵管理处组织章程，具文致国民政府，在致国民政府呈中，已举出东陵保护管理问题。另设东陵管理处是从组织机构上解决东陵管理方面的问题，应该说是一项重要组织措施。

内政部东陵管理处组织章程（以下简称《章程》）从机构设立、隶属关系、内部部门设置、人员配置、工作职责等均作出明确规定，是一个好的章程。

《章程》第一条关于东陵管理处隶属国民政府内政部作出规定，是对管理处重要地位和规格与法律地位的确立，同时规定了它的基本职责。作为我国古代规模庞大、体系完整、保存较好的帝王陵寝建筑群，设立直隶国民政府内政部高规格的东陵管理处无疑是十分必要的。如能按《章程》规定建立和健全管理处组织机构，切实各司其职，对东陵的保护管理会是十分有利的，会对保护中华民族历史遗产作出贡献。

但在当时历史环境下，恐很难做到。

民国二十年（1931年）九月十八日，日本军国主义发动了侵占我国东北的战争。民国二十二年（1933年），日本军国主义以为满洲看守祖陵为名侵占了东陵。在马兰峪设置了日本领事馆、日本宪兵队、东陵地区管理处等机构，派兵管制了东陵，直到日本投降。抗日战争胜利后，时局变迁，社会动荡，当地土匪、歹徒相互勾结，竟发生了上千人的盗陵事件，将东陵绝大部陵墓地宫洗劫一空；一些陵墓通往地宫口常年敞开，使东陵遭到进一步破坏。当年，解放区军政机关，曾对盗陵的主要分子进行了严惩。

《章程》作为一份重要历史法规文件，应为清东陵的保护管理提供有益借鉴。

第六节　山东省公布名胜古迹古物保存委员会规则

山东省位于黄河下游，东临大海，是古代齐鲁大地，孔孟之乡，历史悠久，文化发达，遗留了极为丰富的名胜古迹古物，是中华民族重要历史遗产。清末和民国初年，山东省即根据相关古物规定，对境内古物进行了登记。如民国五年（1916 年）内务部公布《保存古物暂行办法》，并为调查古物列表报部致各省长、都统咨，附有调查古物表式和说明。山东省奉命调查全省各州县古迹古物，并登记造册。民国十七年（1928 年）九月，国民政府内政部公布《名胜古迹古物保存条例》，山东省政府第四十一次委员常务会议决定公布《山东省名胜古迹古物保存委员会规则》（以下简称《规则》），于民国十八年（1929 年）十一月十九日公布施行。

一　山东《规则》

山东省公布实施的《名胜古迹古物保存委员会规则》，共十四条，全文如下：

山东省名胜古迹古物保存委员会规则[8]

第一条　本会遵照内政部颁行名胜古迹古物保存条例、专管保存山东所有名胜古迹古物事宜。

第二条　本会设委员五人，由省政府聘任之。

第三条　本会设主席委员一人，由各委员推定之。

第四条　本会对内对外一切事宜，以主席委员名义行之，但重大事件须经委员会议决定，其会议规则另定之。

第五条　本会主席委员遇有事故时，由委员会公推一人代理之。

第六条　本会得聘任考古专家为专门委员或顾问，辅助本会办理鉴定或技术上一切事宜。

第七条　本会于应办事项，得设各科股分别处理，其办事规则另定之。

第八条　本会得函请民政厅饬由市县政府将所辖境内名胜古迹古物，依照部定调查表式，逐一详确查填，径送本会备查。

第九条　本会得酌量情形，在省会设立古物保存所。

第十条　本会得遵照名胜古迹古物保存条例第五条之规定，函请民政厅饬令各市县政府组织名胜古迹古物保存分会，除由厅核定转呈外，并函知本会以便随时指导，各分会得酌量情形，呈由本会核准设立古物保存分所。

第十一条　本会如查［调］查各市县对于名胜古迹古物有保护疏忽致损坏

或消灭时，得函请民政厅依照名胜古迹古物保存条例第八条之规定，将各该市县负责人员施以惩戒处分。

第十二条 本会如调查对于名胜古迹古物有损坏盗窃诈欺或侵占等行为者，得函请民政厅依照名胜古迹古物保存条例第九条之规定，转送司法机关依法严办。

第十三条 本规则如有未尽事宜，得随时提请修改之。

第十四条 本规则由省政府委员会议决公布施行。

二 简单评析

山东省政府公布实施的《规则》，内容比较丰富，形式比较规范，是一件既有实体规范，又有程序规定的省级地方法规。其中，第一条开宗明义规定了山东名胜古迹古物保存委员会职责，即依据内政部条例“专管山东所有名胜古迹古物事宜”。

《规则》第二条至第五条以及第七条规定了委员会人员组成及行事规则等。

《规则》第六条规定聘请考古专家为专门委员或顾问，体现了委员会重视考古专家在古迹古物鉴定、保护及技术事宜上的重要作用。该《规则》1929 年 11 月公布，在 1928 年，考古专家吴金鼎调查发现了位于历城县（今章丘县）龙山镇武原河东岸的城子崖遗址。1930 年山东省政府与中央研究院联合成立山东古迹研究会，从事考古和古物研究工作。同年和 1931 年，中央研究院历史语言研究所两次对城子崖遗址进行发掘，后由傅斯年、李济、梁思永等 7 人编著了考古报告集，书名为《城子崖》。在该遗址下层首次发现了一种黑陶磨光为显著特征的新石器时代文化遗存，后命名为龙山文化。城子崖遗址发掘在中国考古学史上具有开创意义，具有里程碑价值和地位，同时对山东古物古迹保护也产生了重要影响。

《规则》第八条规定各市县依据内政部关于名胜古迹古物调查表式，对名胜古迹古物进行调查、填写登记。内政部的调查表与民国五年（1916 年）内务部的古物调查表相比，有一些改进；尽管山东已据内务部的调查表作了调查登记，也有必要按民政部名胜古迹古物调查表要求，进行调查填写，以进一步了解和掌握各市县名胜古迹古物保存情况。

《规则》对山东省古物保存机构建设作出明确规定。在第九条规定，酌量在省会设立古物保存所。山东省已于清宣统元年（1909 年）在省图书馆附设金石保存所，如能在省会设立专门的古物保存所，对全省古迹古物保存、保护将发挥重要作用。在第十条规定酌量在各市县设立名胜古迹古物保存分会，各分会酌量经省委员会核准设古物保存分所。如能依《规定》设立市县名胜古迹古物保存分会及其古物保存分所，山东省由省到市县就会有省名胜古迹古物保存委员会及市县分会，省古物保存所及市县分所，构建起全省名胜古迹古物保存机构体系和古物保存机构体系，山东省名胜古迹古物保存、保护就有了重要组织保障。《规则》的这些规定，具有重要历史价值和意义。

《规则》第十一条和第十二条对保存、保护名胜古迹古物有过失和破坏行为的处罚作出规定，使《规则》内容基本要素齐备。

第七节　山西省历代先贤遗物及名胜古迹古物保管办法与评析

山西省位于黄土高原东部，吕梁山和太行山之间，在古代是中华文明发展重要区域之一，历朝历代政治、经济和文化的发展，在中国发展史上占有重要位置。因此，遗留下极其丰富、多彩恢宏的文化遗存，是中华民族重要的历史遗产。为了依法加强保存、保护和管理，民国二十四年（1935 年）制定了《山西省各县历代先贤遗物及名胜古迹古物保管办法》，现作一介绍与评析。

一　制定保管办法

民国二十四年（1935 年）制定的《山西省各县历代先贤遗物及名胜古迹古物保管办法》（以下简称《保管办法》），共十九条，全文如下：

山西省各县历代先贤遗物及名胜古迹古物保管办法[9]

第一条　各县境内不论公私所有历代先贤遗物及名胜古迹古物之保管，除法令别有规定外，依本办法行之。

第二条　历代先贤遗物应行保管者如左：

（一）著述

（二）图画

（三）墨迹

（四）宠章

（五）什物

（六）其他可资纪念之遗物

第三条　名胜古迹古物，以名胜古迹古物保存条例第二条及古物保存法第一条各规定为准。

第四条　各县政府督同区村镇人员，将县内公私所有先贤遗物及名胜古迹古物，为详确之调查与登记。

第五条　经调查完竣后，公有者由县政府督饬保管，私有者由县政府督饬所有者自行保管。前项登记之先贤遗物及名胜古迹古物，每年由县政府汇列总表，呈报省政府备查。

第六条　各县得斟酌先贤遗物及名胜古迹古物情形，组织保管委员会，妥拟办法，呈经省政府核定，转咨内政部备案。

第七条　两县共有之先贤遗物及名胜古迹古物，由两县政府分别登记，共同负责管理，如两县共管之寺庙村社或私人所有者，除由各所有者保管外，仍应由两县政府分别登记，随时监督，并依照前条办法会报备查。

第八条　各县经调查登记后，如发现先贤遗物及名胜古迹古物，其重要者专案报查，普通者汇入总表报告。

第九条　发现人不向县政府报告登记或经县政府调查犹复隐匿者，应分别予以相当处分。

第十条　各县先贤遗物及名胜古迹古物，如有残损者，公有者由县政府随时整理，其费用呈经省政府核准，由地方款内核实开支；私有者，由所有人自行修理，但得由县政府酌为补助。

第十一条　先贤遗物及名胜古迹古物，无论公私所有，倘须改变其原状或移转地点时，应先由县政府叙明理由，呈报省政府核准办理。

第十二条　各县如遇外人或古董商到境，应予严密监视，出境时并须查验，如有盗卖先贤遗物及古物时，得扣留之。

第十三条　各县如遇军队驻境或经过时，应由县政府向其长官商请，对本县先贤遗物及名胜古迹古物加意保护，若在军事严重时期，应由负责保管人将能移动与不能移动者分别珍藏封闭，倘有损毁，于军事平复后设法恢复原状。

第十四条　保管处所如认为有限制游览时，应由县划出一部或数部予以限制。

第十五条　凡私有者，如无力珍藏，必须让与或变卖时，得先呈由该管县政府转呈省政府核准，违者没收，不能没收者追缴价额。

第十六条　凡盗卖侵占或损害先贤遗物及名胜古迹古物者，得依法惩办。

第十七条　保管人疏于防护，致将先贤遗物及名胜古迹古物损坏或遗失时，应查明情节酌予惩处。

第十八条　各县县长于交代时，应将公私先贤遗物及名胜古迹古物正式列表交代。

第十九条　本办法自公布之日施行。

二　《保管办法》评析

山西省制定的《山西省各县历代先贤遗物及名胜古迹古物保管办法》第十九条规定“本办法自公布之日施行”。在《中华民国史档案资料汇编》中，只标明“（1935 年）”，在国家文物局主编《中国文物地图集》山西分册“概述”中，对民国以来的文物保护叙述中也未提及该保管办法。

《保管办法》全文共十九条，内容丰富，形式比较规范，法规基本要素具备，特别是许多规定内容含义深刻，有些规定是以前古物法规中没有的内容，具有明显特色。现重点就如下内容作一些比较分析和评论。

（一）　保管先贤遗物

《保管办法》名称冠以“历代先贤遗物”，在第一条规定各县境内不论公私所有历代先贤遗物均依本法保管。第二条规定了保管历代先贤遗物的类别，有著述、图画、墨迹、宠章、什物及其他可资纪念之物共六类。从所列类别来看，范围很广，内容丰富，但主要是指可移动的遗物。

保管历代先贤遗物，何谓先贤？应是有文化素养、道德高尚，对社会有贡献，受到社会尊重的人士。尊敬先贤，向先贤学习，是中华民族优良传统。

国民政府内政部民国二十五年（1936 年）二月十四日制定公布的《先哲先烈祠庙财产保管规则》第三条对先哲先烈作出界定，其中先哲是：“一对于国家民族发展确有功勋者”、“二对于学术有所发明利溥人群者”、“三忠孝仁义，确有事迹足以为矜式者”。先哲应是先贤中出类拔萃者，而先哲先烈祠庙也大都是文物，可依此规定理解先贤人士的内涵。

在民国五年（1916年）内务部公布的《保存古物暂行办法》中，有两类古物为“名人遗迹”、“名人书画”，应指保存名人遗迹：书法、绘画。名人如何界定？未见具体规定。广义讲，名人有国家层面的名人，省级层面的名人，市县级层面的名人。他们对社会文化的贡献和影响范围不同，但对他们的遗迹、书画各级古物保管部门应予以保存、保护。同理，历代先贤也应有不同层级的先贤人士，《保管办法》名称冠以“各县历代先贤遗物”，也可作如是理解，所列各项应保管的历代先贤遗物，各县应予以保存、保管。

在民国时期古物法规中，山西省《保管办法》把历代先贤遗物作为一个大类列出，并作出具体规定，强调了它的重要地位和价值，同时，办法中规定的“历代”，应包括近代，或者说民国时期的“当代”，如此以来，先贤及其遗物，从时间范围讲，从古代扩展到近代，应保护的先贤遗物也大幅增加。《保管办法》规定保管历代先贤遗物，是一个重要特点，具有重要价值和意义。

（二） 公私所有古物调查、登记、保管

《保管办法》对历代先贤遗物及名胜古迹古物调查、登记、保管作出明确规定。第四条规定了调查、登记。第五条规定了古物公有者由县政府督饬保管，私有者由所有者自行保管，每年由县政府列表呈报省政府备查。第六条规定了各县酌情组织保管委员会等。第八条规定了在调查、登记后，如发现重要古物等，应专案报告。第九条规定了发现人发现古物等隐匿不报，经县政府调查仍隐匿者，应分别给予惩处，特别是发现属于公有的古物等，隐匿不报，情形或性质不同，因对发现的公有古物隐匿，可能自己占有，或买卖等，都会造成公有古物流失，给国家文化财产造成损失，构成犯罪的，还应追究刑事责任。

（三） 共同古迹、古物登记、保管

《保管办法》第七条规定了两县共同之先贤遗物及名胜古迹古物登记和管理办法。所谓两县共同古迹古物，共同登记、负责管理，一是如办法所列如两县共管之寺庙村社或私人所有者，仍应由两县政府分别登记，随时监督等。二

是实际存在的名胜古迹确有界于两县之间者，如长城墙体及关城等，许多长城段落是两县或两省分界线，作为国有或公有的名胜古迹，应由两县政府分别调查、登记，共同管理。这种调查、登记应是对长城内外墙体等进行的全面调查、登记，根据长城的特点，两县不能各自调查本县境内一侧长城墙体等，这样做由于调查者的业务水平不同，调查、登记结果可能会有一定出入或误差，作为史料保存或作研究资料，就会影响其科学性。因此，这类名胜古迹最好应由两县联合调查、登记，就可避免上述弊端。至于管理亦应采取共同措施，联合进行管理的方式，可收到好的效果。

《保管办法》虽未列举长城古迹，但它规定的“两县共有之先贤遗物及名胜古迹古物，由两县政府分别登记，共同负责管理”的原则，对长城等大型文物古迹或古代大型遗址等是适用的。这一规定是从名胜古迹保存的实际出发，以加强保护管理的一项重要原则规定，具有独创性，有重要历史价值和影响。

（四）　整理维修与保持原状

《保管办法》第十条规定了对公私先贤遗物及名胜古迹古物维修、整理及费用等问题。其中公有的维修、整理由县政府负责，其费用经省政府核准，由地方款内核实支出，换言之，由政府负责维护、整理和费用。而私有的，“由所有人自行修理，但得由县政府酌为补助”，之所以如此，是因为私有的先贤遗物及名胜古迹古物，产权归私人，理应由其所有人出资修理，但作为中华民族文化财产，私有者已按法规规定进行了登记，已纳入政府保护管理的职责范围，因此，在私有者对其修理有困难时，政府应给予补助，以保护好国家登记的古迹古物等；这也是登记先贤遗物及名胜古迹古物的价值和作用。

《保管办法》对私有古迹古物登记、由所有人自行修理，由县政府酌情给予补助的规定，在民国二十年（1931 年）《古物保存法施行细则》中已规定了原则：“凡经登记之古物，如有已经残损，中央古物保管委员会认为有修整之必要时，得会同原主或该主管官署分别酌量修整之，其经费除由原主或该管官署担任外，得由中央古物保管委员会辅助之。”《保管办法》应是对《古物保存法施行细则》的具体化规定，以应用于本省私有古迹古物的修理。

《保管办法》第十一条规定了无论公私所有古迹古物，倘须改变其原状或转移地点时，应先由县政府叙明理由，报省政府核准办理。换言之，保存、保护古迹古物，不得改变原状或转移地点，对古迹而言，应是在原址保存、保护。惟有如此，才能保护古迹本体和周围环境不受改变，保持古物本体不被改变，最大限度保存、保护古迹古物的本来面貌，保存、保护它们各自原有的历史、艺术、科学价值，保存各种科学文化信息的真实性和完整性，充分发挥它们的作用。

上述关于公私名胜古迹古物“倘须改变其原状或转移地点”规定，从其本意或深刻含义理解，应是在名胜古迹古物保存、保护中保护原状、保持原状、不得改变原状，在原地点或原址保存、保护，如必须改变时，应由县政府叙明理由，报省政府核准后方可办理，换言之，未经省政府核准，则不得改变之。《保管办法》这一规定与第十三条“倘有损毁，于军事平复后设法恢复原状”，在名胜古迹古物保存、保护、整理维修与管理工作中，比较系统地确立了保持原状、恢复原状和原地（址）保护的重要原则，是一种先进理念，是文物保护理论和古物法规的重要发展，具有重要理论和实践价值，意义重大，影响深远。

（五） 古物私人收藏与转让

《保管办法》规定了对古董商等应严密监督、查验。第十五条规定私有古物，无力珍藏，如“必须让与或变卖时，得先呈由该管县政府转呈省政府核准，违者没收，不能没收者追缴价额”。首先，民国政府古物法规都对私有古物登记作出了规定，这对私有古物保护和政府对私有古物的管理，防止倒卖和古物外流应有积极作用，但问题复杂，落实难度颇大。其次，私有古物登记的，如必须转让，应经省政府核准，否则属于违法行为，应给予惩处。在《古物保存法》中规定：“前条应登记之私有古物不得移转于外人，违者没收其古物，不能没收者追缴其价额。”《保管办法》的上述规定应是据此规定的原则精神作出的，强调了县政府呈报与省政府核准，符合地方性法规在不违背上位法原则精神的前提下可作进一步细化，有利于操作和落实的立法原则。

（六） 划定限制游览区

《保管办法》第十四条对划出游览限制区作出规定。这种对名胜古迹游览的限制，划出限制区，应是从名胜古迹古物安全保护的实际出发，或者是名胜古迹区处于维修中，应对游览人员作出限制。这一限制，应是某一部分或某几个部分的区域不开放，限制游览。

实际上，应还有另一种情况。某些名胜古迹游览区在一定时间内，游览人员比较集中，游人太多，或远远超过名胜古迹区合理容量，不仅对名胜古迹安全构成威胁，也会危及游览者安全。在这一情况下，应立即限制进入名胜古迹区的游客人数，或启动划定的限制游览区，从而缓解对名胜古迹古物和游人安全的双重压力。

划定名胜古迹古物限制游览区的规定，在民国古物法规中十分罕见，是一项非常重要且很有特点的规定。

（七）军队与军事严重时期对古迹古物保护

《保管办法》第十三条规定在军队驻境或过境时，应由县政府向其长官商请，对本县先贤遗物及名胜古迹古物加以保护，若在军事严重时期保管人员分别珍藏封闭，倘有损毁，事后设法恢复原状。保护一个县域内的先贤遗物及名胜古迹古物，是县政府的职责，因此，当军队驻境或过境时，应由县政府商请军队长官保护名胜古迹古物等，做好保存、保护名胜古迹古物介绍、宣传等工作，争取军队长官的理解、支持和帮助，如工作做好了，会收到好的效果，对保存、保护名胜古迹古物就有一定保障。

在军事严重时期保存、保护先贤遗物及名胜古迹古物，首先是由保管人员将可移动的做好珍藏，对不可移动的进行封闭，尽一切可能做好保存、保护工作。所谓军事严重时期，应该是军事冲突或战争时期。在这样的特殊时期，对名胜古迹古物等的保存、保管应采取特殊措施，珍藏的方法可视可移动古物的不同情形确定，可在原处所密藏，也可易地密藏，以达到安全保存为目的。对名胜古迹尽可能封闭，一方面避免军事冲突使其受损，另一方面也避免有人趁机打劫，使古迹遭到破坏，无论如何封闭可起到一定防护作用，是一项重要保护措施。

在军事严重时期，有的名胜古迹古物可能会遭到破坏，对此，《保管办法》明确规定，“于军事平复后设法恢复原状”。“恢复原状”是修复损毁古迹古物应坚守的一项重要原则。

《保管办法》关于军队与军事严重时期保存、保护先贤遗物及名胜古迹古物的规定，从那个年代实际出发，作出了一项具有开创性的法规规定，在民国古物法规中前所未见，既具有现实意义，又有重要历史价值。同时，这一规定，如能外延为任何军队及其军事行动，都不得破坏名胜古迹古物等文物，其价值和影响将进一步大幅提升。

（八） 县长交接交代古迹古物登记表册

《保管办法》第十八条规定："各县县长于交代时，应将公私先贤遗物及名胜古迹古物正式列表交代。"一个县的先贤遗物及名胜古迹古物保存情形，是该县县情的重要组成部分，是一个县的重要文化财产，保护好这些文化财产，是一县之长的职责，是上对祖先下对子孙负责的大事，应忠于职守，尽职尽责做好保存、保护工作。在一任县长卸任之时，将全县先贤遗物及名胜古迹古物列表，也就是把全县文化财产账交代给下一任县长，是对自己恪尽职守的要求，是对国家保留、保存在该县的中华民族历史遗产的负责任做法。双方应依法做好文化财产账的交接，以对历史负责。

《保管办法》关于县长交接该县名胜古迹古物登记表的规定，在民国古物保护法规中实属罕见，是一项具有独创性的规定，是民国时期古物法规的一项重要发展，具有重要历史价值和进步意义。

注释

[1]张松编：《城市文化遗产保护国际宪章与国内法规选编》，同济大学出版社，2007年1月第1版。

[2]中国第二历史档案馆编：《中华民国史档案资料汇编》，第五辑，第一编文化（二），凤凰出版社，1994年6月第1版，2010年6月第2次印刷。

[3]中国第二历史档案馆编：《中华民国史档案资料汇编》，第五辑，第一编文化（二），凤凰出版社，1994年6月第1版，2010年6月第2次印刷。

[4]中国第二历史档案馆编：《中华民国史档案资料汇编》，第五辑，第一编文化（二），凤凰出版社，1994年6月第1版，2010年6月第2次印刷。

[5]中国第二历史档案馆编：《中华民国史档案资料汇编》，第五辑，第一编文化（二），凤凰出版社，1994年6月第1版，2010年6月第2次印刷。

[6]中国第二历史档案馆编：《中华民国史档案资料汇编》，第五辑，第一编文化（二），凤凰出版社，1994年6月第1版，2010年6月第2次印刷。

[7]中国第二历史档案馆编：《中华民国史档案资料汇编》，第五辑，第一编文化（二），凤凰出版社，1994 年 6 月第 1 版，2010 年 6 月第 2 次印刷。

[8]中国第二历史档案馆编：《中华民国史档案资料汇编》，第五辑，第一编文化（二），凤凰出版社，1994 年 6 月第 1 版，2010 年 6 月第 2 次印刷。

[9]中国第二历史档案馆编：《中华民国史档案资料汇编》，第五辑，第一编文化（二），凤凰出版社，1994 年 6 月第 1 版，2010 年 6 月第 2 次印刷。

第二章　古物保存法及其价值

第一节　公布古物保存法

民国十九年（1930 年）六月二日，国民政府抄发《古物保存法》训令第三二四号，令文官处，“为令知事：查古物保存法现经制定，明令公布，除施行日期另以命令定之，并分行外，合行抄发该法，令仰知照，并转饬所属一体知照。此令。”该训令由主席蒋中正、行政院院长谭延闿、主法院院长胡汉民、司法院院长王宠惠、考试院院长戴传贤和监察院院长赵戴文联署。

古物保存法共十四条，全文如下：

古物保存法[1]

第一条　本法所称古物，指与考古学、历史学、古生物学及其他文化有关之一切古物而言。

前项古物之范围及种类，由中央古物保管委员会定之。

第二条　古物除私有者外，应由中央古物保管委员会责成保存处所保存之。

第三条　保存于左列处所之古物，应由保存者制成可垂久远之照片，分存教育部、内政部、中央古物保管委员会及原保存处所。

一　直辖于中央之机关；

二　省市县或其他地方机关；

三　寺庙或古迹所在地。

第四条　古物保存处所每年应将古物填具表册，呈报教育部、内政部、中央古物保管委员会及地方主管行政官署。

前项表册格式由中央古物保管委员会定之。

第五条　私有之重要古物，应向地方主管行政官署登记，并由该管官署汇报教育部、内政部及中央古物保管委员会。

前项重要古物之标准，由中央古物保管委员会定之。

第六条　前条应登记之私有古物，不得移转于外人，违者没收其古物，不能没收者追缴其价额。

第七条　埋藏地下及由地下暴露地面之古物，概归国有。

前项古物发现时，发现人应立即报告当地主管行政官署，呈由上级机关咨明教育、内政两部及中央古物保管委员会收存其古物，并酌给相当奖金，其有不报而隐匿者，以窃盗论。

第八条　采掘古物应由中央或地方政府直辖之学术机关为之。

前项学术机关采掘古物，应呈请中央古物保管委员会审查，转请教育、内政两部会同发给采取执照，无前项执照而采掘古物者，以窃盗论。

第九条　中央古物保管委员会由行政院聘请古物专家六人至十一人，教育部、内政部代表各二人，国立各研究院、国立各博物院代表各一人为委员组织之。

中央古物保管委员会之组织条例另定之。

第十条　中央或地方政府直辖之学术机关采取古物有须外国学术团体或专门人才参加协助之必要时，应先呈请中央古物保管委员会核准。

第十一条　采掘古物应由中央古物保管委员会派员监察。

第十二条　采掘所得之古物，由中央或地方政府直辖之学术机关呈经中央古物保管委员会核准，于一定期内负责保存，以供学术上之研究。

第十三条　古物之流通以国内为限，但中央或地方政府直辖之学术机关，因研究之必要，须派员携往国外研究时，应呈经中央古物保管委员会核准，转请教育、内政两部会同发给出境护照。

携往国外之古物，至迟须于二年内归还原保存处所。

前二项之规定，于应登记之私有古物适用之。

第十四条　本法施行日期以命令定之。

第二节　公布古物保存法施行细则

民国二十年（1931 年）七月三日，行政院公布了《古物保存法施行细则》，共十九条。“施行细则”对《古物保存法》的规定，从实际和有利施行出发，进行一系列细化规定，全文如下：

古物保存法施行细则[2]

第一条　古物保存法第三条所列举各保存处所，除遵照本法第四条第一项每年填表呈报外，应于本法施行后两个月内，由原保存者将所有古物造具清册，并分别记明古物之种类、数目、现状暨所在地及在历史或学术上之关系，连同照片一并送请中央古物保管委员会登记。

第二条　私有重要古物声请登记，其声请书内应记载左列事项：

一　古物之名称数目

二　声请登记年月日

三　登记官署

四　古物之照片

五　古物在历史或学术上之关系

六　现状

七　保管方法

八　登记人之姓名、籍贯、年龄、住址、职业，声请人若为法人，其名称及事务所

第三条　私有古物之登记，由该管官署依古物保存法第五条之规定，汇报中央古物保管委员会时须照录原声请书，连同古物照片一并附送。

第四条　已经登记之私有古物，如有移转或让与等行为，应由原主会同取得人向原主管官署声请移转登记，违者其移转行为为无效。

第五条　凡私有古物已经登记者，其所有权仍属之原主。但私有古物应登记而不登记者，得按其情节之轻重，施以二百元以上一千元以下之罚锾，并得责令古物所有人补行登记。

第六条　凡经登记之古物，如有已经残损，中央古物保管委员会认为有修整之必要时，得会同原主或该管官署分别酌量修整之，其经费除由原主或该管官署担任外，得由中央古物保管委员会补助之。

第七条　凡经登记之古物，倘有因残损或他种原因须改变形式或移转地点，应由原主或该管官署先行报告中央古物保管委员会，非经该会核准，不得处置。

第八条　凡学术机关呈请发掘古物，须具备声请书，应记载左列事项：

一　古物种类

二　古物所在地

三　发掘时期

四　发掘古物之原因

五　学术机关之名称

六　预定发掘之计划

第九条　依古物保存法第七条发现之古物，应由中央古物保管委员会核定其保存办法，并呈报行政院备案。

第十条　前条发现之古物，经核定保存办法后，由中央古物保管委员会登记之。

第十一条　监察采掘古物人员，应将下列各事：（一）采掘古物之数量，（二）古物名称，（三）发掘年月日，（四）古物所在地，（五）采掘所得之古物现存何处，（六）已否采掘完毕，分别列表，详细呈报中央古物保管委员会备核。

前项表式由中央古物保管委员会定之。

第十二条　采掘古物，不得损毁古代建筑物、雕刻塑像、碑文及其他附属地面上之古物遗物或减少其价值。

第十三条　凡外国人民，无论用何种名义，不得在中国境内采掘古物。但外国学术团体或私人，对于中国学术机关发掘古物，如有经济上之协助，该学术机关报告中央古物保管委员会核准后得承受之。

第十四条　古物之流通以国内为限，如擅自输出国外，其情节系违反古物保存法第十三条之规定者，得按其情节之轻重，施以五百元以上三千元以下之罚锾。

第十五条　凡名胜古迹古物应永远保存之。但依土地征收法应征收时，由该管官署呈由内政部核办，并分报中央古物保管委员会备查。

第十六条　违反本细则第一条第一项之规定，故意不依限登记者，原保存处所之保存者，应受相当之处分。

第十七条　各省市县政府得斟酌地方情形，组织古物保存委员会及其保护古物办法，报经中央古物保管委员会核准后施行。

第十八条　关于古物之登记、保护、奖励、采掘各规则及登记簿册式样，由中央古物保管委员会定之。

第十九条　本条例自公布之日施行。

第三节　古物保存法诠释

民国十九年（1930年）国民政府公布的《古物保存法》，是民国时期制定、公布、实施的法规层级最高、内容比较全面的保护古物的重要法规。共十四条。它对古物范围、所有权、保存要求、发现古物后的处理、发掘古物学术机构及发掘核准、发掘古物的研究、古物流通等方面作出了明确规定。

第一条，明确规定了古物范围及范围、种类的认定机构。它规定：本法所称古物指与考古学、历史学、古生物学及其他文化有关之一切古物而言。前项古物之范围及种类由中央古物保管委员会定之。

第一条规定的与考古学、历史学、古生物学及其他文化有关的一切古物，其范围很广，种类众多。虽统称古物，但实际上与考古学等学科和其他文化有关的一切古物，总的来说，应包括可移动的古物和不可移动的古物，也就是既包括古物，又包括古迹等。

民国五年（1916年）内务部公布的《保存古物暂行办法》，名为保存古物，第一类至第三类列的就是历代帝王陵墓、先贤坟墓，古代城廓关塞、楼观寺宇、台榭亭塔、堤堰桥梁，历代造像等古迹。民国十七年（1928年）内政部公布的《名胜古迹古物保存条例》，即分为名胜古迹和古物两大类。

因此，《古物保存法》第一条规定的与考古学等学科有关的一切古物，应包括古遗址、古墓葬、石窟寺及石刻、古建筑等等。

第一条规定古物范围和种类由中央古物保管委员会制定。这一规定实际明确设立中央古物保管委员会专门机构，是保存古物的一项重要组织措施。

第二条，明确规定了古物除私有者外，应由中央古物保管委员会责成古物保存处所保存。私有古物外的古物，应为国有或公有古物，在《保存古物暂行办法》和《名胜古迹古物保存条例》中已有明确规定。

第三条，明确规定了保存古物处所应制作可垂永久保存之古物照片，分别存于教育部、内政部和中央古物保管委员会。一式三份古物照片分三处存放，是确保古物资料安全的有效措施之一。它是中国保护、保存重要文献资料的传统方法。许多重要历史文献在历史长河中能保存至今，也是得益于这种方法。

第四条，明确规定了古物保存处所每年应将保存之古物填具表册报教育部、内政部、中央古物保管委员会和地方主管官署，也就是填具一式四份表册呈报。每年就保存古物具表呈报，对保管处所来说应对保存古物进行一次检查、核实，对教育部等有关部门而言，可以据此了解、掌握古物保存处所古物有无变化等情况，也为研究、制定古物保存、保管政策措施提供依据。

第五条，明确规定了私有重要古物向地方主管行政官署登记，并由登记主管行政官署汇报教育部、内政部及中央古物保管委员会。重要古物标准由中央古物保管委员会制定。

私有重要古物如何进行登记，《古物保存法施行细则》（以下简称“施行细则”）作出了进一步规定（详见本章第二节）。

第六条，明确规定了登记的私有古物不得移转于外人，违者没收古物并罚款。“施行细则”还规定，“已经登记之私有古物如有移转或让与等行为为无效”。私有古物应登记而未登记，按其情节给予罚款，并责令古物所有人补行登记等。

古物私有者“移转”古物，应是古物所有人的改变，因此，应由古物原所有人会同取得人，向原主管官署声请移转登记，这既是取得合法地位，又使主管官署原有登记前后一致，有利于管理。“让与”古物亦同。

第七条，明确规定了埋藏于地下及由地下暴露地面之古物，概归国有。这是一条重要规定。它规定埋藏于地下，如古文化遗址、古墓葬、塔基地宫以及古物埋藏坑等地下埋藏的古物及暴露于地面的古物，都属于国家所有。国有古物（文物）是中华民族的重要文化财产。这种国有古物的所有权的取得，为原始取得，是由于一定的法规事实，法规确定了地下古物所有权法律关系的最初发生，不是古物所有人的变更或取代，因此，不依他人的权利为前提或依据。这是国有古物（文物）所有权取得的一种重要方式。

第二款规定了发现地下古物或暴露地面之古物的发现人向当地主管官署报告的义务。报告者有奖，不报告、隐匿者以盗窃论。这些规定基于地下古物归国家所有，不是某人的财物，发现了属于国家和全国人民所有的古物，应当向主管官署报告，尽一个公民保护古物的义务，应受到奖励；如隐匿不报，占为己有，则违反了法规规定，以盗窃论承担法律责任。

第八条，明确规定了发掘古物应由中央或地方政府直辖之学术机构进行。之所以如此，应基于地下埋藏古物或暴露地面之古物概归国有，应由政府所直辖学术机构发掘；发掘古物是一项专业性、学术性强，专业技术要求高的一种业务工作，应由学术机构进行；发掘古物归国有，应由中央或地方政府设立的学术机构在规定时间内保管发掘之古物。

第二款规定了前项学术机关发掘古物，应呈请中央古物保管委员会审核后转呈教育部内政部会同发给执照，始得进行，无此执照发掘古物以盗窃论。这一规定严格规范了中央或地方直辖学术机构发掘古物报、审、批程序，以保障古物发掘的严肃性、科学性和合法性，保障国有地下古物安全。

"施行细则"对学术机构呈请发掘古物声请书项目、发掘古物核定保存办法等作出规定。其中发掘古物声请书项目包括：古物种类、古物所在地、发掘时期、发掘古物之原因、学术机关之名称和预定发掘之计划等6项。

第九条，明确规定了中央古物保管委员会由行政院聘请古物专家和教育部、内政部、国立各博物院代表组成，以保障该委员会的权威性和代表性。中央古物保管委员会的组织条例另行制定。

第十条，明确规定了中央或地方政府直辖之学术机构在发掘古物时，有必要由外国学术团体或专门人才协助时，应事先呈请中央古物保管委员会核准。事涉主权和考古发掘、研究等权益，中方学术团体不得未经中央古物保管委员会核准，而擅自允许外国学术团体或专业人才参加协助。

"施行细则"进一步规定：凡外国人民无论用何种名义不得在中国境内采掘古物，但外国学术团体或私人对于中国学术机关发掘古物如有经济上之协助，该学术机关报告中央古物保管委员会核准后得承受之。

第十一条，明确规定了发掘古物工作应由中央古物保管委员会派员监察。应是以此措施，保障发掘古物工作的科学性和合法性。

"施行细则"规定，监察发掘古物人员应将发掘古物之数量、古物名称、发掘年月日、古物所在地、发掘古物现存何处和是否已发掘完毕等情况，列表呈报中央古物保管委员会备核。

第十二条，明确规定了发掘之古物，由发掘之学术机构呈经中央古物保管委员会核准，于一定时期内负责保存，以供学术上之研究。这一规定应是由于中央或地方直辖之学术机构，其职责是发掘古物，研究古物，并非古物保存处所，因此，在一定时期负责保存，以供研究，是符合该学术机构性质、任务的。

第十三条，明确规定了古物流通以国内为限。换言之，限制或禁止古物出境。这是中国古物免遭外流的重要规定。

同时，该条还规定，中央或地方政府直辖之学术机构因研究之必要，派员携往国外研究时，应经中央古物保管委员会核准，转请教育部、内政部会同发给出境护照。携往国外研究之古物，应是研究之必要，这应是审核的重点。如确属研究之必要，由两部会同签发古物出境护照。审核、会同签发古物出境护照，应是在制度设计上层层把关，以免古物外流。携往国外研究之古物，至迟须于两年内归还原保存处所。古物在国外时间超过两年，由于保存条件、研究人员变化等原因，会危及古物安全。只有时间限制对于古物安全运回国内，归还原保存处所有利。

第十三条还规定，古物流通以国内为限适用于应登记之私有古物。

“施行细则”规定，如擅自将古物输出国外，其情节系违反古物保存法第十三条之规定者，按其情节轻重，给予罚款处罚。

第十四条规定，古物保存法施行日期以命令定之。

第四节　古物保存法及其施行细则评析

民国十九年（1930年）国民政府公布的《古物保存法》，是民国时期制定、公布、实施的古物法规层级最高、内容丰富的一部综合性古物法规，确立了一系列保护古物的重要原则和措施，具有重要历史价值和意义，并产生了深远影响。这里仅谈以下几点：

（一）古物保存法是历史发展的成果。近代以来，清光绪三十二年（1906年）清政府设立民政部，拟订《保存古物推广办法》，通令各省执行。辛亥革命推翻清王朝，建立中华民国。

民国五年（1916年），内务部拟订、公布、实行《保存古物暂行办法》（以下简称“暂行办法”），民国十七年内政部公布《名胜古迹古物保存条例》（以下简称“名胜古迹条例”），它们对古迹古物的范围、种类和保护措施等都作出比较具体规定。

同时，当时主管古物保护的内务部，不断探讨、起草保存古物根本法规。在民国十六年（1927 年）八月，内务部致税务处公函中写道："曾经筹拟保存古物根本法规，迭因时局变迁，未能提出。嗣于十三年秋间，拟定保存法草案，由部提出，国务会议迄未议决公布实行。""其根本法应俟时局大定，当由本部依据十三年草案详为厘定，再行提交阁议议决，公布施行"[3]。

南京国民政府成立后，在内政部、教育部等努力下，在专家学者的大力促进下，国民政府在民国十九年（1930 年）六月七日公布《古物保存法》。

我国著名考古学家李济在《安阳发掘与中国古史问题》一文中写道："地下的古物应该完全归公的理论基础。就法律上说，这应该是一件顺理成章的事；但是热心把这件事促成的社会人士，却是不多。所以我们促请政府宣布古物国有的《古物保存法》是费了很多的时间，才达到这一目的的。"[4]

国民政府公布的《古物保存法》，是民国时期古物法规发展的结果，是社会历史发展的成果。

（二）层级最高的古物保护法规。之所以说《古物保存法》是层级最高的古物保护法规，一是由国民政府公布，二不是内务部或内政部、教育部等公布的保存古物法规，三是内政部、教育部及中央古物保管委员会等可根据《古物保存法》分别制定相关办法。

在此之前，内务部曾公布《保存古物暂行办法》，教育部曾公布《教育部历史博物馆规程》，交通部曾公布《交通部交通博物馆章程》，内政部公布《名胜古迹古物保存条例》等。它们的层级都低于《古物保存法》。

（三）《古物保存法》是一部综合性法规。它是民国以来制定、公布的第一部综合性古物保护法规。其内容比较全面，规定了古物范围，对古物保存处所、保存方法，对私有重要古物登记、应登记之私人重要古物不得移转外人，对地下古物概归国有，及采掘古物呈报、核准，采掘古物监察，采掘古物研究，对古物流通，对中央古物保管委员会职责等古物保护的主要方面都作出了规范。因此，它成为制定各相关法规规定的重要依据。

在《古物保存法》公布之后，行政院制定公布了《古物保存法施行细则》，对《古物保存法》中一系列重要规定进行细化，作出明确规定，如关于私有重要古物登记、保存等规定就达六条之多。采掘古物在细则中也是重点细化规定的方面，也有六条规定。就采掘古物方面的规定而言，对贯彻执行《古物保存法》关于采掘古物的规定无疑是有利的。

（四）确立地下古物与暴露地面之古物概归国有重要原则。在民国五年（1916年）内务部关于古物调查登记表之说明书中，提出古玩登记，“先就属于国有及公有者，次第填列”。民国十七年（1928年）内政部公布《名胜古迹古物保存条例》，所附调查表及填载例言中，要求“所有者栏内填载属于国有或公有……”总的来说，对国有古物没有作出明确的范围和种类的规定。

《古物保存法》明确规定：“埋藏地下及由地下暴露地面之古物概归国有。”这是民国法规第一次明确规定地下古物概归国有。凡埋藏于地下及由地下暴露地面的各种类古物都属于国家所有，这是法规确立的一项重大原则。这一重大原则的确立，不仅把埋藏于地下的古物都归国家所有，为国家和中华民族从法律上保存、保护了中华五千年文明所遗留于地下的文化财富，为国家发掘古物、进行研究，见证中华五千年文明史，向民众进行历史知识教育、文化传统教育等提供充足的物质材料。而且，根据《古物保存法》第一条规定：“本法所称古物指与考古学、历史学、古生物学及其他文化有关之一切古物而言。”仅与考古学有关之古物，就涉及古文化遗址、古墓葬、石窟寺、塔基地宫、古物埋藏坑等等，这些类别的不可移动古物依《古物保存法》之规定，应属于国有无疑，这也从法理上确立了考古发掘的呈报、审批、出土古物研究、保存等规定。

从地下古物概归国有，到不可移动古物之古文化遗址、古墓葬、石窟寺等归国家所有，从古物保护理论到保存保护法规基础的奠定，是历史的进步，具有重要历史价值，影响深远。

（五）私有重要古物登记原则确立。在《古物保存法》及其施行细则中，对私有重要古物登记作出了一系列规定。在此前的《保存古物暂行办法》和《名胜古迹古物保存条例》中，均未对私人所有重要古物作出详细规定，都是在调查登记表填载例言或说明中写道：属于私有者，应就及调查所及、酌量填载并注明所有者之姓名。显然不是要求私人古物所有者应进行登记。

在《古物保存法》及其施行细则中，对私有重要古物应进行登记进行了规定，从而确立了私有重要古物登记的法规原则。在“施行细则”中有六条关于私有重要古物登记的详细规定。这些规定如付诸实践，对私有重要古物保存、保护、管理应是积极的、有利的。同时，也应指出，未见中央古物保管委员会出台私有重要古物标准，一是只限于可移动古物还是应包括不可移动古物？二是当时地方主管官署有无这方面的组织和人员，三是私有重要古物登记还涉及民法上的问题，四是私有重要古物登记后的信息资料保密和安全问题。这些问题没有解决之前，私有重要古物登记会困难很多，难以落实。

（六）法定设立中央古物保管专门机构。《古物保存法》规定了设立中央古物保管委员会及其职责，“施行细则”进一步规定了中央古物保管委员会组成人员等。中央古物保管委员会的法定设立及其职责，是民国时期也是近代中国在国家层面依法设立的中央古物保管专门机构，对于《古物保存法》的贯彻实施，对于中国保存、保护古物将发挥重要作用，其历史也充分证明了这一点。

（七）法规用词和“古物”概念应用的时代特点。《古物保存法》等法规中应用“古物”概念，系指古代物质文化遗存，既包括可移动古物也包括不可移动古物，或者说包括古物和古迹。在法规中应用“古物”概念，是民国时期的时代特点。

在《古物保存法》中，用“采掘古物”一词以及它的内涵，也有其时代特点。但也有两处用“采取古物”一词，从字面理解，应用该词语重点在于获得古物，这一点或许反映了为重新认识、研究中国古代史寻找证据的思想。但前后用语不统一似不妥。

在《古物保存法施行细则》中，第八条用“发掘古物”、“发掘时期”、“发掘计划”等，即用“发掘”一词。在第十一条至第十三条又都用“采掘古物”。在同一部法规中，前后用词、用词语不统一，反映了法规规范、协调、统一方面的问题。

第五节 暂定古物范围及种类草案

民国十九年（1930 年）国民政府公布的《古物保存法》第一条规定：“前项古物之范围及种类由中央古物保管委员会定之。”民国二十四年（1935 年）五月三十一日，中央古物保管委员会致行政院呈，检送《暂定古物范围及种类草案》。根据《古物保存法》拟订的草案，“交由本会第五次常务会议，决定组织审查委员会，并推本会委员李济、叶恭绰、滕固、朱希祖、蒋复璁、黄文弼、董作宾等为审查委员，详加审核，作为暂定古物之范围及种类，另拟说明书一件，加以诠释。复经先后交由本会第二次全体会议及第八次常务会议修正通过。……备文呈送，复乞鉴核，俯赐公布施行。另附呈说明书一份，并祈察鉴。”[5]

中央古物保管委员会呈文，由该会常务委员会主席傅汝霖和常务委员滕固、李济、叶公绰、蒋复璁联署。现就《暂定古物范围及种类草案》及其说明书作一介绍，并作一些评析。

一　暂定古物范围及种类草案

中央古物保管委员会拟订的《暂定古物范围及种类草案》（以下简称“草案”）分为古物之范围与古物之种类两部分，其中古物之种类列有十二项。“草案”全文如下：

暂定古物范围及种类草案[6]

甲　古物之范围

一　本案所定范围，根据古物保存法第一条所称古物指与考古学、历史学、古生物学及其他文化有关之一切古物而言。

二　本会拟定之原则，以值得保存之古物为限，以下列三种标准定其范围：

（1）古物之时代久远者；

（2）古物之数量寡少者；

（3）古物本身有科学的、历史的或艺术的价值者。

乙　古物之种类

一　古生物　包括古动植物之遗迹、遗骸及化石等。

二　史前遗物　包括史前人类之遗迹、遗物及遗骸等。

三　建筑　包括城廓、关塞、宫殿、衙署、学校、第宅、园林、寺塔、祠庙、陵墓、桥梁、堤闸及一切遗址等。

四　绘画　包括前代画家之各种作品，以及宫殿、寺庙、冢墓之壁画与美术之绣绘、织绘、漆绘等。

五　雕塑　包括一切建筑之雕刻及宗教的礼俗的雕像塑像与施于金石竹木骨角齿牙陶匏之美术雕刻等。

六　铭刻　包括甲骨刻辞及金石竹木砖瓦之铭记、玺印符契书版之雕刻等。

七　图书　包括简牍图籍、档案、契卷以及金石拓本、法书墨迹等。

八　货币　包括古贝以及金属之刀布钱锭、纸属之交钞票券及其他交易媒介物等。

九　舆服　包括车舆、船舰、马具、冠帽、衣裳、舄履带、佩饰物及织物等。

十　兵器　包括攻击、防御及刑法等器。

十一　器具　包括礼器、乐器、农具、工具以及测验之仪器，范物之模型，日用饮食之器，宗教之法器，随葬之物品、文具、奁具、玩具、剧具、博具等。

十二　杂物　凡不列以上各类之古物皆属之。

二　“草案”说明书内容

中央古物保管委员会致行政院呈附“草案”说明书一件。说明书内容亦分为两部分，即古物之范围和古物之种类。现将其主要内容作些介绍。

（一）古物之范围

在古物之范围部分，首先就古物二字之意义作了说明，其中写道：吾国以三十年为一世，十世相传为之古，“则三百年以上方谓之古，是三百年以上之天然物、人造物，皆可谓之古物，此就字义而言，尚未可遽以定范围也。”也就说，不能简单地以年代定古物的范围，这一点很重要。为此，提出确定古物之范围的三项标准。

根据《古物保存法》第一条规定，“亦包括天然物、人造物之一切古物，而稍加限制，然其范围亦至难确定”。“本会规定之原则，谓本案所指古物依照古物保存法第一条所言，以值得保存者为限，其范围以下列三种标准定之”，后又经修订为：

（1）古物之时代久远者；

（2）古物之数量寡少者；

（3）古物本身有科学的、历史的、艺术的价值者。原为“古物本身之艺术价值”。

说明书在阐述中指出，“又如元明普通画家之作品，反不如清代四王恽吴之可贵，以其艺术精也。故三种标准，不可缺一。虽然尚有历史的科学的二种物品，亦有保存之价值者。如清初后金国汗皇父摄政王之衔名，近代袁世凯盗国，张勋复辟之证据，自文书案卷以及物品题识，其类甚多，此皆历史上有价值之物也。……全国衣服器具中集一类之全部样式，既费搜集访求之力，又加部勒比较之功，此皆科学上有价值之物也。以上二类，以言乎时代，则未必久，以言乎数量，则未必皆少，以言乎艺术，则未必皆精（其中当然有一部分较少较精者）”。因此原定三项标准之第三项作出了修正。

说明书对保存与保管作出释义。“保存与保管，意义略有不同，一切古物，皆应保存，故当规定范围，略陈种类，使国人加意爱惜，毋使自然消灭，任意毁弃。……故古物保存之范围，不妨稍广，保管则政府独负其责任，须有实力以强制之。如指定地下古物之为国有，不许中外人民之任意发掘，限制古物不许任意流出于国外。又如规定古物中之有国宝价值者，若为官物，则设国立与地方官立之博物馆、美术馆、图书馆及古物保存处所等，以为保管；若为私物，一经品定为国宝，亦有借列于上列诸馆之义务，且绝对不许流出于国外，是故古物保管之范围，不应泛指一切保存古物而言，应就古物中之有国宝价值而言，国宝之标准，有必不可少之条件二：一可为历史之要证者，一可为艺术之代表者。然须临时由各项专家品定后再由古物保管委员会指定机关保管之。”

古物之范围，是以保存为出发点的范围，以古物保存法第一条规定的范围，再加上三项标准，即“草案”规定的保存古物范围。

（二）　古物之种类

在古物之种类部分，说明书写道：“古物之种类繁多，不胜枚举，本案以概括法定为十二种类。”“凡法令之属，有列举与概括二法，吾国古代法律，为列举法……然条文之繁，尚多遗漏，不胜其弊。其后法律进步，乃改为概括法，至多不过数百条，所谓执简以御繁也。……其实概括范围愈广，列举则反多漏略。本案为法令之属，故用概括法。”以此概括法列出十二种类。

说明书特别指出：“古生物一类，有人以为宜提出独立才属于古物保管范围之内，此亦甚有理由，然现行法令中之古物保存法，有古物一条，今法令未改，姑列于此，他日如有修改法令时，去此一条，则此第一项古生物一类削去可也。”这一认识是科学的，是学科界定上的进步。

三　“草案”及其说明书评析

中央古物保管委员会制定《暂定古物范围及种类草案》，是贯彻《古物保存法》规定的重要措施，也是完善《古物保存法》配套法规的重要组成部分。该“草案”的拟定和审查，中央古物保管委员会十分重视，一大批委员和著名专家学者参加了这项工作，取得了重要成果。“草案”及其说明书内容丰富，提出了一些重要原则、标准和概念，如确定古物之范围三项标准、界定古物保存与保管、提出古物国宝概念等。这些都充分说明古物保护理论和古物法规的发展与进步。

（一）古物范围之三项标准

在古物范围三项标准中，第三项为“古物本身有科学的、历史的或艺术的价值者”。正由于有这一项标准，有些并非年代久远、数量寡少的“古物”，根据这项标准仍应确定为“古物”，如“草案”说明书中阐释的“近代袁世凯盗国，张勋复辟之证据，自文书案卷以及物品题识，其类甚多，此皆历史上有价值之物也。……全国衣服器具中集一类之全部样式，既费搜集访求之力，又加部勒比较之功，此皆科学上有价值之物也。以上二类，以言乎时代，则未必久，以言乎数量，则未必皆少，以言乎艺术，则未必皆精”，据古物范围之第三项标准，均应当保存。这一说明和标准，已打破了字面上“三百年以上方谓之古”的释义。也就是说，如以“三百年以上方谓之古”，古物保存的范围只有明朝（含明朝）以前的古物，把清朝古物都排除在外了，更不用说近代的遗物了！

“草案”说明书中的阐释和古物范围第三项标准的修正，即由原来拟定的“古物本身之艺术价值”，修正为“古物本身有科学的、历史的艺术的价值者”，不仅把清朝古物、甚至近代（民国之当代）遗物也包括在古物范围之内。这一修正的重大价值和意义还在于，打破了以年代久远、数量寡少和仅从艺术价值上认定古物之范围；加上了历史价值和科学价值，连同原有的艺术价值，古物应具有的三大价值就更加完整和系统化。就当时的观念而言，古物范围第三项标准，不仅把清朝古物纳入古物保存、保护范围，特别是把近代重要遗迹遗物纳入保存、保护范围，是保护理念上的重要突破，是一种进步，在法规上开辟了进一步保存、保护近代遗迹遗物的先河。

（二）古物保存与保管和“国宝”古物

在“草案”说明书中，对古物保存与保管作出释义。就保存而言，一切古物均应保存。这一点十分重要，在古物保护实践中，不致因对古物价值认识不同而放弃保存，那会带来意想不到的严重后果，而无法弥补。就保管而言，说明书中称“保管则政府独负其责任”。“政府独负其责任”似有商榷之处，如私有古物，主要应由古物私有者保管，政府可给予帮助，在《古物保存法》等法规中已有这方面的规定，说明书中例举的保管内容，准确地讲应是管理，换言之，对古物保存、保管、维修、发掘、出口等的行政管理，是政府依法应负的责任。

“国宝”古物是“草案”说明书中提出的一个概念，并对“国宝”古物的标准和认定作了概括说明。在民国古物法规中，未对“国宝”古物作出规定。但“草案”说明书中提出“国宝”古物概念、标准、认定和保管等一套办法，值得重视，有重要历史价值。

（三）　古生物一类拟删去

在“草案”说明书中，对古生物归为天然物，即自然物一类，列入古物范围有人提出意见，认为“甚有理由”，提出他日修改古物法令时删去古生物。这一见解是正确的、科学的，意见是合理的。这一认识对古物保护而言是一个进步。古生物不是人类创造、制作的古物，是自然遗物，不属于人类创造的文化遗迹遗物，不应笼统列入古物法规。但进一步讲，古生物中即古动植物遗迹遗骸及化石，也应加以区别，其中第四纪以来的古人类化石和古脊椎动物化石，如古猿化石、古人类化石及其与人类活动有关的第四纪古脊椎动物化石，则应列入古物保护法规之中，认真做好保存、保护工作。这样区别对待，符合科学要求和做法，以增强古物法规的科学性。

（四）　古物的种类

“草案”将古物种类列为十二类，在说明书中说明这是采取“概括法”确定的。民国五年（1916 年）内务部公布的《保存古物暂行办法》中将古物分为五类。民国十七年（1928 年）内政部公布的《名胜古迹古物保存条例》中将名胜古迹列为三类，古物列为十类。可以说两法都是应用“概括法”对古物进行归类，但都以不可动与可动为标准区分古物并进行归类。

“草案”应用“概括法”对古物归类时，是把不可动和可动古物交叉分类（归类），似有不妥之处，值得商榷。如建筑物中有宫殿、寺塔、祠庙、陵墓等不可移动古物。这些古迹每一种都是由若干单元和要素构成，其中包括又列入绘画类的宫殿、寺庙、陵墓之壁画。这些壁画是绘画作品，但它已是该建筑物的组成部分，不可分离，不宜单独列出。又如在雕刻类中把建筑物之雕刻等与金石竹木骨角等雕刻列为一类，也不妥。这些雕刻等是建筑物的构件，或是建筑物的有关组成部分，是建筑物之建筑艺术或建筑美学的组成部分，不宜单独列出。这类建筑壁画和雕刻不应脱离它依附的建筑物本体和原址及其环境，其价值才不致受到影响。上述的交叉分类，即对古物进行归类，在分类中显得有关古物种类不够清晰，影响其科学性和价值，而且还会造成一些不必要的问题。出现这种情况，应是“古物学”分类方法发展中的问题。

注释

[1]中国第二历史档案馆编：《中华民国史档案资料汇编》，第五辑，第一编文化（二），凤凰出版社，1994年6月第1版，2010年6月第2次印刷。

[2]中国第二历史档案馆编：《中华民国史档案资料汇编》，第五辑，第一编文化（二），凤凰出版社，1994年6月第1版，2010年6月第2次印刷。

[3]中国第二历史档案馆编：《中华民国史档案资料汇编》，第三辑文化，凤凰出版社，1991年6月第1版，2011年3月第3次印刷。

[4]李济：《安阳发掘与中国古史问题》，《史语所集刊》，1968年。

[5]中国第二历史档案馆编：《中华民国史档案资料汇编》，第五辑，第一编文化（二），凤凰出版社，1994年6月第1版，2010年6月第2次印刷。

[6]中国第二历史档案馆编：《中华民国史档案资料汇编》，第五辑，第一编文化（二），凤凰出版社，1994年6月第1版，2010年6月第2次印刷。

第三章 中央古物保管委员会及其职责

第一节 古物保管委员会概述

中央古物保管委员会是直隶于行政院之计划全国古物古迹保管、研究及发掘等事项的专门机构。

古物保管委员会成立于民国十七年（1928 年）三月，当时是大学院古物保管委员会，是中华民国大学院专门委员会之一，专门负责计划全国古物古迹保管、研究及发掘等事宜。根据大学院古物保管委员会组织条例，设委员、主任委员、事务员，常务委员五至七人，委员由大学院院长函聘。为工作方便各省设委员会分会，为研究便利起见，延聘专家设分组委员会。

根据古物保管委员会组织条例规定，委员会设委员十一人至二十人。但在公布条例时同时公布的委员名单，则是二十二人，他们是：张继、高鲁、顾颉刚、蔡元培、徐炳昶、马衡、张静江、林风眠、刘复、易培基、易韦齐、袁复礼、胡适、傅斯年、翁文灏、李四光、沈兼士、徐悲鸿、李宗侗、陈寅恪、李石曾、朱家骅[1]，张继为主任委员。

1929 年 3 月，大学院制结束后，古物保管委员会改隶教育部。

民国十九年（1930 年）公布了《古物保存法》，对中央古物保管委员会设立及职责作出明确规定。

民国二十一年（1932 年）六月十八日，行政院公布了《中央古物保管委员会组织条例》，明确规定了它的隶属关系、职权范围、工作内容、人员编制等，确认该委员会按照《古物保存法》规定行使职权。

民国二十二年（1933 年）一月十日，行政院第八十二次会议决案：聘任张继、戴传贤、蔡元培、吴敬垣、李煜瀛、张仁杰、陈寅恪、翁文灏、李济、袁复礼、马衡，内政、教育两部各派代表二人，国立各研究院、国立各博物院各派代

表一人，会同组织中央古物保管委员会[2]。

中央古物保管委员会民国二十三年（1934年）十二月八日工作纲要称："为统筹保管计，故有中央古物保管委员会之设立，并由行政院延聘李济、叶恭绰、黄文弼、傅斯年、朱希祖、蒋复璁、董作宾、滕固、舒楚石、傅汝霖、卢锡荣、马衡、徐炳昶等为委员，并指定傅汝霖、滕固、李济、叶恭绰、蒋复璁为常务委员，以傅汝霖为主席，于本年七月十二日在行政院开成立大会，旋奉国府颁发铜质关防一颗，文曰：中央古物保管委员会，遵即启用，并择定内政部内后防为会址，分别呈报分行在案。"[3]

据上述工作纲要记载，中央古物保管委员会于民国二十三年（1934年）七月十二日在行政院正式成立。由中央古物保管委员会常务委员会主席傅汝霖、常务委员滕固、李济、叶恭绰、蒋复璁联署的工作纲要列出十项重要工作，为本会工作之纲要：

"（一）对于已设立之合法保管机关，督促其保管方法之完整与改善；

（二）对于未经政府保管之古迹古物，须协同地方政府加以保护与修整；

（三）对于学术机关之呈请采掘，分别准驳，而予以相当之援助与取缔；

（四）对于奸商地痞之私掘，予以严厉之制裁；

（五）保护私家所藏古物，就其重要者作精密之调查与登记；

（六）各地方新发现之古物，经本会检定价值后，决定其保管机关；

（七）凡关于地方之古迹古物，责成地方政府负责保护；

（八）有关学术文化之古物，由本会斟酌核拨中央各文化学术机关，以供研讨；

（九）对于其他已发现之古物古迹，皆予以登记，并妥筹保管方法；

（十）对于未出土古物之发掘，严密监督。"

中央古物保管委员会工作纲要最后指出："以上十端，为本会工作之纲要，惟保存古物意义至为重大，关于历史学术之研讨，艺术工业之改进，均有密切关系。本会同人兢业将事，时恐弗胜，至希各部会、各省市政府、各军事机关、各大学校、各公私学术团体，对于中央公布之古物保存法及施行细则，通饬所属，均实奉行；倘有对于古物保存方法有专门研究，审核古物有确切鉴定者，尤盼各抒伟见，共勷盛举，是于文化复兴，用资禅益，历史精神，有所凭依，发扬民族之意识，增进教育之美化，庶无负政府专设中央古物保管委员会至意也。"强调了完成工作纲要所列十项工作，须本会同人兢业将事，同时至希各方面贯彻执行古物保存法及施行细则，保护古迹古物的重大意义与作用。

民国二十三年（1934 年）十二月，中央古物保管委员会制定了《中央古物保管委员会各地办事处暂行组织通则》，民国二十四年（1935 年）二月作为呈奉国府令准备案，共十二条。

中央古物保管委员会于民国二十三年（1934 年）十二月二十日，致函北平古物保管委员会，将其改组为北平办事处。中央古物保管委员会在西安、洛阳也设有办事处。

同时，中央古物保管委员会于民国二十三年（1934 年）十一月，制定了《中央古物保管委员会办事规则》，作为呈奉国府令准备案，规则共三十条；还制定了《中央古物保管委员会会议规则》，共十五条，以加强中央古物保管委员会工作制度建设。

民国二十六年（1937 年）十月二十九日，国民政府指令第二一七九号，令行政院："二十六年七月二十七日第二五八四号呈一件。为据内政部呈报，中央古物保管委员会暂行结束，所有事务饬由该部礼俗司兼办各缘由。除令准备案外，转请鉴核备案由。""呈悉。准予备案。"[4]

正值中央古物保管委员会各项工作有序进行，取得重要进展时，1937 年 7 月 7 日，日本帝国主义发动了全面侵华战争，全国进入全面抗战，形势发生了巨大变化。内政部呈称："案据中央古物保管委员会二十六年七月十五日呈，略以'先后奉发国难时期各项支出紧缩办法及实施条款，……经提出本会第二十五次常务会议讨论，佥以内务费各单位紧缩成数清单内本会本年度岁出经常费，已奉核定自九月份起停发，奉给办公等费既已无从开支，一切事务，势难照常进行。但本会所司古物保管事宜，属于全国，虽在非常时期，仍须积极督促尽力推进，未便稍任停顿。讨论再三，所有本会事务，拟请由钧部饬交礼俗司暂行兼办，俾本会暂为结束，俟届相当时期，再行恢复工作，庶于政令事实，两无窒碍，所属职员，除驻平人员应另案办理外，均拟着即留资停奉，经议决通过纪录在案。'"[5]行政院院长蒋中正于民国二十六年七月二十七日批准内政部呈报。中央古物保管委员会裁撤的原因是日本侵华战争，以及国民政府财政困难。在当时应是必要的措施，但对我国古迹古物保护工作是一个重大损失。

综上所述，中央古物保管委员会是民国时期国家保护管理古迹古物工作的专门机构，在几年时间里，他们在组织机构建设、古物法规建设、依法保存、保护、管理古迹古物等方面，做了大量工作，取得了重要成绩。其中不少工作具有开创性和重要价值，丰富和发展了古迹古物保护理论和古物法规，在古物古迹保护中发挥了重要作用，影响深远。中央古物保管委员会以自己卓有成效的工作和重要业绩，在民国古迹古物保护历史上确立了自己的重要历史地位。历史经验充分证明，在国家层面设立保护管理文物的专门机构，是保护中华民族历史遗产至关重要的组织保障。

第二节　公布中央古物保管委员会组织条例

《古物保存法》第九条明确规定："中央古物保管委员会由行政院聘请古物专家六人至十一人，教育部、内政部代表各二人，国立各研究院、国立各博物院代表各一人为委员组织之。"为了加强中央古物保管委员会组织建设，使其更好地履行法定职责，于民国二十一年（1932 年）六月十八日，公布了中央古物保管委员会组织条例，自公布之日施行。

《中央古物保管委员会组织条例》（以下简称"保管委员会条例"），对中央古物保管委员会隶属于行政院，计划全国古物古迹之保管、研究及发掘事宜作出了明确规定，同时规定了常务委员和主席指定、内设文书科、审核科和登记科及其职责，专家及其他人员延聘等事项。民国二十四年（1935 年）立法院院会对中央古物保管委员会组织条例进行修正。

一　中央古物保管委员会组织条例[6]

第一条　本条例依古物保存法第九条第二项制定之。

第二条　中央古物保管委员会直隶于行政院，计划全国古物古迹之保管、研究及发掘事宜。

第三条　中央古物保管委员会依古物保存法第九条第一项之规定组织之，就委员中指定常务委员五人，以一人为主席。

本会事务之处理以主席及全体常务委员名义行之。

第四条　中央古物保管委员会置左列各科：

一　文书科

二　审核科

三　登记科

第五条　文书科之职掌如左：

一　关于文书撰拟、收发及保管事项；

二　关于典守印信事项；

三　关于本会庶务及会计事项；

四　关于本会会议事项；

五　不属于其他各科事项。

第六条　审核科之职掌如左：

一　关于古物调查、鉴定及保管事项；

二　关于古物陈列、展览事项；

三　关于古物摄影、传播事项；

四　关于古物发掘及审核事项。

第七条　登记科之职掌如左：

一　关于古物登记事项；

二　关于古物编号、公告事项；

三　关于登记簿册之保管事项。

第八条　中央古物保管委员会应将所办事项编制报告统计，每年公告一次。

第九条　中央古物保管委员会设科长三人，荐任，承主席及常务委员之命，分掌各科事务。

第十条　中央古物保管委员会设科员八人至十二人，委任，承长官之命，佐理各科事务。

第十一条　中央古物保管委员会因学术上之必要，得延聘国内外专家为顾问。

第十二条　中央古物保管委员会因缮写文件及其他事务，得酌用雇员。

第十三条　中央古物保管委员会之会议规则及办事规则，由行政院定之。

第十四条　本条例自公布日施行。

二　修正中央古物保管委员会组织条例

立法院院会修正中央古物保管委员会组织条例，全文如下：

现在修正中央古物保管委员会组织条例如左[7]

第一条　中央古物保管委员会隶属于内政部依古物保存法之规定行使其职权

第二条　中央古物保管委员会以内政部常务次长为主席委员并由内政部聘请古物专家四人至七人教育部内政部代表各二人国立中央研究院国立北平研究院代表各一人为委员组织之就委员中指定常务委员四人主席委员为當然常务委员中央古物保管委员会事务之处理以全体常务委员名义行之

第三条　中央古物保管委员会于必要时得分科办事

第四条　中央古物保管委员会设科员及办事员共六人至十二人承主席委员及常务委员之命办理本会事务

第五条　中央古物保管委员会因学术上之必要得延聘专家为顾问

第六条　中央古物保管委员会因缮写文件及其他事务得酌用雇员

第七条　中央古物保管委员会之会议规则及办事规则由内政部定之

第八条　本条例自公布日施行

修正中央古物保管委员会组织条例，于民国二十四年（1935 年）十一月九日公布。

三　简单评析

民国二十一年（1932 年）公布的《中央古物保管委员会组织条例》，是该机构的组织法规。在第二条明确规定中央古物保管委员会直隶于行政院，换言之，该委员会是行政院保护管理全国古物古迹和发掘等事宜的专门机构，规格高，位置重要，反映了古物保管工作的重要地位和价值与积极意义。

第二条还规定该委员会职责为“计划全国古物古迹之保管、研究及发掘事宜”。这是对该委员会职责的高度概括。在该条例第六条审核科职掌事项和第七条登记科职掌事项都详细列出各自职责事项，既是对《古物保存法》规定的中央古物保管委员会职责的细化，也是对该条例第二条规定的中央古物保管委员会职责的细化。

在《古物保存法》中，还规定中央古物保管委员会应制定古物范围及种类，制定私有重要古物标准等，应是中央古物保管委员会的重要职责之一。它们的制定、公布，会对贯彻《古物保存法》具有重要作用。

“保管委员会条例”对中央古物保管委员会常务委员、主席委员设立作出规定。保管委员会的工作以主席委员和常务委员名义进行，反映了委员会行事原则和特点。同时，重视古物保管、研究等学术问题，因学术上之必要，保管委员会应聘请国内外专家为顾问。

《古物保存法》及其施行细则和“保管委员会条例”等对中央古物保管委员会性质、任务或职责、组成人员特别是委员组成、聘请顾问等的一系列规定，充分说明该委员会是一个肩负着保存、保管、研究、介绍（宣传）我国古物古迹重要使命的，政策性、专业性很强的专业机构，任重道远。

立法院院令修正的“保管委员会条例”，重要修正是将中央古物保管委员会直隶于行政院修正为“隶属于内政部”。这应是将其规格降低，对中央古物保管委员会行使职权，履行职责，会产生一定影响。

第三节　中央古物保管委员会办事规则与会议规则

中央古物保管委员会组织条例第十三条规定，该委员会办事规则和会议规则由行政院制定。民国二十三年（1934 年）十一月，《中央古物保管委员会办事规则》呈奉国府令准备案，共三十条。

一　办事规则

中央古物保管委员会办事规则[8]

第一条　本规则依中央古物保管委员会组织条例第十三条之规定制定之

第二条　本会处理事务除组织条例已有规定外悉依本规则之规定

第三条　本会主席及常务委员处理日常事务并于每次全体会议时提出会务报告

遇有紧急事项发生不及召集常务会议时得由主席先行处理于下次常务会议时提请追认

第四条　本会对外文件以主席及全体常务委员名义行之对内文件以主席名义行之

第五条　本会职员应依本会组织条例承主席及常务委员之命分别处理职掌内所管事务

第六条　各科科长就其主管事务对于所属职务有指挥监督之责

第七条　各科工作分配由各科科长自行拟定并呈报主席及常务委员

第八条　本会职员承办事件应随到随办其紧急者尤应提前办理不得延搁但有特殊情形不能即办经主席或常务委员许可者不在此限

第九条　本会职员对于承办或与闻事件于未经公布以前应严守秘密不得泄露

第十条　每日收到文件由文书科收发员拆封摘由编号登簿注明文到时日并按其性质分送各科拟办

第十一条　各科收到文件应即由承办人员拟具文稿由主管人员分别核签呈送主席及常务委员判行

文稿涉及二科以上者由主管科长会同核签

第十二条　承办文件如有疑难须请示者应签注意见或面请主席及常务委员核示其有认为应行存查者应于拟办栏内注明送请主席及常务委员核示

第十三条　凡来文直书主席或委员姓名以及封面有秘密或亲启字样者均应送交收件人拆阅如系对于本会密件应送由主席亲拆

第十四条　文稿经主席及常务委员判行即时发付缮写校对送印并由文书科收发员摘由编号登记发文簿发出将原稿连同来文归档但机要文件只须注明某某机关密件字样无须摘由

第十五条　凡遇紧急待发之文件经主管科长核定后得先付缮写同时将稿件及正文送请主席及常务委员判行如主席或常务委员未及判行者得由主席标明先发字样即行签印发出俟发出后再分别送请补判

第十六条　各科应归档文件一律由文书科保管如须调阅时应用调卷证调取

第十七条　本会一切经费由文书科按月编造支付预算书呈由主席及常务委员核定后领款备用

第十八条　本会出纳款项由会计员呈明文书科科长查核后收支之并按日将收支概况列表呈由科长转呈主席常务委员核阅

第十九条　本会各职员俸给旅费由文书科会计员按月造具俸薪表勤务由庶务员造具工饷表呈由文书科科长转呈主席及常务委员核准支发

第二十条　本会出纳账目每月结算一次呈主席及常务委员核阅

第二十一条　本会一切用品由庶务员呈明文书科科长查核后购办之如购置非常用物品时应呈经主席批交办理

第二十二条　庶务员经办物品须逐日登入物品登记簿并将单据汇呈文书科科长查核后移送会计员登账

（少二十三条）

第二十四条　文书科应备领物簿分送各科凡职员领用物品时须于簿内填明种类数目盖章由科长加盖名章方可领用其领物单应由庶务员登入登记簿并呈科长核阅后保存备查

第二十五条　本会器具公物由庶务员登记总簿编号保管

第二十六条　本会职员应规定时间到会离会不得迟到早退

第二十七条　办公时间不得接见宾客但因公接洽者不在此限

第二十八条　本会各职员之勤惰由主席及常务委员随时考核报告常务会议分别奖惩之

第二十九条　本规则如有未尽事宜得随时修正之

第三十条　本规则自行政院会议通过之日施行

二　会议规则

民国二十三年（1934 年）十一月，《中央古物保管委员会会议规则》呈奉国府令准备案，共十五条。

中央古物保管委员会会议规则[9]

第一条　本规则依中央古物保管委员会组织条例第十三条之规定制定之

第二条　本会会议分为常务会议及全体会议两种常务会议每月举行一次全体会议每半年举行一次于必要时均得召开临时会议

第三条　常务会议由主席召集全体会议由主席及常务委员召集临时会议则由主席或委员三人以上之提议召集之

第四条　常务会议须有常务委员过半数之出席全体会议须有全体委员过半数之出席方得开会

第五条　常务会议开会时各委员均得列席

第六条　本会开会时各委员如因故不能出席时须向主席请假

第五条　各地办事处设科员二人至四人，主任呈报本会派充，承主任之命，办理文书、调查、登记等事项。

第六条　各地办事处每月应将办理事项及拟办计划呈报本会，其重要事项应随时向本会请示办理。

第七条　各地办事处经费由本会核定，按月支给之。

第八条　各地办事处因学术上或事实上之需要，得酌聘本地专家为顾问或通讯员，并呈报本会备案。

第九条　各地办事处如因工作繁重，得随时酌雇员工，惟不得超出每月预算之外。

第十条　各地办事处办事细则另订之。

第十一条　本通则如有未尽事宜，得随时修正之。

第十二条　本通则自呈准行政院之日施行。

二　办事处办事细则

民国二十四年（1935 年）二月呈奉国府令准备案《中央古物保管委员会各地办事处办事细则》，共十四条，全文如下：

中央古物保管委员会各地办事处办事细则[11]

第一条　本细则依中央古物保管委员会各地办事处组织通则第十条制定之

第二条　办事处事务之处理除组织通则已有规定者外悉依本细则之规定

第三条　办事处职员之任免均由本会行之

第四条　关于日常事务办事处得以主任名义对外行文但重要事务须呈由本会行之

第五条　办事处之职员应遵从主任之命分别处理职掌内所管职务

第六条　办事处职员所办事件应随到随办不得延搁但有特殊情形不能即办经主任许可者不在此限

第七条　办事处职员对于承办事件或与闻事件于未经公布以前应严守秘密

第八条　办事处一切经费由主任按月编造支付预算书呈由本会核定后动用

第九条　办事处出纳账目应于每日结算一次每月月底总结一次呈报本会

第十条　办事处职员应按规定时间到处离处不得迟到早退

第十一条　办公时间不得延见宾客但因公接洽者不在此限

第十二条　办事处各职员之勤惰由主任随时考核呈报本会分别奖惩之

第十三条　本规则如有未尽事宜得由本会随时修正之

第十四条　本规则自公布之日施行

三　西安办事处整修碑林

民国二十四年（1935 年）二月“呈奉国府令准备案”中央古物保管委员会各地办事处暂行组织通则和办事细则，因情况变化，无论是否呈准，实际上曾设有中央古物保管委员会北平分会，主任委员马衡；天津支会，主任委员严智开。西安办事处设立后，重点整修了西安碑林。

西安办事处。它是中央古物保管委员会直接领导的机构。黄文弼为主任，该会拨款 5 万元，陕西省政府捐资 2 万元，对碑林进行了整修和调整。为了保证工程进度和质量，还成立了监修委员会，张继为会长，另设顾问。整修工程开工时，杨森题了“奠基”二字，邵力子题词。这一次对碑林进行了全面整修，建立了一座陈列室，修建了走廊，调整了陈列，修筑了围墙。整修工程竣工后，于右任题名“西京碑林”。经过这一次整修，西安碑林的规模基本形成[12]。

四　简单评析

中央古物保管委员会为了进一步推动各地古物保管工作，拟在一些重点地区设立办事处，有些地方已经设立。从分支机构架构来讲，会对古物保管有较大推动，所拟定的办事处组织通则和办事细则，对加强这些机构组织建设和工作制度建设都十分重要。中央古物保管委员会要做好全国古物保存、保护工作，主要依靠政府及其主管部门推动，各地政府尽力履行保管职责，同时，中央古物保管委员会在重点地区设立直属的办事处，对推动古物保管工作，协同地方政府共同努力，应会收到更好的效果，历史也证明了这一点。

注释

［1］中国第二历史档案馆编：《中华民国史档案资料汇编》，第五辑，第一编文化（二），凤凰出版社，1994 年 6 月第 1 版，2010 年 6 月第 2 次印刷。

［2］中国第二历史档案馆编：《中华民国史档案资料汇编》，第五辑，第一编文化（二），

凤凰出版社，1994年6月第1版，2010年6月第2次印刷。

[3]中国第二历史档案馆编：《中华民国史档案资料汇编》，第五辑，第一编文化（二），凤凰出版社，1994年6月第1版，2010年6月第2次印刷。

[4]中国第二历史档案馆编：《中华民国史档案资料汇编》，第五辑，第一编文化（二），凤凰出版社，1994年6月第1版，2010年6月第2次印刷。

[5]中国第二历史档案馆编：《中华民国史档案资料汇编》，第五辑，第一编文化（二），凤凰出版社，1994年6月第1版，2010年6月第2次印刷。

[6]中国第二历史档案馆编：《中华民国史档案资料汇编》，第五辑，第一编文化（二），凤凰出版社，1994年6月第1版，2010年6月第2次印刷。

[7]原文无标点。载卫聚贤著：《中国考古学史》，商务印书馆1937年第1版，1998年4月影印第1版，同年4月北京第1次印刷。

[8]原文无标点。载卫聚贤著：《中国考古学史》，商务印书馆1937年第1版，1998年4月影印第1版，同年4月北京第1次印刷。

[9]原文无标点。载卫聚贤著：《中国考古学史》，商务印书馆1937年第1版，1998年4月影印第1版，同年4月北京第1次印刷。

[10]中国第二历史档案馆编：《中华民国史档案资料汇编》，第五辑，第一编文化（二），凤凰出版社，1994年6月第1版，2010年6月第2次印刷。

[11]原文无标点。载卫聚贤著《中国考古学史》，商务印书馆，1937年第1版，1998年4月影印第1版，同年4月北京第1次印刷。

[12]李晓东著：《中国文物学概论》，河北人民出版社，1990年2月第1版，1993年9月第2次印刷。

第四章　采掘古物规定

第一节　公布采掘古物规则

民国二十四年（1935 年）三月十六日，行政院公布了《采掘古物规则》。它是根据《古物保存法》及其施行细则规定制定公布的。《古物保存法施行细则》第十八条规定：“关于古物之登记保护奖励采掘各规则……由中央古物保管委员会定之。”采掘古物规则共十三条。同时，附有“采取古物声请表格式”和“采掘古物监察事项表格式”等。全文如下：

采掘古物规则[1]

第一条　本规则依古物保存法施行细则第十八条之规定制定之。

第二条　采掘古物，以中央或省市直辖之学术机关为限（以下简称学术机关）。

第三条　凡学术机关，欲采掘古物以供学术上之研究时，须填具采取古物声请事项表，向中央古物保管委员会声请核准备案，转请内政、教育两部会同发给采取执照后行之。

前项采取古物声请事项表，经中央古物保管委员会制定格式，由声请机关请领填用。

第四条　凡学术机关声请发给采取执照时，须缴纳执照及印花税费各二元，由中央古物保管委员会转送内政、教育两部，以凭发给执照。

第五条　凡采掘古物时，由中央古物保管委员会派员监察，其旅费由该声请采掘古物之学术机关供给之。

第六条　外国学术团体或私人，对于中国学术机关发掘古物，如有特殊之协助，由中国学术机关报告中央古物保管委员会核准后始得参加工作。

第七条 凡中央或省市直辖学术机关采掘古物，于领到执照出发时，须具备公文，通知当地政府。

第八条 采掘古物地方，如系公有者，须取得该管官署之许可，或管有者之同意，如系私人所有地，须会同当地官署酌给相当代价或依据土地征收法办理之。

第九条 在左列各地域内，不得采掘古物：

一 于炮台、要塞、军港、军用局厂及其有关地点，曾经圈禁未经该管官署准许者。

二 距国有公有建筑物、国葬地、铁路、公路及紧要水利等地界十五公尺以内，未经该管官署许可或管有者同意者。

第十条 采掘古物，不得损毁古代建筑物、雕刻塑像碑及其他附属地面上之古物遗迹或减少其价值。

第十一条 有左列各款情事之一时，中央古物保管委员会得命令其暂停工作或函请内政教育两部撤销其采掘执照。

一 自核准之日起，六个月以内不开工时。

二 有外国学术团体或私人参加，未经呈报核准时。

第十二条 本规则如有未尽事宜，由中央古物保管委员会呈请，行政院修正之。

第十三条 本规则自公布之日施行。

采掘古物声请事项表格式

机关名称		所在地址	
中央或省市直辖		负责人姓名	
率领采掘人姓名及履历		团员人数姓名及其履历	
古物采掘所在地及范围		古物种类	
采掘起讫时期		有无外国学术团体或私人参加	
考古工作设备			
采掘古物原因			
预定采掘计划			

续表

机关名称		所在地址	
备　　考			
中华民国　　年　　月　　日　　填具			

说明：

1. 本表一律用本国文字填注；
2. 外国学术团体或私人译名以外须附原文；
3. 本表所列各栏以外如有特殊事项，应在备考栏内填注；
4. 本表篇幅不敷时可另纸填写；
5. 本表年月日上须盖用声请机关印信；
6. 本表填造三份，一份存会，二份分送内教两部备查。

采掘古物监察事项表

采掘年月日	
声请机关及负责采掘人姓名	
参加采掘团体及个人名称	
采掘工人人数	
采掘前地面情形	
采掘方法	
采掘时地下情形	
出土古物概况	
（出土古物）现存何处及负责保管人姓名	
发掘机关报告	
采掘未毕之地点临时保护方法	
工作完毕采掘地整理情形	
采掘之古物处理情形	
备　　考	
中华民国　　年　　月　　日 采掘某处古物监察员（签名盖章）　　填报	

说明

1. 本表一律用本国文字填写；
2. 参加采掘之外国学术团体或私人译名以外须附原文；
3. 出土古物应由监察员另具详细表册呈报；
4. 本表未列之特殊事项可在备考栏内填写；
5. 本表应于采掘工作完毕时填报本会，若采掘地点在一处以上，须在每处工作完毕呈报一次。

第二节 采掘古物规则诠释

民国二十四年（1935年）行政院公布的《采掘古物规则》，是一个层级高的专门法规，共十三条，同时附有“采取古物声请表格式”和“采掘古物监察事项表”等，现进行一些诠释。

这一专项法规的名称为《采掘古物规则》，从规范内容观察，应为对发掘古物进行的规范，也可以理解为对考古发掘工作进行规范。

《采掘古物规则》（以下简称“规则”）第一条为制定该规则的依据，即根据《古物保存法施行细则》第十八条规定制定。在“施行细则”第十八条规定了采掘古物等规定由中央古物保管委员会制定。因此，“规则”应是中央古物保管委员会起草、拟定，最后由行政院批准公布。由行政院公布该“规则”，提高了它的层级和权威性，有利于“规则”的贯彻施行。

“规则”第二条规定了采掘古物以中央或省市直辖之学术机关为限。发掘古物是一项专业性很强、技术要求严格的专业工作，限定一定的学术单位，可以保障该项工作的科学性。

第三条，规定了学术机关为学术研究发掘古物，须填具声请表，报中央古物保管委员会审核同意，转请内政部和教育部会同发给发掘执照后，方可进行。中央古物保管委员会根据组织条例规定，“计划全国古物古迹之保管研究及发掘事宜”，发掘古物声请应由它核准、备案，再报内政部和教育部合同发给发掘执照。两部会同发给发掘执照，才完成最后审批程序，发掘古物方可合法进行。

第四条，规定学术机关声请发掘执照须缴纳相应费用，即执照及印花税费，作为内政部和教育部发给执照凭据。因此，不仅是执照及印花税费问题，也作为发执照的一个程序和凭据。

第五条，规定发掘古物时由中央古物保管委员会派员监察。对发掘古物各项工作进行监察，保障发掘古物工作的合法性和科学性以及古物安全，监察员的旅费由发掘古物学术机关供给。

第六条，规定外国学术团体或私人对中国学术机关发掘古物有特殊之协助，由中国学术机关报中央古物保管委员会核准后，方可参加工作。这条规定的是特殊协助，应是专业技术人员或特殊仪器设备等，不是一般人员协助；这种特殊协助，须由中国学术机关报中央古物保管委员会核准，中国学术机关不可自行确定。此事涉及文化王权和外事问题，因此作出明确规定。

第七条，规定学术机关声请领到发掘古物执照，在出发时须具文通知当地政府。当地政府负有保存、保护古物责任，学术机关去发掘古物，他们有责任检查、监督，如不事前通知，他们可以阻止发掘；通知当地政府后，他们对发掘古物工作会给予支持和帮助。

第八条，规定发掘古物地方，如系公有须取得该管官署或管有者同意，如系私有土地须会同当地官署酌给相当代价或依据土地征收法办理。该条与第七条规定有密切关系。发掘古物地方如系公有土地，须联系取得主管官署或者实际管有者的同意，才能进行发掘工作。如发掘古物地方系私人所有土地，有两种办法，一是在当地官署协助下，与土地私有者协商给予发掘占地补偿，一般根据发掘工作时间长短，给予农作物或果树等方面损失的补偿。因为发掘工作结束后，即可回填，仍可耕种。另一种是征地，一般是发掘时间长，发掘后可能保存重要遗迹；对私人农业生产影响大，土地私有者不愿土地长期被占用，补偿又不是他所企望的，在这种情形下，应依土地征收法征收，以利于发掘工作和古物古迹保存、保护。

第九条，规定了不得发掘古物的地域：一是军事要地，以及有关地点曾经圈禁未经该管官署准许的地方。二是距国有公有建筑物、国葬地、铁路公路及重要水利设施等地界 15 米以内的地域，未经该管官署许可或管有者同意者。因在上述地界 15 米以内地域发掘古物，会对建筑物、国葬地、铁路、公路及重要水利设施等安全带来不利影响，甚至对其安全造成威胁。因此，规定了特殊办法。

第十条，规定发掘古物不得损毁古建筑物雕刻、塑像、碑以及附属地面古物古迹，或减少其价值。这条应是对发掘建筑遗址、石窟寺遗址等的发掘而作出的规定，古建筑物雕刻、塑像、碑等的损毁会造成许多重要信息失去，造成文化内涵无法全面揭示，其损失将无法弥补。或者由于发掘中不慎对古建筑物雕刻、塑像、碑以及地上附属古物古迹造成损坏，也会影响其价值。这条规定要保障它们的安全，保障它们埋藏时状况，保障它们承载历史文化信息的完整性。

第十一条，规定关于撤销发掘执照的两种情况。一是自核准之日六个月未开工的；二是有外国学术团体或私人参加发掘而未呈报核准的，这一点违背了本规则第六条规定，撤销发掘执照是对中国学术机关的一种处罚。

凡有两种情形之一的，撤销其发掘执照，作为对该学术机关的处罚，以保障发掘工作依法进行和依法维护中国文化主权。

第十二条，规定本规则未尽事宜由中央古物保管委员会呈请行政院进行修正。

第十三条，规定本规则自公布之日施行。行政院民国二十四年三月十六日公布，应自即日施行。

《采掘古物规则》附“采取古物声请事项表格式”列有须填的事项共十五项，例如：“率领采掘人姓名及履历”，率领发掘人应是该发掘组织（团）的负责人，他的发掘经历，反映出他的发掘工作经验和学术水平，他对发掘古物计划的执行、发掘质量的提高、执行“规则”的情况等，有重要的、直接的关系，对保证发掘计划完成至关重要。因此，在申请事项表中，该项内容十分重要，应认真、如实填写，以便中央古物保管委员会审核，以决定是否核准。

例如，申请事项有“团员人数姓名及其履历”，发掘古物组织（团）人员情况，对专业性很强的发掘工作来说，发掘组织成员对保证完成发掘计划、提高发掘质量、加强研究、提高学术水平等十分重要。每个发掘专业人员，应有很好的业务素质，以良好的职业道德和尊重客观实际的工作作风，去完成所承担的发掘工作任务。因此，在填写申请事项表时，应如实填写。

例如，申请事项中有一项“有无外国学术团体或私人参加”，在“规则”中对此有明确规定，事涉文化主权和外事工作及纪律。如有“特殊之协助”，应明确填写是哪些方面和哪些项目上的特殊协助，以及特殊协助的形式、内容和时间，以利于中央古物保管委员会审查，是否同意，以及发放执照与否。

《采掘古物规则》附有“采掘古物监察事项表”，列有须填的事项共十五项，其中重要的事项有：采掘方法、采掘时地下情形、出土古物概况、出土古物现存何处及负责保管人姓名、发掘机关报告、工作完毕采掘地整理情形，以及采掘工人人数等。这些事项，从不同方面和角度反映了发掘古物工作计划进展、完成情况，出土古物保存、保护情况等等，是中央古物保管委员会直接了解和管理发掘古物工作的重要措施。

第三节　采掘古物规则评析

民国二十四年（1935 年）行政院公布的《采掘古物规则》（以下简称“规

则”）是民国时期，也是近代以来中国政府公布的第一个考古发掘领域的专门法规。当时由行政院公布，是一个法规层级高、权威性强的法规。

“规则”根据《古物保存法》及其施行细则制定，对发掘古物各方面关系进行调整，系统规范，进一步发展和完善了发掘古物的各项规定，具有重要历史价值和深远影响。

一　“规则”进一步发展和完善发掘古物规定

“规则”对发掘古物规定的发展和完善是多方面的，这里主要谈以下几点：

（一）关于学术机关“声请”发掘古物与审批。《古物保存法》第八条规定：“学术机关采掘古物应呈请中央古物保管委员会审核转请教育内政两部会同发给采取执照。”“施行细则”第八条对学术机关“声请书”事项作出六项规定，即在呈请中央古物保管委员会发掘古物时，必须填写的内容：古物种类、古物所在地、发掘时期、发掘古物之原因、学术机关之名称和预定发掘之计划。在“规则”中，通过规范的“采掘古物声请事项表格式”和说明，进一步明确和细化了“施行细则”的规定。“声请书”表格内容列有十四项，其中重要的如学术机关负责人、率领采掘人姓名及履历、团员人数姓名及其履历、古物采掘所在地及范围、采掘古物原因、考古工作设备，以及有无外国学术团体或私人参加等。这些规范化的项目和填写要求，是对发掘古物规定的发展和进一步完善，既有时代特点，又有重要价值和影响。

（二）对发掘古物工作管理的发展和完善。“规则”对发掘古物工作进一步规范。如学术机关发掘古物呈请、取得采掘古物执照后，应通知发掘地政府；采掘古物所在地如系公有土地须取得主管官署或实有管理者同意，如系私人所有土地须酌对土地所有者给予补偿，也就是学术机关发掘古物所付代价，或者将私有土地依法征收；学术机关发掘古物工作如违反“规则”第十一条（一）（二）（三）项规定之一者，应责令停工，或取消采掘执照。这是对学术机关发掘工作违反有关规定的一种处罚，也是对发掘古物工作加强管理的重要措施。这些管理措施，对保障发掘古物依法和按批准计划顺利进行，提高发掘质量等都有重要价值与作用，产生了重要影响。

（三）发掘古物监察工作的进一步规范。在《古物保存法》第十一条规定：“采掘古物应由中央古物保管委员会派员监察。”从法规上确立了发掘古物实行监察原则。在“施行细则”中，规定了监察古物发掘人员须详细填报的六项监察事项：采掘古物之数量、古物名称、发掘年月日、古物所在地、采掘所得之古物现存何处、已否完毕等。“规则”中对监察人员派出和旅费支付作出规定。在规范的“采掘古物监察事项表格式”与说明中，进一步细化、规范监察报告内容和要求。在表格中列有十四项监察报告内容，如采掘前地面情形、采掘方法、采掘时地下情形、出土古物概况、出土古物现存何处及负责保管人姓名、发掘机关报告、采掘未毕之地点临时保护办法、工作完毕采掘地整理情形、采掘工人人数等等。这些内容比较系统和完整，从不同事项都可反映出发掘古物工作的某个侧面，全部表格事项内容则形成一个完整的发掘古物监察报告表。从发掘古物监察原则确立，到监察发掘古物六项内容规定再到“规则”规定和表格列出十四项，进一步发展、完善和规范发掘古物监察，从而确立了比较完备的发掘古物监察制度。它是中央古物保管委员会管理发掘古物的一项重要举措。它对保障依法发掘古物、执行批准的发掘计划、提高发掘质量，保证出土古物保存和安全等都有重要价值和作用。

二　在法规中应用“考古工作”专业词汇

中国近代考古肇始于20世纪20年代。1922年，北京大学创建考古学科，距今90周年。当年，北京大学国学门成立考古学研究室，开宗名义宣告：“用科学的方法调查，保存，研究中国过去人类之物质遗迹及遗物。”同时制定考古计划，开展田野工作。在近代考古的肇始时期，中国考古工作困难很多。到1935年已开展了多项考古发掘工作，取得了重要成果。但在中国政府公布的法规中，基本使用“采掘”一词，或“采掘古物”词语。在民国二十四年（1935年）中国近代考古工作开展了十多年时，在法规中才出现“考古工作”专业词汇；尽管它是出现在《采掘古物规则》所附“采掘古物声请事项表格式”之一项“考古工作设备”栏内。这是“考古工作”专业词汇（术语）第一次出现在中国政府公布的法规文件中，它是进步的、科学的，具有强大的生命力，有星火燎原的巨大作用，价值重大，影响深远。

三　“采掘古物”、“发掘古物”与“采取古物”辨析

在《古物保存法》中，多应用“采掘古物”词语。在《古物保存法施行细

则》中，应用“发掘古物”和“采掘古物”词语，前者如第八条规定，后者如第十一条第十二条规定，在第十三条同时应用“发掘古物”和“采掘古物”词语（术语）。在《采掘古物规则》中，应用有“采掘古物”、“发掘古物”和“采取古物”等词语（术语），应用“采掘古物”词语有10处，应用“发掘古物”词语的有1处，应用“采取古物”词语的有5处。

古物如前所述，既包括可移动古物，又包括不可移动古物，即与考古学、历史学有关之一切古物，因此，对“发掘古物”、“采掘古物”和“采取古物”词语（术语）含义作一些分析。

发掘古物：此处古物如理解为不可移动古物，与考古学等有关之一切古物，它应包括古文化遗址、古墓葬等。发掘古物应指发掘古文化遗址和古墓葬等；古文化遗址和古墓葬等既包括遗迹，又包括遗物。这一词语（术语）的含义与近代考古学相近，比较科学。

采掘古物：此处古物与上述古物理解应相同，但“采掘”与“发掘”，“采”与“发”一字之差，含义还是有区别的。“采掘古物”如表述为“采掘古文化遗址和古墓葬”等，有些不准确，在总体上仍应理解为采掘可移动古物和不可移动古物，但容易让人们理解为它的主要目的和要求是获得古物（出土古物），而未能重视对古遗迹的发现、记录、研究。这与近代考古学的基本观点不同。

采取古物：此处古物与上述古物理解应相同。它与“采掘古物”，一为“掘”，一为“取”，仍是一字之差，其含义差别很大。从字面理解，“采取古物”是为了单纯“取”得出土古物，不可能理解为“采取”古文化遗址和古墓葬等不可移动古物，或可理解为是为研究中国古代史获取新的物质资料。应用“采取古物”词语（术语），从近代考古学观察，它的科学性还不如“采掘古物”，与近代考古学要求差距较大。

上述“采掘古物”“发掘古物”和“采取古物”词语（术语）的应用，表明近代中国考古学发展所取得的成果，在国家法规中还没有得到应有的反映。同时，几个专业词语（术语）在几个法规乃至同一个法规中同时应用，反映了这些专业词语（术语）在不同法规之间不协调，不一致。在同一法规中也是如此，专业词语（术语）的应用，在古物法规之间应保持协调、一致和规范，以利于对法规规范内容的正确理解；在法规执行中，对法规规定的原则、措施和要求应保持一致性，以免理解不同导致对法规执行出现偏差，对古物保存、保护造成不必要的损害。

第四节 公布外国学术团体或私人参加采掘古物规则

民国二十四年（1935年）三月十六日，行政院公布了《外国学术团体或私人参加掘采古物规则》，自公布之日施行。

一 外国学术团体或私人参加采掘古物规则

行政院公布实施的《外国学术团体或私人参加采掘古物规则》（以下简称“外国人参加采掘古物规则”），共十一条，全文如下：

外国学术团体或私人参加采掘古物规则[2]

第一条 中央或省市直辖之学术机关（以下简称学术机关）采掘古物，遇必要时，得呈请中央古物保管委员会准许外国学术团体或专门人员参加协助，但前项参加人员，不得超过本国学术机关团员之半数。

第二条 凡学术机关容纳外国学术团体或私人参加采掘古物，须将左列各事项先呈报中央古物保管委员会审核，并分别呈转行政院及内政教育两部备案：

一 容纳外国学术团体或私人参加协助之理由；

二 该外国学术团体之名称、地址、组织性质、参加采掘之设备及负责人员，或该私人之姓名、国籍、学历、职业及住址等；

三 该外国学术团体或私人所协助之经费及所参加之人数。

第三条 凡学术机关，非经中央古物保管委员会之许可，不得与外国学术团体或私人订立关于采掘古物契约。

第四条 参加采掘古物之外国学术团体或私人，应受中央古物保管委员会所派人员之监察。

第五条 凡外国学术团体或私人参加采掘古物时，须受主持采掘之本国学术机关之指挥，并须于到达发掘地点后，由该机关每二月将工作情形报告中央古物保管委员会备查。

第六条 参加古物采掘之外国学术团体或专门人员，如发现有左列情形之一者，中央古物保管委员会得随时停止其采掘工作。〔：〕

一 越出采掘古物地域范围，任意测绘地图者；

二　越出采掘古物范围，摄取沿途状况，作为他种用途者；

三　凡不受主持采掘之本国学术机关之指挥，而有越轨行动者。

第七条　采掘所得之古物，除照片拓片准由参加工作之外国学术团体或私人依规定手续领取外，概归国有，其保存管理方法，由该采掘之学术机关呈准中央古物保管委员会核定之。

第八条　凡参加本国学术机关采掘古物之外国学术团体或私人，欲将所发现之古物运出国外研究时，应由本国主持采掘之学术机关依古物出国护照规则呈请办理之。

第九条　凡古物采掘之报告书或所得古物有须为文字上之宣布者，外国参加工作之学术团体或私人，须俟本国主持采掘之学术机关正式发表后始得发表。但遇有特殊情形时，得由该学术机关呈准中央古物保管委员会变通办理之。

第十条　本规则如有未尽事宜，由中央古物保管委员会呈请行政院修正之。

第十一条　本规则自公布之日施行。

二　外国学术团体或私人参加采掘古物规则诠释

行政院公布实施的《外国学术团体或私人参加采掘古物规则》（以下简称“外国人参加采掘古物规则”）共十一条，现作简单诠释。

第一条，规定强调中国学术机关采掘古物遇必要时呈中央古物保管委员会准许。所谓“必要”，应是中国学术机关发掘古物时必要的专业技术人员，仪器设备，以及经费等，而缺少这些条件发掘古物计划、发掘质量和出土古物技术保护水平等可能会受到影响，在这样情形下，可提出呈请，由中央古物保管委员准许。同时，外国学术团体或专门人员参加协助发掘人员不得超过本国学术机关团员之半数。这一规定有两点很重要，一是明确规定外国学术团体或私人参加中国学术机关发掘是“协助”，是协助发掘，或言之，不是与中国学术机关合作发掘。这一规定决定了外国学术团体或私人参加中国学术机关发掘古物的法律地位，并由此涉及相关规定。二是外方参加协助发掘人员不得超过本国学术机关参加发掘人员之半数。这既涉及中国学术机关发掘古物组织（团）主导地位，又涉及管理等问题。

第二条，规定了中国学术机关接纳外国学术团体或私人参加发掘古物呈报中央古物保管委员会审核并分别转呈行政院及内政部教育部备案，须事先呈报的事项内容：一是接纳外国学术团体或私人参加协助发掘的理由，是需要专业技术人员，还是某种仪器设备，或者其他；二是该外国学术团体或私人的基本情况，以了解他们是否具备协助发掘的资格，是否有协助发掘的能力和条件；三是协助经费及参加人数。

第三条，规定了未经中央古物保管委员会许可，中国学术机关不得与外国学术团体或私人订立发掘古物协议。此事关涉中国主权和文化权益，关涉外事工作，未经许可，不得擅自先行订立协议等。这应是外事纪律。

第四条，规定了经许可参加中国学术机关发掘古物的外国学术团体或私人，应接受中央古物保管委员会所派人员之监察。对发掘古物工作进行监察是法规规定的制度，协助中国学术机关发掘的外方人员，应接受监察，一视同仁，不能例外。

第五条，规定了参加协助发掘的外国学术团或私人应接受本国学术机关主持发掘负责人的指挥。主持发掘负责人是经呈报批准，对该发掘计划进行、发掘质量、出土古物安全等负责的人员，中方和外方人员都应接受他的指挥，没有例外。该条还规定了外方人员到达发掘地点后，每两个月报告一次工作情况备查，这也是一项加强管理的措施。

第六条，规定了如发现协助发掘的外国学术团体或专门人员有违反三方面规定之一者，中央古物保管委员会得随时停止其发掘工作：一、越出采掘古物地域范围任意测绘地图者，在采掘古物地域以外测绘地图，涉及军事、经济、交通等方面的资料，这些方面资料被外国学术机构或个人任意获取，会危及国家主权和安全。二、越出采掘古物范围，摄取沿途状况作为其他用途者，如有一和二项之行为，都越出协助中国学术机关采掘古物的范围，与他们协助采掘古物无关，且与他们协助采掘古物身份不相符，应停止他们协助采掘古物工作。三、不受主持采掘古物负责人指挥而有越轨行为者，不受中国学术机关主持采掘古物负责人指挥，会防阻采掘计划执行和采掘工作的统一安排，已属违纪，再有越轨行为，问题会严重些，再留下协助采掘古物已无益，停止其采掘古物工作是严明纪律，保障采掘古物工作正常进行。

第七条，规定了采掘出土的古物概归国有。在《古物保存法》中已规定“埋藏地下及由地下暴露地面之古物概归国有”。其保存管理方法呈核中央古物保管委员会核定；同时明确规定出土古物照片和拓片准由外国学术团体或私人依规定手续领取。出土古物归国有，由中国保存，出土古物照片、拓片资料规定可给协助采掘古物的外国学术团体或私人，有利于研究。

第八条，规定了协助采掘古物的外国学术团体或私人拟将发现之古物运往国外研究时，应由中国主持采掘之学术机关依古物出国护照规则办理。所谓运往国外研究的古物，应是进行必要的分析化验，或者技术鉴定，在中国国内难以完成的，应就出土古物名称、质地、形制、大小等写出文字报告并附照片，依规定办理。

第九条，规定了采掘古物报告书或所得古物须用文字宣布者，协助工作之外国学术团体或私人，须在中国主持采掘之学术机关正式发表后始得发表。换言之，采掘报告书和出土古物文字和宣布，作为协助采掘工作的外国学术团体或私人，不能在中国主持采掘工作的学术机关之前发表，位置和权益不能倒置，特殊情形须经呈准。

第十条，规定了未尽事宜须呈请行政院修正，即由公布机关修正。

第十一条，规定了本规则施行日期，即公布之日民国二十四年三月十六日施行。

第五节　外国学术团体或私人参加采掘古物规则评析

行政院民国二十四年（1935 年）公布施行的《外国学术团体或私人参加采掘古物规则》（以下简称“外国人参加采掘古物规则”）是一个法规层级高、价值重要和影响深远的涉外发掘古物专门法规。这是近代中国政府公布施行的第一个涉及外国学术团体或私人参加中国发掘古物的法规，对外国学术团体或私人参加中国古物发掘的主要方面作出规范，对有关重要原则、措施等从维护国家主权和文化权益，有利于提高发掘、研究质量出发，作出明确规定，是一个重要的发掘古物涉外法规，有重要历史价值和积极意义。

一　确立“必要”和“协助”原则

“外国人参加采掘古物规则”第一条明确规定，外国学术团体或私人参加中国发掘古物工作须是中国学术机关发掘古物之“必要”，不是什么发掘古物工作都可以，这是一个重要的出发点和落脚点。同时规定外国学术团体或私人参加中国发掘古物工作是“协助”，这是对其法律地位的确定，它不是合作发掘的参加者。“协助”与“合作”发掘的法律地位不同，相应的权利义务也不一样。外国学术团体或私人参加中国发掘古物工作是“协助”法律地位的确立，决定了其他相关措施的确定。

二 确立审核、呈报备案制度

“外国人参加采掘古物规则”第二条规定了外国学术团体或私人参加中国发掘古物工作，须由接纳之中国学术机关按规定内容要求呈报。规定的三个方面的呈报内容，是审核外国学术团体或私人是否具备资格，是否有条件协助中国学术机关做好古物发掘工作。规定的第一项为接纳外国学术团体或私人参加协助发掘之理由，也就是缺少某一专门人才，或技术人员，或是缺少某一必须仪器设备，或对出土古物保护某项技术需求等。

规定的第二项是对外国学术团体或私人有关情况的呈报，如外国学术团体性质、设备、负责人及其经历等。这些都是考察该学术团体参加中国发掘古物工作，对保证发掘质量、研究水准，以及对发掘古物的保护、发掘资料整理与研究等都是十分必要的。

规定的第三项内容是协助之经费及参加人数。了解协助经费及人数多少，以及设备等，是该项发掘古物工作在外国学术团体或私人协助下顺利进行的重要条件之一，也是对“协助”必要性的考察。

中央古物保管委员会对以上内容进行审核，在同意接纳的前提下，呈转行政院及内政部教育部备案，也就是确立了审查同意与备案制度。外国学术团体或私人来中国协助中国学术机关发掘古物工作，涉及国家主权和文化权益，必须向行政院及内政部教育部备案，此属权限与职责；如有不妥，行政院及两部有权及时作出纠正。

三 确立了中国学术机关的主导地位

“外国人参加采掘古物规则”第五条规定了外国学术团体或私人在参加发掘工作中，必须接受主持发掘之中国学术机关的指挥。中国主持发掘古物的学术机关，是该项发掘工作的组织者和指挥者，处于法规规定的主导地位；发掘计划的制订，发掘工作的进行，发掘质量的提高，出土古物安全等等，都由该主持发掘之学术机关负责，外国学术团体或私人是协助中国学术机关发掘，应服从整体计划安排，服从统一指挥，不能各行其是，使工作受到影响。中国学术机关在发掘古物工作中主导地位和权利的确立是一大进步。

四　外国人参加发掘应遵守中国法律法规

外国学术团体或私人参加中国发掘古物工作，必须遵守中国的法律法规，这是基本的要求。在“外国人参加采掘古物规则”第四条规定，参加发掘古物的外国学术团体或私人必须接受中央古物保管委员会派员的监察。发掘监察制度是中央古物保管委员会对发掘古物工作的监督，对参加发掘的外国学术团体或私人也不例外。

第六条，规定越出发掘古物地域范围测绘地图等行为，应受到停止发掘工作等处理。在该条规定的“任意测绘地图”等，问题性质严重，测绘地图涉及军事、经济、交通等资料外泄，如外国学术团体或私人在参加中国发掘古物工作之外有此行为，不仅与协助发掘工作无关，与协助之学术团体或私人地位、身份不符，也可能还有隐情。因此，必须停止其发掘工作，是否需进一步处理，应视情况而定，以维护国家利益。

五　确立出土古物归国有及研究等有关原则

“外国人参加采掘古物规则”第七条至第九条规定了出土古物归国有，以及研究、报告发表等原则。发掘出土古物归国有，是一条重要原则，国有文物所有权不能因为外国学术团体或私人协助中国发掘而动摇，甚至改变。对于发掘中获得的古物、标本，可共同进行整理、研究，同时，为了研究，可按规定提供参加发掘古物的学术团体或私人古物照片、拓片。参加发掘的外国学术团体或私人欲将某件出土古物运往中国以外进行研究，在经同意后，应按古物出国护照规则办理。运往国外研究的古物，应是进行分析、化验、技术鉴定等所必需的，是个别的，在经批准运往国外研究工作结束后，应及时运回中国国内，保证古物安全。

采掘古物报告等，应由中国主持发掘的学术机关发表后，外国参加发掘的学术团体或私人才能发表。这不仅是一个先后次序安排问题，而是一个主导权、优先发表权问题，是保护中国文化学术权益的重要原则问题。

注释

[1]中国第二历史档案馆编：《中华民国史档案资料汇编》，第五辑，第一编文化（二），凤凰出版社，1994 年 6 月第 1 版，2010 年 6 月第 2 次印刷。

[2]中国第二历史档案馆编：《中华民国史档案资料汇编》，第五辑，第一编文化（二），凤凰出版社，1994 年 6 月第 1 版，2010 年 6 月第 2 次印刷。

第五章　古物出国护照规定

第一节　公布古物出国护照规则

民国二十四年（1935 年）三月十六日，行政院公布:《古物出国护照规则》，另有“古物出国声请事项表格式”及说明。

一　古物出国护照规则

行政院公布的《古物出国护照规则》共十六条，全文如下：

古物出国护照规则[1]

第一条　凡中央或省市直辖之学术机关（以下简称学术机关），欲将所保存或采掘之古物运往国外研究时，应呈经中央古物保管委员会核准，转请内政教育两部会同发给古物出国护照。

第二条　凡学术机关请领古物出国护照，须向中央古物保管委员会填具古物出国声请事项表三份，除一份留存中央古物保管委员会审核外，余二份转送内政、教育两部分别存查。

前项古物出境声请事项表，由中央古物保管委员会制定之。

第三条　凡欲运往国外之古物，每件须摄具照片四份，其有特殊花纹或文字者，并须随附拓片四份，除以一份黏附该古物出国护照，一份留存中央古物保管委员会外，余二份由中央古物保管委员会转送内政、教育两部分别存查。

第四条　凡请领古物出国护照之学术机关，须缴纳护照及印花税费各二元，由中央古物保管委员会转交内政教育两部以资给照[2]。

第五条　凡经核准出国研究之古物，应由该声请机关运送中央古物保管委员会检验加封，但有特殊情形时亦可请求中央古物保管委员会派员前往检验加封。

前项出国古物，经中央古物保管委员会检查后，始得发给古物出国护照。

第六条　古物押运人出国护照，应由该声请运送古物出国之学术机关转请内政教育两部会咨外交部发给之。

第七条　凡运送出国之古物，经中央古物保管委员会审核检验，认为有派员监运之必要时，得由中央古物保管委员会委派人员前往监运。其旅费由该声请运送古物之学术机关供给之。

第八条　古物出国到达目的地后，应即向该地或附近所驻本国使领馆呈验护照，并须将运送经过、到达日期及寄储地点报告中央古物保管委员会备查。

第九条　凡运往外国研究之古物，于回国后，概须先将该项古物送中央古物保管委员会核对查验，并缴回护照，经中央古物保管委员会查明无误时，始得运返原存处所。如有调换情弊，应由中央古物保管委员会依法处理。

第十条　凡运送古物出国，遇有损毁或遗失，应由该声请运送古物之学术机关负责，并须将经过情形报告中央古物保管委员会，倘有作伪情弊，中央古物保管委员会得依法处理。

第十一条　凡运往外国研究之古物，该声请运送之学术机关，须随时将在外国研究之情形，报告中央古物保管委员会，并须于该古物押运返国时作总结报告三份。除一份留存中央古物保管委员会外，余二份由中央古物保管委员会转送内政、教育两部，分别存查。

第十二条　古物出国护照，自发给之日起，其往返有效期间定为三年。但于必要时，中央古物保管委员会得转请内政、教育两部饬运回国，其未运送出国者，得吊销其护照。

第十三条　凡私有古物必须运往国外研究者，得依本规则之规定，委托中央或省市直辖之学术机关办理之，倘有作伪情弊，该受委托之学术机关主管人应负法律上之责任。

第十四条　凡为国际间学术文化合作上之必要而交换古物时，其出境办法另定之。

第十五条　本规则如有未尽事宜，由中央古物保管委员会呈请行政院修正之。

第十六条　本规则自公布之日施行。

《古物出国护照规则》自公布之日施行，即自行政院民国二十四年（1935年）三月十六日公布之日施行。

二　古物出国声请事项表格式及说明

根据《古物出国护照规则》第二条第二款规定："前项古物出境声请事项表，由中央古物保管委员会制定之。"该表格式如下：

古物出国声请事项表

机关名称		所在地	
中央或省市直辖		负责人姓名	
古物出国原因		古物件数	
经过何地		何处出口	
何时出国		运往何国何地	
有无保险		何时回国	
押运人姓名		转运公司名称	
备　考			

中国古物保管委员会制

附出国古物种类表

种类	名称	重量及长宽高度	时代	照片	拓片	说明	备考

中华民国　　年　月　　日　填具

说明

1. 古物出国，有保险者须填出保险公司名称、地址及保险金额；
2. 古物种类以后各栏随古物件数之多少伸缩填写之；
3. 本表篇幅不敷时可另纸填写；
4. 本表年月日上须盖用声请机关印信；
5. 本表填造三份，一份存会，二份分送内教两部备查；
6. 本表照片拓片栏只须填注数量，照片、拓片应另附送。

第二节　古物出国护照规则评析

古物出国护照规则，是行政院公布实施的关于古物出国许可的专门法规，其层级高，内容详细，要求明确，程序规范。这是为禁止和防止古物非法出境而制定实施的一个重要法规，有重要价值和积极意义。

一　古物出国护照规则规范的主要对象

规则规范的主要对象，是针对国有古物及私人古物必须运往国外研究而制定的一个专门法规。

《古物保存法》及《外国学术团体或私人参加采掘古物规则》中，都规定了古物运往国外研究的内容。国有出土古物有的因化验、检测、鉴定等，在国内难以完成，为了深入研究，揭示其文化科学内涵，有必要运往国外研究，经中央古物保管委员会审核，可发给古物出国护照。因事涉古物出国安全等一系列重要事项，必须有严格的古物出国护照许可办法，以保证古物出国返回国内及在国外的安全。古物出国护照规则规范的主要对象是国有古物，即国有古物出国进行研究的许可，以及私人古物须运往国外进行研究的许可，因此，规则内容对国有古物须运往国外涉及的一系列问题作出详细规定。古物出国护照是实行古物出境许可证文件的一种方式，有利于防止古物非法出境。

二　古物出国护照规则要求明确

《古物出国护照规则》内容详细，要求明确、具体，各项程序规范合理，如声请古物出国护照要求内容和程序，出国古物查验、加封、押运，到达国外研究地向我驻外使领馆呈验护照并向国内报告，出国古物年限和古物回国后的查验等等。这一切规定明确、具体，有利于执行、检查，有利于出国古物安全，有利于出国古物研究顺利进行。

三　出国古物保险

在“古物出国声请事项表格式”中有一栏“有无保险”，在“说明”中有“古物出国有保险者须填出保险公司名称地址保险金额”。从文字表述看，并未要求古物出国均须保险，但应是有此项要求。这是在国家层面的古物法规中提出古物出国保险问题，应是保障古物出国安全的重要措施。

古物出国，会有风险，为了古物安全，应对出国古物进行保险。古物保险，一方为保险人，一方为投保人，双方订立古物保险契约，被保险人按契约规定，对保险人交付古物保险金，保险人按契约规定的责任范围，对被保险人负责古物损失补偿责任，即对古物的损坏等造成的损失给予补偿。从保证出国古物安全、完好而言，这是双方都不愿看到的事。

出国古物保险金额，应与出国古物种类、等级、件数、历史文化价值高低等密切相关，因此，中央古物保管委员会要求出国古物有保险的，应填具保险公司情况和保险金额，可了解保险的合理性和实际价值。

古物出国有风险，为了古物安全，以防万一，对其实行保险是必要的，在国家层面古物法规中作出规定，推行实施，是在对出国古物查验、加封、押运等一系列安全措施的基础上，再加一层有重大价值和作用的安全防护网。出国古物保险措施有重要价值，影响深远。

四 提出国际间古物交换问题

在《古物出国护照规则》第十四条规定："凡为国际间学术文化合作上之必要而交换古物时其出境办法另定之。"在国家层面古物法规中，明确提出"为国际间学术文化合作上之必要而交换古物"，换言之，国际间古物交换是学术文化合作之必要，这是前提，是出发点和落脚点。虽未对这一原则作出具体规定，如交换古物种类、数量、等级，交换办法等应在另行规定之中，但明确提出在国际间为了学术文化合作交换古物就是一件大事。古物是有所有权的，中国国有古物属于国家所有，同时也是人类文化财富，如在平等、协商、条件对等的条件下以中国某一古物交换别国的某一古物，应有利于国际间学术文化合作与交流。

国际间古物交换，应是平等互惠，互利的交换，是有利于国际间学术文化合作的交换，是一件有意义的文化交流。但真正实行时，会有很大难度，如双方交换的古物，在价值认定上，由于中西文化差异，价值取向不同，就会出现不同的判定，难以做到公平、合理、对等、互利，就会影响到古物交换的实现。

五 规则规定以外古物出境问题

《古物出国护照规则》规范的仅只是古物出国进行研究许可办法。颁发古物出国护照，实际是对该出国古物颁发临时出境许可证文件，是古物出境许可证制度的一个重要组成部分。要禁止和防止其他古物非法出境，还必须对古物出国研究以外的古物出境（出口）实行许可制定办法，才能进一步禁止和防止内外勾结盗窃、贩运、走私古物出境，才能构建较为完整的古物出境许可证制度。

第三节 制定与修正鉴定禁运古籍须知

民国十九年（1930 年）十一月十九日，行政院致财政部训令（训令第四〇三五号），令财政部：

“为令知事：案查前据该部呈：以奉颁鉴定禁运古籍须知，其中所列各项，谨就原文分别签注意见，并声述困难各点，拟请令发教育部审议一案，经饬据呈复，并缮送修正鉴定禁运古籍须知，到院。并经转呈暨令知各在案。兹奉国民政府第二零零九号指令开：呈件均悉，准予备案，仰行转饬知照。附件存。此令。等因。奉此，除分令外，合行令仰该部知照。此令。”[3] 它是财政部、教育部就“须知”草案反复审核、签注意见，最后形成的一件重要法规。

一 修正鉴定禁运古籍须知

民国十九年十月十三日，教育部长蒋梦麟致行政院呈：“案奉钧院第三四五六号训令，以鉴定禁运古籍一案，财政部业就原订须知，签注意见，饬审议呈复等因。并抄发原签注意见下部。查财政部签注各点，系为海关人员检查便利起见，而职部所拟原案，亦自具有珍护古籍之苦心。奉令前因，遵即详加审议，并尽量采用财部意见，拟制修正鉴定禁运古籍须知一份，期于便于检查及珍护古籍二者，兼筹并顾。理合缮呈钧院，仰祈核夺施行。谨呈行政院”。“附缮呈修正鉴定禁运古籍须知一份”[4]。

行政院致财政部上述训令，即知照修正鉴定禁运古籍须知。该须知共分三部分，全文如下：

修正鉴定禁运古籍须知[5]

一 禁止运出国外之古籍，暂定为次列各种：

甲 线装木板之书籍图画，其刊行在前清咸丰元年以前者。

乙 原铜活字图书集成。

（注）以上两项，均采用财政部修正原条文。

丙 永乐大典及四库全书。

（注）原案。

丁 官署档案。

（注）采用财政部修正原条文

戊 手写稿本及精校本。

（注）手写稿本系指著书人自写原稿，无论已未刊行，均宜禁运出口；又精校本系名人校勘之本，亦宜禁运出口，故原文仍须保留，不能删去。

二 总理遗墨及未付印之遗著，严禁运出。

（注）原案。

三 鉴定上项古籍时，采用次列程序：

甲 在木板古本，以其刊行年代或年月为准，朝代或年月不明者，以序跋年月为准，序跋年月不明者，以序跋人存殁年代为准。

乙 对于前举各事项，鉴定上发生疑义时，须由海关将原本呈送财政部转咨教育部鉴定之。如应送之古籍册数过多时，得抽检若干卷册运送，或由教育部派员前往鉴定之。

丙 在离京太远之海关，得报告财政部转咨教育部令行该省市教育厅，就近会同海关鉴定之。

（注）本条全文，财部原主张删去，其理由为甲项系鉴定之自然程序，余亦可叙入令文，无庸列入须知，但经本部再三考虑，认为仍宜列入，其理由如左：

1. 甲项固系自然程序，但为海关检查员执行便利起见，仍宜明白规定，俾资依据；

2. 其余乙、丙等项事宜，虽可叙入令文，但令文性质阅后即须归档，未必人人能时时阅及，不如列入须知，揭贴各处，使大家一望即知。

二 鉴定须知特点与价值

民国十九年（1930年），经教育部、财政部共同努力，由行政院核准备案的《修正鉴定禁运古籍须知》（以下简称“须知”）施行。这是民国以来制定的第一件有关禁止出口古籍标准和办法。它的特点有：一是“须知”草案在教育、财政两部拟订、审议、修正过程中，呈文经行政院反复磋商，双方意见趋于一致。由于各自着眼点的差异，有些规定在互有取舍的基础上，形成了“须知”，同时，在“须知”中，有的规定下方加“注”，注明有关内容和情况。这种做法和形式，十分罕见。这种加“注”的做法，一方面是尊重不同意见，一方面有利于执行和应用。

二是“须知”规定了法规调整对象和范围，同时规定了鉴定古籍相关程序以及个别问题的处理方法。应该说，规范对象和范围明确，程序清楚、实用，有利于海关等人员遵照执行和操作。

“须知”最重要的价值是，禁止古籍出口有了一个标准和办法，是制定禁止古物古籍出口标准和办法方面的一个重要突破，开启民国时期以来制定禁止古物古籍出口标准和办法之先河。从加强古物古籍出口管理而言，从此鉴定禁止古籍出口有法可依，对防止和禁止古籍出口会发挥重要作用。“须知”确立的一些原则也有重要价值和意义，如“总理遗墨及尚未付刊之著作，严禁运出”。这些有关孙总理的遗墨和未刊著作，实际上已不是古籍，应是近代重要墨迹和史籍。这一规定，已突破了古籍年代范围，对保护近代重要墨迹和史籍等产生了重要影响。

第四节　古物出口鉴定许可

古物流失在民国以来，仍是一个严重问题。古物出口办法，自民国初以来，一直是受海关、税务、内政部门和商会关注的一个问题。从总统令到税务处文件多次提及此事。内务部就这一问题曾作过答复，总的意见是中华文明五千年，古物种类繁多，拟订古物出口细目困难很多，须由专家进行专门研究，方能制订出标准。时至民国二十五年（1935 年）这一问题又一次提出，这一次是由上海市商会据古玩业公会函向财政部呈请，“详加审议，原订标准”。

一　财政部批复文件

据时事新报二十五年五月一日载，财政部经与内政部会商结果，已批复沪商会：“呈悉，经据情咨请内政部查照酌定复送过部，以便转饬遵照去后，兹准内政部二十五年三月二十三日咨复，以行政院颁发前项大纲时，曾令饬中央古物保管委员会拟定纲目，呈院核定公布，现此项细目尚未据拟就，当经令转该会详加研究先行酌定标准具复，以凭咨转，并饬遵照行政院前令，将前项大纲细目，迅予拟定，呈部转呈核定公布施行在案，兹据该会二十五年三月十三日呈称‘当经提交本会第十二会务会议详加讨论，佥以国内古物，名色繁多不胜枚举。我国以五千年文化发达之邦，凡先民所遗留，如残砖寸简等，凡有历史的科学的或艺术的价值，而值得保存者，在在皆是，故凡古物之有无价值，关系历史文化与否，勿论其为玩好之品，或为近代所产，均须加以考证而后知，果认为有适于保存之原则者，自当限制出国，以免散佚。况我国古物埋藏独多，时有发现，而历年模仿之术，又逐渐进步，若出国古物，不一一鉴别清楚裁定确当，深恐影射滋多，限制演成具文，本会前所呈准公布之古物范围种类大纲，立意原在概括，冀免挂漏而防流弊，若仅就现今研究之范围，而规定具体标准，似仍难周详而适用，审议结果，拟请免于拟订，惟为便利商民起见，嗣后凡各地古物，欲运出国境者，拟准由起运人于起运之前，先行呈经本会委托专家或学技机关鉴定，核给可证明文件，一面由本会函知财政部饬关验放，俾关商两方，手续上均得稍减困难，庶于体恤商情之中，仍不失保管之旨，至于古物细目，本会正在延请专家研究斟拟，除俟细目与古物出国许可证明文件施行规则，分别拟就，再行呈请核夺颁行外，奉令前因，理合先行备文呈复，伏惟鉴核示遵，’等情，据此，相应咨请查照，转饬遵行，等因，合行批示知照，此批，部长孔祥熙。”[6]

二　古物鉴定、核准与许可文件

据上述财政部文件，中央古物保管委员会提出“嗣后凡各地古物，欲运出国境者，拟准由起运人于起运之前，先行呈经本会委托专家或学技机关鉴定，核给可证明文件，一面由本会函知财政部饬关验放，俾关商两方，手续上均得稍减困难，庶于体恤商情之中，仍不失保管之旨”。

中央古物保管委员会提出的对拟运出国古物，由起运人呈经该会委托专家和学技机关鉴定，由中央古物保管委员会核准，发给古物出口许可证明文件，由海关查验放行。该办法业经内政部和财政部同意，成为古物出口鉴定、核准、许可办法。

三 简单评析

（一） 关于古物出口办法

上述古物出口，须由古物起运人呈请，专家或学技机关鉴定，中央古物保管委员会核准、发给出口许可文件，海关查验放行的办法，是初步确立的古物出口许可办法，为古物出口许可制度的建立和完善打下了初步基础。对出口古物鉴定是专家和学技机关的职责，核准、许可、发放证明文件是中央古物保管委员会的职责，查验许可文件放行是海关的职责。进而言之，执行该办法，禁止和防止古物外流是三方面的共同责任。凡经鉴定、核准、许可的古物出口是合法的，而未经鉴定、核准、许可出口的古物都是非法的，海关应拒绝放行。这一许可办法是衡量古物出口之合法与非法的法规标准。

由于没有古物出口标准及古物细目，执行这一标准会遇到不少困难，但有此许可办法，对防止和查处古物非法出口就有了法规依据。

从实际情况出发，没有古物出口标准及古物细目，由专家和学技机关鉴定古物，作出价值评估，提出可否出国意见，在不少情况下是比较困难的。而且容易引起古物起运人与鉴定古物人员的争议，给核准、许可机关带来很大难题。因此，应继续深入研究，制定古物出口标准，或以古物年代为标准对出口古物作出限制，同时就一些主要古物种类以年代为标准列出禁止或限制出口古物细目，会有利于古物出口鉴定、核准、许可工作，有利于禁止和防止古物非法出口，保护中华民族文化遗产。

（二） 关于古物 “历史的科学的或艺术的价值” 表述

在上述财政部文件中，关于古物的价值，中央古物保管委员会提出“我国以五千年文化发达之邦，凡先民所遗留，如残砖寸简等，凡有历史的科学的或艺术的价值，而值得保存者，在在皆是”。即对古物具有“历史的科学的或艺术的价值”的表述，是对古物价值的深刻揭示和高度概括；对古物具有历史、科学和艺术价值（即三个价值）的表述，具有中国文化特色。这一表述，是目前所见民国时期古物法规文件中，较早应用的对古物具有历史、科学和艺术价值的表述，即民国二十五年（1936 年）三月提出的对古物价值的表述，具有重要价值，并产生了深远影响。

注释

[1]中国第二历史档案馆编：《中华民国史档案资料汇编》，第五辑，第一编文化（二），凤凰出版社，1994 年 6 月第 1 版，2010 年 6 月第 2 次印刷。

[2]注 1 “汇编” 收录的《古物出国护照规则》中无第四条，根据卫聚贤《中国考古学史》附录的该“规则”补入。

[3]中国第二历史档案馆编：《中华民国史档案资料汇编》，第五辑，第一编文化（二），凤凰出版社，1994 年 6 月第 1 版，2010 年 6 月第 2 次印刷。

[4]中国第二历史档案馆编：《中华民国史档案资料汇编》，第五辑，第一编文化（二），凤凰出版社，1994 年 6 月第 1 版，2010 年 6 月第 2 次印刷。

[5]中国第二历史档案馆编：《中华民国史档案资料汇编》，第五辑，第一编文化（二），凤凰出版社 1994 年 6 月第 1 版，2010 年 6 月第 2 次印刷。

[6]原文，所有“,”是加在原文旁，此次加于文中。载卫聚贤著《中国考古学史》，商务印书馆 1937 年 2 月第 1 版，1998 年 4 月影印第 1 版，同年 4 月北京第 1 次印刷。

第六章　清理战时文物损失规定与清理概况

第一节　清理战时文物损失委员会组织规程

1945年（民国三十四年）4月，国民政府教育部为保存战区文物，成立了“战区文物保存委员会”，9月，该会拟定组织规程，12月26日，行政院指示该会更名为“教育部清理战时文物损失委员会”（以下简称“清理文物损失会”）。

一　“清理文物损失会”组织规程

教育部清理战时文物损失委员会组织规程[1]

第一条　清理战时文物损失委员会隶属于教育部。

第二条　本会之任务，为调查收复区重要文化建筑、美术、古迹、古物被劫及被毁实况，并设法保护之。

第三条　本会委员，除由军政部、外交部、内政部各派代表一人，及国立中央研究院院长、中央文化运动委员会主任委员、国立北平故宫博物院院长、国立中央博物院筹备处主任、国立北平研究院院长、国史馆馆长、国立中央图书馆馆长、国立北平图书馆馆长充任外，并由教育部部长指派部内高级职员，及聘请社会热心美术及保存古物人士，九至十五人组织之。

第四条　本会设主任委员一人，副主任委员二人，综理会务，由教育部部长指定或聘任之。

第五条　本会设秘书一人，秉承主任委员之命，办理日常事务，由教育部部长就职员中调充之。

第六条　本会分设各组：建筑、美术、古物、古画（后改为图书）。

第七条　各组设主任一人，由教育部部长就委员中指定之。

第八条　本会设干事四至八人，由教育部部长就部员中指派兼任之，必要时得酌用雇员。

第九条　本会每两月开会一次，由主任委员召集之，必要时得召集临时会议。

第十条　本会委员均为无给职，惟远道来会出席之聘任委员，得酌送旅费。

第十一条　本会得呈请教育部指派人员前往敌国调查我国被劫文物情形。

第十二条　本会工作纲要另订之。

第十三条　本会规程自公布日施行。

二　简单评析

《教育部清理战时文物损失委员会组织规程》是抗日战争胜利后，中国政府部门成立清理日军侵华战争期间劫掠中国文物机构，开展清理调查工作而制定的专门法规。日军侵华期间，从中国劫掠了大量文物运回国内，对此进行清理调查，是清算日本帝国主义侵华战争罪行的重要组成部分。这样的清理调查，作出历史记载，作为日军侵华的历史罪证，载入史册，是对中华民族负责，对历史负责，对子孙后代作出交代。

清理战时文物损失委员会组织规程，对该委员会的隶属关系、委员会的任务、委员会的组成、分组调查等作出明确规定。

其中：

（一）在规程名称中应用“文物”一词。该规程名称为：清理战时文物损失委员会规程，其关键词不是用“古物”，而是用“文物”，也就是它没有定为清理战时古物损失委员会组织规程，这应与该委员会任务有关。这是民国政府公布的古物法规中，现在看到的最早在法规名称中应用“文物”一词，或已作为概念应用。

（二）清理战时文物损失委员会任务。规程第二条规定：“本会之任务，为调查收复区重要文化建筑、美术、古迹、古物被劫及被毁实况，并设法保护之。”该委员会的任务十分明确。其中，“重要文化建筑”，应包括古建筑、石窟、陵墓建筑，也应包括近代重要文化建筑。“古迹”概念包括的内容更广，也可以包括古建筑、石窟、碑刻等，在这里与“重要文化建筑”并列，应主要指古代文化遗址、古墓葬、古代建筑工程遗迹等。“古物”应指古代遗物，即可移动文物，同时又将“美术”与“古物”并列，“美术”即包括古代绘画、法书、雕塑等，又可包括近代优秀美术作品，它们都是可移动文物，是可移动文物中一个大类，如纳入“古物”并不很准确。总之，从第二条规定的该委员会任务看，“文物”的范围很广，内容很丰富，要做好清理调查，任务是十分艰巨的。

（三）清理战时文物损失委员会委员成员单位。规程第三条规定了该委员会委员组成成员单位，既有国家重要行政部门如军政部、外交部、内政部、教育部，又有国家重要科学研究和文化机构等，一方面体现出国家对清理战时文物损失高度重视，另一方面因调查清理战时文物损失会涉及国内和国外这些方面，由这些部门和单位的人员组成清理战时文物损失委员会，对清理调查工作的开展和完成规程规定的清理任务是十分必要和有利的。最后清理结果也证明了这一点。

（四）清理战时文物损失委员会分组。规程第六条规定：“本会分设各组：建筑、美术、古物、古画（后改为图书）。”从这一规定看，只有“建筑”组，而没有“古迹”组，应是把“建筑”和“古迹”合在一起称为“建筑”组，从最后统计列项看，又只有“历史古迹类”，没有“建筑”类，可作佐证。原设“古画”组，后改为“图书”组，这是完全必要的和正确的，“古画”也可包括在“美术”内，分设两组会交叉或重叠，对清理调查工作不利，而原分组，乃至规定的清理任务中都未把图书明确列入其中，应是一大缺漏，因此把“古画”组改为“图书”组，就完全纠正和弥补了这一点。同时，日军侵华期间劫掠了大量中国古籍图书，应该进行清理调查，作出历史记载。

第二节　清理战时文物损失委员会成员与清理结果

抗日战争胜利后，民国三十四年（1945 年）12 月 26 日，行政院指示“战区文物保存委员会”更名为“清理战时文物损失委员会”。根据该会组织规程第三条之规定，于第二年（1946 年）初，确定了委员会成员名单，共 26 人，主任委员杭立武，副主任委员陈训慈、马衡、李济、梁思成。

一　委员会成员

清理战时文物损失委员会成员有：

杭立武（教育部常务次长，兼该会主任委员）

陈训慈（考试院考选委员，兼该会副主任委员）

马　衡（北平故宫博物院院长，兼该会副主任委员）

李　济（中央博物院筹备处主任，兼该会副主任委员）

梁思成（中央研究院研究员，兼该会副主任委员）

刘　真（军政部）

鲍扬廷（外交部）

闻钧天（内政部）

朱家骅（教育部长、兼中央研究院院长）

张道藩（中央文化运动委员会主任）

李书华（北平研究院院长）

张　继（国史馆馆长）

蒋复璁（中央图书馆馆长、教育部京沪区特派员）

袁同礼（北平图书馆馆长）

王世杰（外交部部长）

傅斯年（中央研究院历史语言研究所所长、北京大学代理校长）

俞大维（军政部次长、兼兵工署署长）

徐鸿宝（故宫博物院古物馆馆长、兼该会京沪代表）

沈兼士（教育部平津区特派员兼该会平津区代表）

金毓黻（监察委员、兼中央大学文学系教授、兼该会东北区代表）

顾树森（教育部国民司司长）

刘敦桢（中央大学工学院建筑系主任）

贺昌群（中央大学史学系教授）

张政烺（中央研究院历史语言研究所研究员）

曾昭燏（中央博物院筹备处）

张凤举（版本鉴定家）

其中，“部聘委员”为：顾树森、王世杰、俞大维、曾昭燏、杭立武、傅斯年、徐鸿宝、沈兼士、梁思成、张道藩、张政烺、陈训慈[2]。

二　设区办事处与聘请代表

清理战时文物损失委员会为了更好地调查了解各地文物损失情况，设立了京

沪区等5个区办事处，并聘请专家学者为代表、副代表，

他们是：

京沪区（包括南京、上海、江苏、浙江、安徽、江西、福建），代表徐鸿宝（该会委员），副代表余绍宋（浙江）、黄增樾（福建）、江彤侯、程复生（安徽），助理代表金研僧，办事员顾廷龙。

平津区（包括北平、天津、河北、河南、山东、山西），代表沈兼士（该会委员），副代表唐兰，助理代表王世襄（北平），傅振伦（山东），郭子衡（河南）。

粤港区（包括香港、广州、广东、广西），代表罗香林、简又文。

武汉区（包括武汉、湖北、湖南），代表章树帜。

东北区，代表金毓黻（该会委员）[3]。

三　清理战时文物损失概况

清理战时文物损失委员会为了详细了解战时各地文物损失情况，设计制定了《战时文物损失报告表》，包括文物类别、数量、损失时间、损失地点及情形、损失时敌伪负责人或机关部队名称、证件、损失时估计总价值、现时估计之价值等。

在抗战胜利后，条件很艰难的情况下，各地代表和工作人员以对祖国文物负责、对国家民族高度负责的精神，克服困难，认真清理调查日本帝国主义侵华期间劫掠中国文物情况和造成的损失。经各地统计，由重庆方面最后汇总统计的结果如下[4]：

历史古迹类：受损741处

书画类：公、私损失15000多件

古器物类：公、私损失16000多件

碑帖类：公、私损失9300多件

书籍类：公、私损失300多万册

杂件类：公、私损失60多万件

上述汇总、统计的结果，是清理战时文物损失委员会及各区办事处和各位委员、代表、副代表、助理代表以及工作人员在抗战胜利后条件十分艰苦、困难的

情况下，经过努力取得的成果，是十分重要和可贵的。但要全面、彻底清理调查日本帝国主义侵华战争期间从中国劫夺走多少文物，破坏多少不可移动文物是很困难的。

在中国第二历史档案馆所藏《中国战时文物损失数量及估计目录》，对中国在战时文物损失有较详细记载。而由日本外务省出版的《从中华民国掠夺的文物总目录》记录掠夺的中国文物情况，比《中国战时文物损失数量及估计目录》所记更加详细、具体。它是根据中国国民政府教育部清理战时文物损失委员会的调查结果编辑而成。这些都是追索文物的依据。

清理战时文物损失委员会在做好调查战时文物损失的情况下，也参与了向日本追索被掠文物的工作。如平津区助理代表王世襄1946年底，又任中国驻日本代表团第四组专员，调查、交涉、索还日军掠夺中国文物事宜，经过多方努力，于1947年2月，追索回被日本劫夺的中央图书馆所藏并寄存在香港冯平山图书馆的珍稀善本图书106箱，亲自押运回上海，郑振铎派谢辰生等迎接。

追索、返还日军侵华期间劫掠走的中国文物，涉及侵略与反侵略、掠夺与反掠夺、过去与现在、行政与外交、政治与法律等等问题，是一项艰巨而复杂的工作，任重道远。

第三节　京沪区办事处组织编制流入日本文物目录

教育部清理战时文物损失委员会京沪区办事处包括南京、上海、江苏、浙江、安徽、江西和福建，办事处代表徐鸿宝，号森玉。办事处在做好调查了解该区战时文物损失的同时，由徐森玉邀请时任上海合众图书馆馆长顾廷龙“以编辑甲午以后流入日本之文物目录属为相助云。”顾廷龙“婉谢再三，而先生坚请。不得已，勉以应命”[5]。

编制《中国甲午以后流入日本之文物目录》（以下简称《目录》），是清理战时文物损失调查的往前延伸，由徐森玉主编，顾廷龙具体负责组织实施。在顾廷龙等搜集各种参考书具备的情况下，徐森玉“延聘吴静安、程天赋、谢辰生诸君草拟体例，从事编纂，九阅月而蒇事。吴、程二君因事先去，编录校订则以谢君之力为多”[6]。

徐森玉、顾廷龙、谢辰生等在上海倾注巨大心力，奋战九个月，终于编纂完成《目录》。它不仅是清理战时文物损失调查的向前延伸，更重要的是为中国政府向日本开展战争赔偿、追索文物作准备的重要组成部分。顾廷龙在《目录》“跋”中指出，清理战时文物损失委员会“曾请外交部向远东顾问委员会及盟军驻日总部提出《追偿我国文物意见书》一种，其中主要要求为：自甲午以来，凡为日本掠夺或未经我政府许可擅自发掘之一切文物，均须由日本交还。该会深感在甲午以后，我国文物为日本巧取掠夺者，为数甚夥。此次办理赔偿，自亦应不以民国二十六年后之战时损失为限。而在此期间，凡为日本破坏或因日本军事行动损失之文物，则必须责令以同类或同等价值之实物赔偿，故除编制《战时文物损失目录》外，复编《甲午以后流入日本之文物目录》，以为交涉之依据”[7]。

《目录》编纂在搜集日本公、私博物馆所藏中国文物图谱、目录，以及张政烺等中国学者研究著作 122 种的基础上，以其中所列日本掠夺的中国甲骨、石器、陶瓷、古玉、铜器、刻石、丝绣、书画、写经、拓本、杂项、古籍等文物，编制而成。共收录甲午战争以后至 1945 年抗战胜利前夕日本巧取掠夺中国文物 15245 件，大部分器物标出了高度、重量、口径尺寸、藏处，以及依据图谱书名简称、页码等[8]。

同时，《目录》列有附录，其一为乐浪郡王墓、乐浪土城、梁山夫妇冢等出土之文物，凡存于朝鲜总督府博物馆者。

其二为，“凡日本历年在华发掘，不能详知其所得古物，及后来收藏何处者，列为一表，以资调查”[9]。经归纳，日本在中国挖掘、调查劫取文物的地区有：

东京帝国大学考古学研究室在大同、平城、邯郸、赵王城、临淄、高邱、滕县、安阳、曲阜；

东京东方文化学院在百灵庙、蕨池、和林淖尔、兖县；

京都东方文化研究所在和林淖尔、安阳、大同·云冈、阳高；

庆应义塾大学文学部“北支学术调查团”在安阳；

兴亚院蒙疆联络部在浑善达克沙漠；

外务省文化事务部在定襄、太原及附近、五台山、朔县、浑源、繁峙、崞县；

兴亚院北支佛教史迹调查团在太原西北蒙山之清华寺之北太原西南交河县之石壁寺中寺；

日本驻太原特务机关文化室在五台山；

东亚考古学会在开平·上都、旅顺；

东京帝国大学理学部在夏县、同蒲线、周口店；

华北综合调查研究所在河南平汉〔线〕沿线、曲阜；

东亚文化协议会在曲阜；

日满文化协会在辑安·高句丽遗迹；

东京帝国大学考古学研究室与伪蒙自治政府合组之“盛乐发掘团”在和林淖尔。

上述日本一些单位在中国挖掘、调查古文化遗址、古墓葬、石窟寺、古建筑等，涉及我国东北三省、内蒙古、山西、河北、山东、河南等广大地区，他们挖掘、劫取的文物具体数字“不能详知”，但对中国文物的掠夺和严重破坏确是铁的历史事实，至今在一些地方仍可清晰地看到他们劫掠文物的遗痕。

《目录》记录的日本自甲午战争以后至1945年中国抗战胜利之前，以不同方式从中国劫掠的一万多件珍贵文物和对大批文物古迹调查、挖掘等活动，使中国文物遭到了重大损失。《目录》在当时配合外交上向日本追索中国文物有重要价值，同时具有重要历史、科学价值和文献价值。

第四节　日本人挖掘与劫掠文物

日本侵华期间，在其侵占的地区，一些日本团体或个人挖掘古文化遗址、古墓葬，调查、劫掠石窟寺等，对中国文物造成了难以统计的破坏和损失。笔者曾在《中国文物学概论》一书中做了一些记述。在本章第三节中，概述了徐森玉主编《目录》中的大量记载。

在日本帝国主义侵占的中国领土范围内，一些日本考古团体及个人随之而来，进行考古调查、挖掘活动，有些挖掘活动也是在日军的直接保护下进行的。九·一八事变后，日本“东亚考古学会”的活动范围，从旅大地区扩大到东北其他地区，如1933—1934年，原田淑人、池内宏、岛山喜一等领导的发掘队，挖掘了黑龙江宁安县渤海国都城上京龙泉府遗址，其中有宫殿遗址6处，古寺址1处，陵墓址1处及禁苑址、外城址数处，掠走一批珍贵文物。1935年，京都帝大领导的发掘队，挖掘了内蒙古赤峰红山后遗址，其中居住址2处，墓葬31处，掠走一批文物。此外，日本人还挖掘了内蒙古元上都遗址等。日本侵占华北以后，原田淑人等又以“东亚文化协会”等名义，在日军侵占区活动。1940 年由原田淑人主持挖掘了河北邯郸赵王城，1942 年又挖掘了山东曲阜鲁灵光殿遗址等。

在日本一些团体在中国挖掘、掠走文物时，一些日本人以种种名义，挖掘了一些遗址和墓葬，如 1933 年，日本人德永重康、直良信夫领导的满蒙学术调查研究团对黑龙江哈尔滨市郊顾乡屯旧石器时代遗址进行挖掘，前后掠去石器、骨器、角器等 300 余件，古生物化石等约 60 余种属，使遗址遭到严重破坏。1935—1936 年，日本池内宏、滨田耕领导的发掘队，挖掘了古林集安高句丽古墓，掠走遗物，拍摄壁画等。1935—1936 年，日本人对内蒙古昭乌达盟永庆陵墓壁画临摹、拍摄，并将一些壁画掠走。1940—1941 年，一些日本人对河南安阳殷墟和北平周口店遗址进行挖掘。1943 年，日本人对内蒙古昭乌达盟辽太祖阿保机陵寝进行大规模挖掘，掠走阿保机夫妇玉册残简等珍贵文物。第二年，又一次挖掘辽陵，等等。

日本人在对中国重要古遗址、古墓葬进行挖掘，掠走文物的同时，也在对石窟寺进行劫掠，如 1933 年，日本人对山西太原天龙山石窟的石雕造像进行肢解、夺取，或被凿毁。1937—1944 年，日本水野清一等对大同云冈石窟强行进行调查、摄影、测绘等，掠走大批珍贵资料。

上述事例[10]，仅只是日军侵华期间，日本一些团体及个人对中国古文化遗址、古墓葬挖掘，对石窟寺劫掠的一部分，它们或应是国民政府教育部清理战时文物损失委员会调查、统计的 741 处受损历史古迹类中的一部分内容，仅此，已可窥日本侵略中国时对中国不可移动文物造成的严重破坏，使中国文物遭受的重大损失。

第五节　清理溥仪出宫携带文物与归还故宫博物院

抗战胜利后，在天津溥仪旧宅，发现 1924 年溥仪被逐出宫时携带文物之一部，驻军与有关各方代表联合清理，最后归还故宫博物院。故宫博物院院长马衡在致故宫博物院理事会公函中作了详细陈述。

一　马衡院长致故宫博物院理事会公函

1946 年 7 月 27 日，马衡院长致故宫博物院理事会公函及附接收溥仪携走文物目录一份，公函全文如下：

国立故宫博物院公函　发文光字第六十八号

径启者：天津溥仪旧宅，现由美国驻华海军陆战队第一加强师驻扎，该处存有溥仪留存之大保险柜两具，美军查悉其中溥仪出宫时携出文物之一部。但因系美军驻扎地，故未经任何机关查封。该师少校柯立夫，乃与教育部特派员办公处及教育部清理战时文物损失委员会商洽妥善保存办法，经清理战时上述两机关及平津区敌伪产业处理局天津分处、河北敌伪财产清查委员会各代表前往启柜，两柜内共存小铁匣十九个，小皮匣两个，其中多为清宫原有文物，美军为重视责任及策划文物安全起见，主张将柜存二十一匣悉数运平，交本院保管。经上述各机关同意，乃逐匣加封，于十八日正午由美军少校柯立夫会同清理战时文物损失委员会副代表王世襄、敌伪产业处理局天津分处代表李南宸等押送到平，并由该师驻平支队司令葛利上校代表该师径送本院保管。本院未便拒绝，且恐延缓时日，难免不别生枝节，遂于是日午后三时许在本院绛雪轩点收，在清理战时文物损失委员会代表沈兼士、唐兰、王世襄及处理局代表李南宸等见证之下，逐匣清点，本院与美军方面均分别详细记录，迄夜十二时点竣。计有文物一千零捌拾伍件（详见所附目录）其中以玉器为最多，书画仅有五件，有见于故宫已佚书画目，为溥仪未出宫前赏溥杰者；其他小件什物亦多有黄纸号笺，与今存院中者完全相同。点毕后，由本院逐匣加封，由葛利上校亲与各方代表送至本院延禧宫库房保存。所有接收溥仪昔自故宫携出文物经过情形，除呈报教育部并请核示外，相应缮造目录函达查照备案。此致国立北平故宫博物院理事会

附本院接收溥仪文物目录一份

院长　马　衡

中华民国三十五年七月二十七日[11]

马衡院长致故宫博物院理事会公函所附接收溥仪文物目录名称为“溥仪存津保险柜中文物草目”，分匣号、类别、品名、件数、附件、备注等项，其中类别项记有金、玉翠、翡翠、珠宝、珐琅、瓷、书画、笔、章、镜、表、烟壶、文玩等等，所记详细。

原附表据文物草目统计：	玉器	五〇五件	附七件
	瓷器	三五件	附八件“瓷”
	珠宝饰物	七二件	附四件“珠宝”
	翡翠	八三件	“翠”
	朝珠手器	三九件	“朝珠”
	金器	二四件	“金”
	书画	五件	“画”
	景泰蓝珐琅	一八件	附七件“珐琅”
	洋表	六四件	“表”
	烟壶	四四件	附一件“烟”
	铜镜	二件	附一件“镜”
	图章	七〇件	附五件“章”
	旧笔	七件	“笔”
	文玩什物	五八件	附五件“文玩”
	杂项	一五件	附一件“杂”

总共十五类计壹零捌伍件 附叁玖件[12]

二 简单评析

（一）清理溥仪自宫中携走文物，归还故宫博物院，整个过程组织安排合理，各方代表齐全，从开匣、登记、封运、交接、签字等手续严密，体现了参与各方认真负责的精神，从而圆满完成了清理、归还工作。

（二）清理溥仪存津文物，既是抗战胜利后处理敌伪财产机关的任务，也是清理战时文物损失委员会的任务。溥仪作为日本军国主义建立的伪满洲国皇帝，抗战胜利后成为战犯，因此，对他原先占有的文物进行清理是完全必要的，合理合法。

（三）溥仪存津文物，原为故宫文物。故宫博物院是国家保存国有文物的机构（场所），原本属于故宫的文物，清理后归还故宫博物院是非常及时、完全正确的决定。正如马衡院长在公函中所说：“本院未便拒绝，且恐延缓时日，难免不别生枝节。”因此，在当时形势下，当机立断，办理交接手续，既符合情理，又于法有据。

（四）清理溥仪存天津文物，归还故宫博物院，是抗战胜利后，处理敌伪财产、清理战时文物损失取得的重要成绩。

注释

[1]胡昌健：《国民政府教育部“清理战时文物损失委员会”》一文所载。《中国文物报》2007 年 8 月 22 日第 6 版。

[2]胡昌健：《国民政府教育部“清理战时文物损失委员会”》，《中国文物报》2007 年 8 月 22 日第 6 版。

[3]胡昌健：《国民政府教育部“清理战时文物损失委员会”》，《中国文物报》2007 年 8 月 22 日第 6 版。

[4]胡昌健：《国民政府教育部“清理战时文物损失委员会”》，《中国文物报》2007 年 8 月 22 日第 6 版。

[5]徐森玉主编：《中国甲午以后流入日本之文物目录》，顾廷龙“跋”，中西书局，2012 年 8 月第 1 版，第 1 次印刷。

[6]徐森玉主编：《中国甲午以后流入日本之文物目录》，顾廷龙“跋”，中西书局，2012 年 8 月第 1 版，第 1 次印刷。

[7]徐森玉主编：《中国甲午以后流入日本之文物目录》，顾廷龙“跋”，中西书局，2012 年 8 月第 1 版，第 1 次印刷。

[8]徐森玉主编：《中国甲午以后流入日本之文物目录》，中西书局，2012 年 8 月第 1 版。

[9]徐森玉主编：《中国甲午以后流入日本之文物目录》，中西书局，2012 年 8 月第 1 版。

[10]李晓东著：《中国文物学概论》，河北人民出版社，1990 年 2 月第 1 版，1993 年 9 月第 2 次印刷。

[11]中国第二历史档案馆编：《中华民国史档案资料汇编》，第三辑文化，凤凰出版社，1991 年 6 月第 1 版，2011 年 3 月第 3 次印刷。

[12]中国第二历史档案馆编：《中华民国史档案资料汇编》，第三辑文化，凤凰出版社，1991 年 6 月第 1 版，2011 年 3 月第 3 次印刷。

第七章　古物奖励与惩处

第一节　制定古物奖励规则

民国二十年（1931 年）公布施行的《古物保存法施行细则》第十八条规定，古物奖励等由中央古物保管委员会制定。在国民政府内政部档案保存有民国二十五年（1936 年）4 月制定的一份《古物奖励规则》，本规则第十条规定："本规则自呈准公布之日施行。"尚未见呈准公布施行之规则，因此，该古物奖励规则应是一份草案性质的、尚未呈准公布的规则，但它仍有重要的古物法规史料研究价值。

一　古物奖励规则介绍

古物奖励规则共十条，全文如下：

古物奖励规则[1]

第一条　本规则依古物保存法施行细则第十八条规定制定之。

第二条　合于左列事项之一者得声请奖励。

一、报告国有古物之发现者；

二、捐赠私有古物归公者；

三、寄存私有古物于中央或省市政府直辖学术机关研究，及长期陈列者。

上项古物以对于历史艺术或科学有特殊价值者为限。

第三条　奖励分奖金奖状二类，奖金以一万元为最高额，奖状分特种甲种乙种三等，其式样由内政部定之。

上项奖励，由中央古物保管委员会全体会议审查合格，拟定奖金之额数，或奖状之等次、呈请内政部颁给。

第四条　合于第二条第二款之声请人声明不受奖金，但所捐赠之古物其价值在三万元以上者，除给与特种奖状外，并于年终由中央古物保管委员会汇案呈请内政部转呈国民政府明令嘉奖。其价值在十万以上，除给与特种奖状外，由中央古物保管委员会专案呈请内政部转呈国民政府明令嘉奖。

古物价值之估计，由中央古物保管委员会聘请专家缜密拟议，报由全体会议决定之。

第五条　声请人应开具声请书呈请内政部，或呈由当地主管行政官署呈请各该地省市政府咨请内政部交由中央古物保管委员会核办。

第六条　声请书分别记载声请人姓名、年岁、籍贯、住址、职业（声请人若为机关人员应记其名称及事务所）、古物名称、种类、数目、现状、尺度，及其在历史艺术或科学上之关系，声请年月日，连同古物之照片或拓片，一并送呈。

声请第二条第一款事项，并须记载古物发现地点、发现原因、保存处所，发现年月日。

声请第二条第二款之事项，并须记载愿将古物捐赠某地某机关，声请第二条第三款之事项，并须记载古物系寄存某地某机关研究或陈列及其期限。

第七条　声请第二条第三款之事项，不限于古物所有者，得由接受之机关代为声请之。

第八条　审查声请第二条一二两款之古物，于必要时得令原经办请奖机关或声请人将古物送交中央古物保管委员会鉴定，或由中央古物保管委员会派员赴古物所在地鉴定之。

第九条　声请之古物如经审查认为不合格者，其声请无效。

第十条　本规则自呈准公布之日施行。

二　“规则”评析

制定《古物奖励规则》（以下简称“规则”）是当时完善古物法规的一项重要措施。在《古物保存法》等法规中，规定了对保存、保管古物古迹作出成绩的给予奖励，而“规则”的制定将这些规定具体化，落到实处，是国家进一步促进和倡导民众保存、保管古物古迹的法规规范。它对奖励对象、声请奖励及其方式等作出明确规定。

“规则”对声请奖励的对象作出规定，一是“报告国有古物之发现者”。《古物保存法》规定："埋藏地下及由地下暴露地面之古物，概归国有。""前项古物发现时，发现人应立即报告当地主管行政官署，呈由上级机关咨明教育、内政两部及中央古物保管委员会收存其古物，并酌给相当奖金"。"规则"规定的报告发现古物，应不只是对发现埋藏于地下并暴露之古物，也应该包括其他可移动和不可移动之国有古物，如发现石窟寺、长城等古迹而报告者，也应是奖励对象之范围。

"规则"规定的声请奖励对象，二是"捐赠私有古物归公者"。私有古物应包括可移动和不可移动古物，按照古物保存法施行细则规定对私有古物进行登记的，其所有权仍属原主。私有古物捐赠归公者，是私有古物所有权的转移，如该私有古物已登记，应按规定"有移转或让与等行为，应由原主会同取得人向原主管官署声请移转登记，违者其移转行为无效"。

同时，私有古物捐赠归公者，接受捐赠的单位应是古物保存处所、博物馆、陈列所、图书馆等。这些单位（受赠人）应与古物捐赠人签订古物捐赠合同文书，使其行为合法、有效，受法律保护。

值得注意的是，这种古物捐赠，古物所有人应是具有完全民事行为能力者，对古物拥有完整的处分权。如果古物是继承的、且尚未进行财产分割，并未明确归捐赠者的古物，则必须征得其他财产所有人的书面同意，才可接受捐赠的古物，以避免由此引起古物所有权法律纠纷。

与此同时，还必须注意，私有古物捐赠归公，其捐赠的古物，必须是其合法所有的古物，捐赠完全是出于自己的意愿。

"规则"规定的声请奖励对象，三是"寄存私有古物于中央或省市政府直辖学术机关研究，及长期陈列者"。这种情况首先必须是双方自愿，同时，接收保管一方，在学术研究、陈列方面确有需要，还必须具备保管、陈列古物的安全设备，以保障古物在被保管期间的安全，否则不易实现。这种私有古物寄存保管供学术机关研究、长期陈列的做法，对发挥古物价值和作用是一种有效途径，是一种创举。这样做时，双方必须签订合同文书，对双方的权利和义务作出明确规定。

"规则"规定奖励分为奖金和奖状两种，也就是既有物质奖励，又有精神奖励，并根据受奖人意愿作出选择。

"规则"对声请奖励的具体办法包括声请、奖金数额、奖状分级、决定奖励等方面作出明确规定。如能实施，会对古物保存、保管、保护起到推动、引导等积极作用。

第二节　古物保护法律责任

在古物保存、保管、保护中，违反相关规定，应承担相应的行政的、或刑事的、或民事的法律责任。本节主要述及刑事法律规定。

民国十七年（1928 年）公布实施的《名胜古迹古物保存条例》第九条规定："对于名胜古迹古物有毁坏、盗窃、诈欺或侵占等行为者，依照刑法所规定最高刑处断。"

民国十九年（1930 年）公布的《古物保存法》中也有关于刑事处罚的规定，如第七条第二款规定发现概归国有的地下古物，"有不报而隐匿者，以窃盗论"。第八条第二款规定，采掘古物须依法取得执照，"无前项执照而采掘古物者，以窃盗论"。

民国二十四年（1935 年）二月，由中央古物保管委员会常务委员主席傅汝霖和委员滕固、李济、叶恭绰、蒋复璁联署，要求从重惩处盗掘古墓窃取古物罪犯的呈文中，指出："查近年各地盗墓掘物之风，日甚一日，其专掘地下古物之案，亦复层出不穷，本会职责所在，未容漠视。"经滕固、黄文弼实地调查，"经过各地，盗掘新旧坑穴，触目皆是，而以豫省安阳县属为尤甚。并由中央研究院殷墟发掘团交来安阳盗掘案件一览表一件，计自二十二年二月起至上年十二月止，竟达六十三起之多，殊骇听闻"。呈文分析了盗掘猖獗的原因，"良由现行刑法所定盗墓罪犯条文富有伸缩之性，而盗掘古物更未有定专条可资依据。各种司法机关对于此种案件，往往采取惟轻主义，致人民毫无忌惮，视盗掘为唯一谋利之途，如再不严予制裁，不独我国地下古物势将散失无余，而长此刁风不戢，实与地方治安亦复有所妨碍"。呈文列举了当时刑法的有关规定，强调"若能量刑从重科罪，则风声所树，奸滑之徒庶知所敬戒，不敢轻蹈法网，即无知民众，亦不敢附和盲从。嗣后盗掘之风，自可渐次消灭。理合备文呈请钧院俯赐转咨司法院通饬所属司法机关，关于盗掘地下古物案件，予以严重注意，从严惩办，以重文化而戢刁风，实为公便"[2]。

中央古物保管委员会常务委员主席傅汝霖等呈行政院关于严惩盗掘古墓窃取

古物罪犯的文中，列举了民国当时现行刑法的相关规定，有[3]：

刑法第十七章　侵害坟墓尸体罪，第二六三条："发掘坟墓者，处六月以上五年以下有期徒刑。"第二六四条："发掘坟墓而损坏遗弃污毁或盗取尸体者，处三年以上十年以下有期徒刑。发掘坟墓盗取遗体遗物或火葬之遗灰者，以一年以上七年以下有期徒刑。"

刑法第二十八章　窃盗罪，第三三七条："意图为自己或第三人不法之所有，而取他人所有物者为窃盗罪，处五年以下有期徒刑，拘役或五元以下罚金。"第三三八条："有左列行为之一者，处一年以上七年以下有期徒刑：（一）意图行窃，于夜间侵入住宅，或有人居住之建筑物，或隐匿其内而犯窃盗罪者；（二）毁越门扇墙垣而犯〔窃〕盗罪者；（三）携带凶器而犯窃盗罪者；（四）结伙三人以上而犯窃盗罪者；（五）乘水灾火灾或其他灾害之际，而犯窃盗罪者；（六）在车站或埠头而犯窃盗罪者；（七）以犯窃盗罪为常业者。"

中央古物保管委员会呈行政院文中，对当时刑法中无处罚盗掘古墓盗窃古物专项条款、司法人员在利用现有相关条款处罚时偏轻，指出如不严予制裁，不仅古物将散失无余，也败坏社会风气，妨碍社会治安等。这些认识清醒、到位，也比较深刻。

自古以来，盗墓为大逆不道，为人们所不齿，一直有"发冢者诛"严令。民国以来，刑法中专项处罚条款缺失，司法方面乏力，盗墓等破坏古迹古物犯罪行为，得不到应有之严惩，贻害无穷。如 1928 年军阀孙殿英部队盗掘河北遵化清东陵，未给予严惩即为明证。抗日战争胜利后，遵化一带的土匪、地痞相互勾结，大肆盗掘清东陵，当年解放区党政机关对此坚决查处，处决了一些为首的犯罪分子，给盗掘犯罪活动以极大的打击、震慑，对保护清东陵起到了重要作用。

历史的经验教训应当记取。古墓葬等古迹古物是中华民族发展的历史见证，是中华民族之根，承载着中华民族之魂，应采取各种措施加强保存、保护，包括提供充分的法律规定，大力提升打击盗掘古墓盗窃古物犯罪分子的力度，发挥其强大的震慑和教育作用。

第三节　保护天龙山石窟免遭破坏训令

民国二十年（1931 年）六月十日，行政院向教育部发出第二七四一号训令，要求切实保护山西太原天龙山石刻造像免遭毁损，并令内政、教育两部和各省市地方政府切实保护古物，对盗取、私自移运者，务须严加究办。

一　行政院训令

行政院致教育部训令，全文如下[4]：

“为令行事：案据实业部提议，称：‘窃以中国为文化最古之邦，国内古物，可资学术上之研究及历史上之参考者，所在皆是，允宜力予保护，以防散佚。兹查山西太原天龙山洞内，有石造佛像及人物多种，系就石壁雕为凹形，为北魏拓跋氏盛时之巨制，极为中外人士所崇仰。乃近因保护不力，常有盗卖或毁损之事发生。顷据山西铭贤学校教授威尔逊博士来函，略称春假内，往游天龙，见其洞内石形人物，大半被人盗取，所余者多不完全，甚至洞内石顶，亦由古董商人以暴力套去。现在石形人物之碎片，仍多散在地上，细加检视，仍可复其原形，深望政府设法保护，免致再遭蹂躏。其已被取去者，则备价收回，移回洞内，妥为装置。嗣后此类石形人物，无论由私家收存，或贩运出口，均应一律严禁。至修理收买之费，如须向外国劝募，甚愿助力云。又本月十六日申报登载太原通讯，亦有河北人王善亭贿通天龙山看守人，将造像凿取，运出晋境等语。似此有关文献之古物，或为强暴摧残，或为奸人盗卖，损失国粹，贻笑外人，良堪痛惜。拟请令饬山西地方官署，切实保护，以免再有损失，其已被盗取者，严行查究，勒令缴还，仍置原处。其他各省市此种毁损古物之事，亦时有所闻，并请通令各省市地方政府，对于境内所有古物，一律设法保存。遇有私行移运者，务须严加究办。俾国内现存之古迹，幸获保全，吾国固有之文明，益臻光大，理合提请公决’等情。当经提出本院第二十五次国务会议，决议照办。呈请国府将已公布之古物保存法，定期自本年六月十五日起施行。并令内政、教育两部妥拟实施保存及追还失物办法，通行各省市政府切实办理。等因。除照案呈请并令行山西省政府转饬地方官署切实保护，以免再有遗失，及追还盗取各物暨饬实业部外，合行令仰该部会同内政部妥拟办法，通行切实办理。此令。”

二　简单评析

现对行政院关于切实保护太原天龙山石造佛像免遭毁损致教育部训令，作几点简单评析。

1. 行政院训令适用于各省市。训令虽是根据实业部反映天龙山石刻造像遭到破坏情况和提议，经国务会议决议照办而作出的。但同时也适用于各省市对古迹古物的保护。在实业部提议中明确提出“其他各省市此种毁损古物之事，时有所闻，并请通令各省市地方政府，对于境内所有古物，一律设法保存。遇有私行移运者，务须严加究办”。国务会议决议照办。因此，该训令内容和要求，适用于各省市政府对古物保护。

2. 古物保存法民国二十年六月十五日施行。行政院训令指出：“呈请国府将已公布之古物保存法，定期自本年六月十五日起施行。”古物保存法于民国十九年（1930 年）六月二日由国民政府训令公布，其第十四条规定：“本法施行日期以命令定之。”行政院训令确认呈请国府决定了古物保存法施行日期，即民国二十年（1931 年）六月十五日。行政院训令并令内政、教育两部妥拟实施保存及追还失物办法，通行各省市政府切实办理。《古物保存法施行细则》于民国二十年（1931 年）七月三日公布，自公布之日起施行。应是行政院上述训令价值和作用的直接成果，把训令和实施法规结合起来。

3. 切实保护，追还盗取古物。行政院训令强调“并令行山西省政府转饬地方官署切实保护，以免再有遗失，及追还盗取各物”。天龙山石刻造像在中国佛教造像史上有重要地位。它位于太原西南约 40 公里处天龙山，石刻造像（或石窟造像）分别开凿于东峰和西峰山腰，在峭壁上凿有高低、大小不同的石窟 25 个，其中东峰 12 窟，分上下两列，上列 4 窟，下列 8 窟；西峰 13 窟（座）。方向大多坐北朝南。石窟开凿时代从北朝的东魏、北齐到隋唐。北齐石刻造像的写实手法，开启隋唐造像风格之先河，是中国佛教造像史上一个重要的转折点，反映了石雕艺术从北朝向隋唐演进的过程，有很高的历史价值和艺术价值。

窃取、破坏天龙山石窟石刻造像的，不仅有国内古董商与看守人员相互勾结所为，而更严重的是日本人的劫掠。1918 年日本人关野贞调查天龙山石窟，在此后的年月，日本人对天龙山石窟石刻造像等进行肢解、掠夺，运往日本，对天龙山石窟造像造成严重破坏。因此，行政院训令“追回盗取各物”当时做不到，现在追索仍是一项艰巨工作。

注释

[1]中国第二历史档案馆编：《中华民国史档案资料汇编》，第五辑，第一编文化（二），

凤凰出版社，1994 年 6 月第 1 版，2010 年 6 月第 2 次印刷。

[2]中国第二历史档案馆编：《中华民国史档案资料汇编》，第五辑，第一编文化（二），凤凰出版社，1994 年 6 月第 1 版，2010 年 6 月第 2 次印刷。

[3]中国第二历史档案馆编：《中华民国史档案资料汇编》，第五辑，第一编文化（二），凤凰出版社，1994 年 6 月第 1 版，2010 年 6 月第 2 次印刷。

[4]中国第二历史档案馆编：《中华民国史档案资料汇编》，第五辑，第一编文化（二），凤凰出版社，1994 年 6 月第 1 版，2010 年 6 月第 2 次印刷。

第八章　古物法规体系与古物保护

第一节　古物法规体系框架与法规实施

民国时期的古物法规，其内容有古物调查、保护的，有古物发掘与外国人参加发掘的，有古物流通和古物出境鉴定的，有博物馆方面的，以及清理战时文物损失方面的等等，其中有综合性法规，也有专门法规。从法规层级上来看，有法律（宪法）规定，有民国政府法规，有部级和省级古物法规（规章）。因此，可以初步构建民国古物法规体系框架。而古物法规实施，在民国时期社会政治环境差，困难重重。

一　古物法规体系框架

民国古物法规体系框架由四部分法规组成。

（一）法律

古物法律规定，主要是民国宪法关于保护古迹、古物的规定。民国三十五年(1946 年）十二月二十五日，由国民大会制定，三十六年元旦国民政府公布，同年十二月二十五日施行的《中华民国宪法》，第十三章基本国策，该章第五节教育文化，第一百六十六条规定："国家应奖励科学之发明与创造，并保护有关历史文化艺术之古迹、古物。"

中华民国宪法在"基本国策"一章中，明确规定"保护有关历史文化艺术之古迹、古物"。也就是把保护古迹古物纳入"基本国策"范畴，在宪法中赋予其很高的地位。在宪法中把保护古迹古物规定为"基本国策"的组成部分，在近代以来保护文物法律中也是罕见的。

古物保存法（国民政府公布，民国十九年·1930 年）

（二）　法规

古物法规由行政院公布，有：

古物保存法施行细则（行政院公布，民国二十年·1931 年）

中央古物保管委员会组织条例（注：该条例规定中央古物保管委员会隶属于行政院，据此该条例应是行政院公布。原文无公布机关。民国二十一年·1932 年）

附：立法院会通过修正中央古物保管委员会组织条例（民国二十四年·1935 年）

采掘古物规则（行政院公布，民国二十四年·1935 年）

外国学术团体或私人参加采掘古物规则（行政院公布，民国二十四年·1935 年）

古物出国护照规则（行政院公布，民国二十四年·1935 年）

中央古物保管委员会各地办事处暂行组织通则（民国二十三年·1934 年）

古物奖励规则（民国二十五年·1936 年）

修正鉴定禁运古籍须知（民国十九年·1930 年）

（三）　民国政府有关部法规　（规章）

民国政府有关部公布的古物法规有：

古物陈列所章程（内务部公布，民国二年·1913 年）

保存古物协进会章程（内务部公布，民国二年·1913 年）

保存古物暂行办法（内务部公布，民国五年·1916 年）

调查古物表式与说明书（内务部公布，民国五年·1916 年）

内务部古物陈列所鉴定委员会简章（内务部公布，民国十五年·1926 年）

内务部修订（古物陈列所）特许研究古物规则（内务部公布，民国十六年·1927 年）

名胜古迹古物保存条例（内政部公布，民国十七年·1928 年）

教育部历史博物馆规程（教育部公布，民国十六年·1927 年）

交通博物馆筹备大纲（交通部，民国二年·1913 年）

交通部交通博物馆章程（交通部公布，民国九年·1920 年）

财政部关于古物出境鉴定许可办法（民国二十五年·1936年）

教育部清理战时文物损失委员会组织规程（教育部公布，民国三十四年·1945年）

（四）省政府法规（规章）

河南保存古物暂行规程（河南民政长训令公布，民国二年·1913年）

山东省名胜古迹古物保存委员会规则（民国十八年·1929年）

山西省各县历代先贤遗物及名胜古迹古物保管办法（民国二十四年·1935年）

河南博物馆组织条例（民国十九年十二月·1930年）（注：笔者未作介绍和评析）

二　古物法规实施评析

民国时期制定公布的古物法规，就其内容来说，已涵盖当年古物调查、保存、保护、发掘、流通、出境鉴定许可与博物馆等主要方面，可初步构建民国古物法规体系框架。应该说，古物法规建设由民国初年的初创到发展，到初步构建古物法规体系框架，已取得重要成绩。但就法规实施而言，则困难重重。自1840年以来，西方列强侵入我国，中国逐渐沦为半封建半殖民地社会。在一个不完全独立，主权不全在我的国家，民国政府公布的古物法规，不可能在全国各地施行。民国以来，北京政府时期，军阀战争，政局动荡；国民政府时期，自1931年至1945年，日本帝国主义先侵占东北，后发动全面侵华战争，在这样的军事、政治形势下，民国古物保护起步以来就步履艰难，在有些地区开展的古物调查、保护、发掘与古物整修等工作，虽然取得重要成绩，随着日军全面侵华战争的爆发，也不得不暂停下来，或转移古物，或转移到西南等地区开展一些工作。

不仅如此，情况更为严重的是，在日本帝国主义侵略中国的十多年间，日本一些团体和个人，在日军占领地区，大肆劫掠我国古物，挖掘古遗址和古墓葬，肢解、掠夺石窟寺造像等等，使我国古物遭到严重破坏和重大损失。尽管古物法规实施面临形势严峻，日军侵华战争对古物的掠夺、破坏，对保存、保护古物而言，有无这些古物法规则会有本质的不同。民国时期公布实施的古物法规，体现了国家保存、保护中国古物，保护中华民族历史遗产的国家意志。这些古物法规，是衡量和检验对古物保护与破坏，对待古物行为合法与非法的法规标准，是对民国时期古物保存、保护事业评价的重要依据，也是追索被掠夺、流失文物重要的法规根据。

第二节　“古物”“古迹”与“文物”概念述评[1]

民国时期是近代保存、保护古物、古迹的一个重要时期，对一些基本概念和内容的研究，是研究古物法规史的重要内容之一。

对古物、古迹保存、保护制定法律法规，是近代保护古物、古迹的重要特征之一。在考察、研究民国时期“古物”“古迹”与“文物”概念及其内容时，应依据这一时期的政策法规文件，同时结合行政行为，了解它们的内容与发展演变。

一　“古物”和“古迹”概念述实

1911 年，辛亥革命推翻了清王朝。1912 年为民国元年，开启了民国时期的历史进程，古物古迹保存、保护也进入一个重要历史时期。

“古物”“古迹”概念应用于当时的法律法规，例如：

民国二年（1913 年）十二月二十四日，内务部公布《古物陈列所章程》，第一条规定：“古物陈列所掌关于古物保管事项，隶属于内务部。”

民国五年（1916 年）十月，内务部公布《古物保存暂行办法》和调查古物表式与说明书。“办法”规定的内容包括五个方面：历代帝王陵墓、先贤坟墓；古代城廓关塞，壁垒岩洞，楼观祠宇，台榭亭塔，堤堰桥梁，湖池井泉等名人胜迹；历代碑版造像画壁摩崖；故国乔木……；金石竹木，陶瓷锦绣，各种器物及旧刻书帖、名人书画等。该办法规定的古物内容，既包括可移动古物，又包括不可移动古物，即古迹。

民国十七年（1928 年）九月，内政部公布《名胜古迹古物保存条例》，该条例将名胜古迹古物分为：甲名胜古迹，包括湖山类、建筑类、遗迹类；乙古物，包括碑碣类、金石类、陶器类、植物类、文玩类、武器类、服饰类、雕刻类、礼器类、杂物类。该条例将古迹与古物分开进行分类规定，古物、古迹的内容在丰富，分类在发展，逐渐合理。

民国十九年（1930 年）六月七日，国民政府公布《古物保存法》。这是国民政府公布的一个重要的综合性法规，对古物范围、所有权、保存要求、发现后的处理、发掘古物学术机构、发掘古物研究、古物流通等方面作出了明确规定。如第一条规定："本法所称古物指与考古学、历史学、古生物学及其他文化有关之一切古物而言。"

《古物保存法》公布之后，为了进一步贯彻实施，行政院还公布了一系列细则，其中主要有：《古物保存法施行细则》、《采掘古物规则》、《外国学术团体或私人参加采掘古物规则》和《古物出国护照规则》等。在《古物保存法施行细则》中规定了"古迹"。

就《古物保存法》名称而言，是对"古物"保存、保护的规范。早在民国五年（1916 年）公布的《古物保存暂行办法》中，古物的范围就包括古建筑、造像、帝王陵墓等古迹。《古物保存法》第一条规定的范围，实际上包括了古迹，所谓"与考古学、历史学、古生物学及其他文化有关之一切古物"就包括古迹，或者说它的外延涵盖古遗址、古墓葬、古建筑等古迹。总之，《古物保存法》包括古迹是毋庸置疑的。

民国三十五年（1946 年）制定的中华民国宪法，第一百六十六条规定："国家应奖励科学之发明与创造，并保护有关历史文化艺术之古迹、古物。"

上述民国时期法律法规关于保存、保护古迹古物的规定，应用的是"古物""古迹"概念。

二 "文物"概念述实

民国时期，在应用"古物""古迹"概念的同时，有些部门和地方也用"文物"一词作为对某些古迹或古物的概念。例如：

民国十二年（1923 年）十一月十二日，湖北省教育会为制止清室出售古物致内务部代电称："清室之古物，尤为历代帝室递嬗相传之珍秘，并非一代一人所得私有。合全国五千年之文物，集于首都之清室……"即把清室之古物，称为"合全国五千年之文物"。

民国十六年（1927 年）十月十五日，教育部公布《教育部历史博物馆规程》，第一条规定："教育部为搜集历代文物，增进社会教育，特设历史博物馆。”该规定中的“文物”，应当既包括历代古物，也包括近代文物。所谓“历代文物”，应包括近代即清末和民国时期文物。“文物”概念的范围和内涵在发展、变化。

民国二十四年（1935 年）一月，旧都文物整理委员会成立，会址设于北平。它是国民政府行政院批准设立的从事古建筑维修保护与调查研究的专门机构。从该机构当时从事的实际工作来看，“文物”主要是指古建筑。

同年冬，北平市政府秘书处编辑的《旧都文物略》出版，由汤用彬主编，编纂主旨是：“发扬民族精神，铺叙事实，藉资观感。”收录的文物是古代建筑等。

民国三十四年（1945 年），国民政府教育部成立“清理战时文物损失委员会”，制定了《教育部清理战时文物损失委员会组织规程》。该规程名称的关键词用“文物”，从规定内容来看，文物包括文化建筑、古迹、美术、古物等。规程应用“文物”概念，涵盖了文化建筑、古迹不可移动文物，同时涵盖了美术、古物等可移动文物。“文物”概念内容在继续发展、丰富。

第三节　古建筑石窟寺调查保护与研究

民国时期，我国调查保护和研究古建筑石窟寺的学术机构，主要有中国营造学社、旧都文物整理委员会和敦煌艺术研究所等。它们自成立之日起，在极为艰难的条件下，开展调查保护和研究工作，并取得了十分可喜的成绩。

一　中国营造学社调查和研究

民国十九年（1930 年）三月，朱启钤在北平创办中国营造学社，任社长。该社以整理国故、发扬民族建筑传统为宗旨，专事中国古代建筑研究，是民国创办最早的建筑文物研究机构。学社设法式组和文献组，梁思成 1931 年参加营造学社后任法式组主任，刘敦桢 1931 年参加营造学社，后任文献组主任。

营造学社自成立后，开展了一系列古建筑石窟寺调查和研究，取得了一系列重要成果，例如：

（一）1932 年科学调查山西大同云冈石窟。该石窟位于大同城西武州山南麓，依山凿窟，东西绵延一公里余，现存主要洞窟 53 个，小龛 1100 多个，造像 5.1 万余躯。大窟时代多为北魏和平初（460 年）至太和十八年（494 年），小窟龛一直延续至正光末年。营造学社梁思成等对该石窟进行了科学调查，其成果进一步引起世人注意和重视。

（二）1933年开始研究山西应县木塔，1935年进行测绘。该塔为木构，俗称木塔，即佛宫寺释迦塔。建于辽清宁二年（1056年），是世界上现存最高大的木构古建筑。在建筑史上，它是高层木结构的划时代的代表作。木塔位于应县城内佛宫寺中轴线中部，构成以塔为中心的寺院总体布局。塔平面为八角形，底层副阶前檐柱对边约25米，9层，从地面至刹顶高67.31米。该塔保持了中国固有的楼阁式特点，被称为“楼阁型”塔。营造学社对该塔的调查研究和测绘，取得重要成果，保留了大量科学资料。

（三）1937年调查山西五台山古代建筑。梁思成等在调查中发现唐大中十一年（857年）佛光寺大殿。它位于五台县豆村东北、五台山西麓的佛光寺内，是现存时代早、体量大、技术水平高，荟萃当时建筑、雕塑、绘画、书法等艺术精华于一堂的重要木构建筑。它坐东向西，面宽7间（长34米），进深4间（宽17.66米）；正面开5门2窗，上覆单檐庑殿顶。此外，寺内尚有北朝末年修建的祖师塔，与大殿同时建造的经幢，以及金天会十五年（1137年）修建的文殊殿等重要建筑。唐代佛光寺大殿的发现，为研究我国木构建筑提供了实例，有重要价值和意义。

此外，中国营造学社还调查研究了大同古建筑、蓟县独乐寺和正定县古建筑等，都取得了重要成果，如梁思成，刘敦桢撰写了《大同古建筑调查报告》等。

二　敦煌艺术研究所调查保护和研究

1943年3月，在敦煌莫高窟文物屡遭盗窃、抢掠、破坏和我国学术界专家学者强烈要求的情况下，国民政府采纳于右任关于设立敦煌学院的建议，教育部遂委派高一涵为主任，常书鸿为副主任，负责筹备敦煌艺术研究所。经过将近一年的筹备，于1944年（民国三十三年）2月1日正式成立。

常书鸿被任命为敦煌艺术研究所所长，他从重庆征聘了20多位专业人员，奔赴莫高窟进行有计划的调查、临摹等工作。抗战胜利后，由于国民政府教育部明令撤销研究所，专业人员等不得不离去，使调查、临摹等工作被迫中断。1946年，在向达、傅斯年和常书鸿等到处奔走呼吁的情况下，国民政府决定保留研究所，改隶属于中央研究院。之后，又有一些献身于敦煌艺术保护研究事业的人员相继来到敦煌，从事石窟调查、壁画临摹与研究以及保护工作。

在上述前后两个时段，在敦煌工作的专业人员共临摹石窟壁画 1172 幅，346.72 平方米。这些摹本因限于当时条件和水平参差不齐，有的质量不高，但却是最早的一批调查、临摹成果，有很重要的价值。1948 年，在南京、上海举办了“敦煌艺展”，展出全部摹本，宣传介绍了莫高窟及其壁画内容，产生了重要影响。

第四节　旧都文物整理委员会整修古建筑

民国二十四年（1935 年）一月十一日，根据行政院的训令以及《旧都文物整理委员会组织规程》，旧都文物整理委员会在北平成立。它隶属于行政院驻北平政务整理委员会，以该会委员长、冀察两省政府主席、北平市政府、内政、财政、教育、交通、铁路各部及中央古物保管委员会、国立北平故宫博物院的代表为当然委员，主席则先后由行政院驻北平政务整理委员会委员长黄郛、陶履谦兼任，委员有：吴承湜、王冷斋、曲建章、马衡、李诵琛、梁思成、富保衡等。

一　旧都文物整理委员会主要职责与整修古建筑概况

旧都文物整理委员会的主要责任有：（一）指挥监督关于执行整理旧都文物的各项事宜；（二）审核关于整理旧都文物的设计；（三）筹划保管关于整理旧都文物的款项；（四）凡关于整理旧都文物有应与其他机关协商者，由本会商请主管机关办理等[2]。

1935 年 1 月 16 日，北平市政府根据旧都文物委员会的通知要求，成立北平市文物整理实施事务处，以全面执行旧都文物整理委员会委托的整理修缮北平文物事宜。至 1935 年末，行政院驻北平政务整理委员会裁撤之后，依据民国二十四年（1935 年）十二月七日行政院第六三〇四号训令颁行的《旧都文物整理委员会组织规程》，旧都文物整理委员会及其北平市文物整理实施事务处改隶直属行政院，其当然委员也作出相应调整。民国二十五年（1936 年）三月，旧都文物整理委员会第二次会议决议改组其执行机构，更名为“旧都文物整理实施事务处”。

旧都文物整理委员会及其执行机构，在整理旧都文物主要是文物建筑方面做了大量卓有成效的工作，自民国二十四年（1935 年）至二十七年（1938 年），抗战胜利后自民国三十六年（1947 年）至三十七年（1948 年）先后整理的主要古建筑有：

北平第一期文物整修工程，自民国二十四年（1935 年）五月开工，至民国二十五年（1936 年）十月告竣，共修理北平重要古建筑有：明长陵、内外城垣、城内各牌楼 6 处、东南角楼、西安门、地安门、钟楼、天宁寺、天坛 13 处建筑、国子监辟雍、碧云寺总理衣冠冢（金刚宝座塔）、玉泉山玉峰塔、碧云寺、罗汉堂、五塔寺、妙应寺白塔、中南海紫光阁等[3]。

第二期文物整修工程于民国二十五年（1936 年）十月起开始实施，至民国二十七年（1938 年）一月，已竣工修缮的主要古建筑有：天坛祈年殿东长廊、碧云寺中路佛殿、文丞相祠、故宫午门、协和门朝房及南薰殿、大高玄殿牌坊、隆福寺毗卢殿等[4]。

抗战胜利后，民国三十六年（1947 年）一月一日，行政院北平文物整理委员会正式恢复成立，主任委员由故宫博物院院长马衡兼任，委员有朱启钤、梁思成、关颂声、谭炳训、胡适、袁同礼、谷钟秀、熊斌、何思源。一月二十八日召开第一次委员会议，通过该会文物整理工程处组织规程等，并通过决议，正式接管北平市政府工务局文物整理工程处。北平文物建筑整修工程有序进行。

民国三十六年（1947 年）至三十七年，北平文物整理委员会及其工程处完成的古建筑整理修缮的项目主要有：故宫的乐寿堂、午门东翼楼、寿安宫西南转角楼、保和殿左右崇楼，天安门、钟鼓楼、北海阐福寺等 3 处，智化寺东西配殿、安定门箭楼、颐和园北宫正座等 3 处、卧佛寺、大慧寺大悲殿、八里庄万寿塔、雍和宫法轮殿、静宜园见心斋等[5]。

二　旧都文物整理委员会制定的使用管理古建筑办法与评析

旧都文物整理委员会在艰难的条件下，整修了大量古建筑，为保护旧都文物作出了重要贡献，与此同时，在古建筑使用保护管理方面也做了大量工作，制定了《加强管理使用北平重要古建筑办法》。

民国三十七年（1948 年）三月十一日，旧都文物整理委员会制定关于《加强管理使用北平重要古建筑办法》，共五条，全文如下：

一　北平市重要古建筑，概不得充作机关学校及部队之员工或眷属宿舍，其业已使用者，应即设法迁出。

二　如因特殊关系，必须使用为办公室时，须有适当防火设备，并须经常检查电线火炉及烟囱等物（室内装安烟囱概须伸出檐口以上）以策安全。

三　使用者对于古建筑及富有艺术价值之装饰藻井天花等，均应妥加爱护，不得任意拆改挪移。

四　如因事实关系，必须变更原状时，须于事前提出详明计划，征求北平文物整理委员会审核同意方可着手。

五　北平文物整理委员会对于各重要古建筑得随时派员视察并纠正之[6]。

旧都文物整理委员会制定的关于《加强管理使用北平重要古建筑办法》，是根据北平重要古建筑历史和艺术价值、古建筑重要特点，以及当时使用保护方面的情况制定的，针对性强，要求、措施简明扼要，对加强管理使用重要古建筑，确保古建筑安全有重要价值和作用。

第一条，关于重要古建筑，概不得作为宿舍，已使用者，应设法迁出。因木构古建筑作为宿舍，安全隐患甚大。这一条对重要古建筑都很重要，都应适用。

第二条，关于因特殊关系作为办公室使用时，须加强安全设备和经常检查电线等，对火炉烟囱的安装提出明确要求，即须伸出檐口以上，应是防止冒出的烟对檐部彩画等造成损害，也防止冒出的火花引燃木椽等。防火安全对木构古建筑是第一要务。

第三条，关于使用重要古建筑时，对富有艺术价值之藻井、天花等，应妥加保护，不得任意拆改、挪动，以保护其历史艺术价值。使用者不应因使用需要而任意变动，而应服从保护重要古建筑的规定。

第四条，关于因事实关系，必须变更原状时，必须事先提出计划、说明，经文整会审核同意方可实行。这里有几点：一是必须变更原状，强调了“必须”，并非一般情况或正常情况下的变更，后者应是禁止的；二是使用“原状”一词，其内容应包括古建筑布局、结构、材料等，如必须变更这些原状，则是应履行提出计划和审核许可手续。这一规定的目的，是保障重要古建筑原状不被任意变更，保护其重要历史、科学和艺术价值，以及古建筑信息完整。

第五条，关于文整会派员对重要古建筑使用情况随时检查，发现违反规定之行为，应给予纠正。这样的随时检查，可及时纠正发现的问题，以防患于未然，把各项规定落到实处，保障重要古建筑安全。

第五节 古迹古物调查发掘与研究

我国以田野古迹古物调查发掘为特征的考古学肇始于20世纪20年代。最早建立的是1922年北京大学国学门考古学研究室，1923年5月24日在考古学研究室下成立古迹古物调查会，1924年5月19日古迹古物调查会更名为考古学会。1928年，中央研究院历史语言研究所成立，在所内设考古组。与此同时，中国地质调查所新生代研究室及北平研究院史学研究会考古组分别成立。

民国十九年（1930年）国民政府公布《古物保存法》，其中规定“埋藏地下及由地下暴露地面之古物，概归国有”，“采掘古物应由中央或地方政府直辖之学术机关为之”。

中国考古机构相继建立之后，立即开展古迹古物调查发掘与研究工作，在此后的20年里，我国考古机构和专家学者先后发掘了西阴村、周口店、殷墟（小屯、后冈、侯家庄等）、城子崖、良渚、斗鸡台、罗布淖尔、大理、辛村、山彪镇、琉璃阁、王建墓、汉代崖墓等遗址和墓葬。在发掘工作中初步摸索出一套适于中国的田野工作方法，积累了一批通过正规发掘获得的科学资料，出版了一批科学研究成果。这个时期的考古调查和发掘，主要在黄河流域和长江下游地区，获得的资料尚未能建立起比较完整的体系，但确是一个良好的开端。

下面分别介绍部分调查发掘与研究：

一 西阴村发掘。这是我国考古学者所进行的第一次考古发掘工作，由李济主持。1926年10月15日至12月初，他同袁复礼赴晋，发掘夏县西阴村灰土岭遗址，发现了与仰韶文化相同的文化遗存，获得各种遗物40余箱。1927年编撰了《山西西阴村史前遗址中之新石器时代的陶器》一书。西阴村的发掘工作，开创了中国学者运用近代科学方法从事田野考古研究的道路。

二 周口店发掘。中国地质调查所新生代研究室成立后，继续对周口店遗址进行发掘。1929年，在中国学者裴文中独自主持下，于12月2日下午发现了一个完整的北京人头盖骨化石。这一发现公布后，震动了世界学术界。之后，又发现了石器和用火痕迹，使北京人文化遗存得以确认，从而为肯定直立人的存在，大体明确人类进化的序列，提供了极为宝贵的有力证据。1933年，由裴文中和贾兰坡发掘了周口店山顶洞遗存，1934 年出版了裴文中《周口店洞穴层采掘记》。1937 年，日本帝国主义发动全面侵华战争，周口店发掘被迫中止。在此之前，已发现北京人头盖骨共 5 个，以及头骨碎片、面骨、下颌骨、股骨、肱骨、锁骨、月骨等以及牙齿 147 枚。由于周口店人类化石研究工作，是在美国洛克菲勒基金会资助下，与北京协和医学院合作进行的，标本由该院负责人保管，因此在 1941 年 12 月太平洋战争爆发前后，全部资料在几个美国人手里弄得下落不明。

三　安阳殷墟发掘。历史语言研究所考古组的发掘工作，主要集中在殷墟，从 1928 年至 1937 年，对殷墟进行了 15 次有组织有计划的发掘，累计发掘面积达 46000 多平方米。先后主持发掘工作的有董作宾、李济、郭宝钧、梁思永、石璋如等。发掘地点有：小屯、后冈、侯家庄、范家庄、大司空村等。这些发掘的主要收获有：①获得有字甲骨 22000 余片，除小屯外，出土地点先后扩大到后冈、侯家庄等地；②对安阳后冈遗址的发掘，发现了仰韶文化、龙山文化与商代文化三种文化在地层上的相互叠压关系，是极其重要的发现，从而从地层上解决了三种文化的相对年代问题；③在小屯村一带，先后发现 50 余座夯土建筑基址，并有石柱础，其中既有宫殿建筑址，又有宗庙建筑址；④在侯家庄一带，发现了殷王陵区，发现了 10 座规模巨大的商墓，以及上千座“人牲”祭祀坑等，出土了大量石器、蚌器、骨器、玉器、铜器、陶器等遗物。这些丰富的科学资料，是研究中国古代史极为宝贵的实物材料。

四　宝鸡斗鸡台发掘。北平研究院史学研究会考古组于 1933 年至 1935 年，在陕西渭水流域进行调查和发掘。其中主要有徐炳昶领导的对宝鸡斗鸡台附近遗址和墓葬的发掘，发现仰韶文化遗址、周秦和汉代墓葬。发掘地点主要在戴家沟东侧，共清理墓葬 56 座，这是在周人发祥地进行的最早的考古工作。它揭示了周人、秦人物质文化的若干特点。后来由苏秉琦对发掘材料进行整理和分期研究，通过对陶鬲形制变化的排比分析，提出了探索周文化渊源的线索等问题。1948 年出版了他编撰的《斗鸡台沟东区墓葬》一书。

五　西北科学考察团调查发掘。民国十六年（1927 年）由中国学术团体协会与瑞典斯文赫定联合组成西北科学考察团，订立协议 19 条。由徐炳昶（旭生）和斯文赫定分任中瑞双方团长，团员中方 10 人，欧洲人员 17 人。考察团考察内容包括地质学、地磁学、气象学、天文学、人类学、考古学、民俗学等。实地考察自 1927 年 5 月起，持续到 1933 年。中国学者黄文弼等，在新疆吐鲁番附近调查发掘高昌故城、交河故城及麴氏高昌墓地，在塔里木盆地周围调查汉唐时期的城堡、寺庙、屯戍遗址，在罗布淖尔附近调查发掘史前遗址和汉代烽燧遗址。袁复礼在吉木萨尔附近勘察、实测唐北庭都护府遗址。1948 年，黄文弼出版了《罗布淖尔考古记》，是这次调查发掘的成果之一。

注释

[1]李晓东著：《文物保护理论与方法》，故宫出版社，2012 年 4 月第 1 版。

[2]北平市政府秘书处第一科统计股主编：《北平市统计览要》，中华民国二十五年十二月出版，转自中国文物研究所编：《中国文物研究所七十年（1935—2005）》，文物出版社，2005 年 11 月第 1 版。

[3]中国文物研究所编：《中国文物研究所七十年（1935—2005）》，文物出版社，2005 年 9 月第 1 版。

[4]中国文物研究所编：《中国文物研究所七十年（1935—2005）》，文物出版社，2005 年 9 月第 1 版。

[5]中国文物研究所编：《中国文物研究所七十年（1935—2005）》，文物出版社，2005 年 9 月第 1 版。

[6]中国文物研究所编：《中国文物研究所七十年（1935－2005）》，文物出版社，2005 年 11 月第 1 版。

第三编　中国共产党和边区政府文物法规创建

引言：中国共产党在领导中国人民进行革命斗争，创建苏区革命根据地、边区的时候，就十分注意和重视保护历史遗产。在极其艰苦的条件下，倡议创办博物馆、纪念馆，注意保护文物，开启了具有重要历史意义的文物政策法规创建与开拓，为新中国文物保护和政策法规建设做了重要准备。

第一章 中央军委通知与边区政府训令

第一节 中央军委征集红军历史资料的通知

中国共产党在重视保护中华民族历史遗产的同时，注意征集保护在革命战争年代产生的各种纪念物品和历史资料。1937 年，中共中央军委主席毛泽东、总司令朱德发出关于征集红军历史资料的通知。

一 通知内容

中央军委通知主要内容有：成立编委会和明确征集项目。指定徐梦秋、张爱萍、陆定一、丁玲、吴奚如、舒同、甘泗琪、傅钟、黄镇、萧克、邓小平等 11 人为红军历史编辑委员会委员，徐梦秋为主任。

征集红军历史资料项目有：历史——各部红军的产生和发展；战史——各个战役和重要战斗；长征史——片断的或全部的回忆；史略——牺牲同志的传记或红军的故事；报纸——各种大报小报；宣传品——传单标语宣言等；书籍——新编的翻印的铅印的或油印的；图书——旧存的或新的；剧本活报——过去印出的或补录的；日记——机关和私人的；歌曲——过去的各种歌曲土调山歌；相片——旧摄的或新摄的；纪念物品——牺牲同志的或缴获的；旗帜——自己的或缴获的；奖章——牺牲同志的或自己的；文件——过去一切决议、命令、通知、报告……法令——红军的或苏维埃的[1]。

二 重要价值

中央军委关于征集红军历史资料的通知，有重要的历史价值：

（一）中央军委高度重视和关注红军历史资料的征集工作。在战争年代的环境和条件下，所列征集的历史资料极易散失或灭失，那将给红军历史的编写带来很大损失。做好这些历史资料征集工作，从广度和深度上都将加强红军历史编写的基础，是富有远见和卓识的举措。

（二）征集物品范围广，内容丰富。通知中所列征集项目涉及面广，基本上都是有形的历史资料，其中大部分是纪念物品和文化物品，承载着不同革命时期的内容，见证着红军的历史，文化内涵丰富。

（三）开创保护同一时代的文化遗物。通知中所列征集的物品，是中国共产党领导革命斗争，同一时代、或同一时期革命斗争中产生的文化物品和纪念物品。它们在战争年代，由于环境残酷，历经磨难，保存下来实属不易，已具有典型性和代表性，具有历史价值和纪念意义。从当时的立场和史观出发，它们都是当代的，或同一时代，或同一时期的文化遗物，反映了中国共产党保护同一个时代纪念物的唯物史观。保护同一个时代的文化遗物，是对它们的历史定位，富有开创性。它表明中国共产党在革命战争年代，不仅注意保护古迹古物，同时重视保存、保护同一个时代的纪念物等，开辟了中国保护同一个时代（当代）文化遗物的先河。其价值重大，影响深远。

第二节 陕甘宁边区政府调查古迹古物训令

1939 年 11 月 23 日，陕甘宁边区政府发出“为调查古物、文献及古迹事”《给各分区行政专员各县县长的训令》，该训令由边区政府主席林伯渠、副主席高自立、教育厅长周扬署名颁发。训令全文如下：

“查我国西北一带，原系祖先发祥之地，而边区又为西北之要地，历代所遗文物胜迹之多，自不待言。此项古物古迹，或已被发现而尚无适当保管，或保存未尽妥善，或有经发现即为收存，未被社会所晓，更有埋没未发现者，当不在少数。而历代古物、文献与古迹实为研究过去社会历史与文化之发展的必须参考材料。我边区既有丰富之历代文物胜迹，乃过去未加注意，任其弃置散失或深藏，不惟足以抱憾，实亦文化上之损失。本政府现在决定对边区内所有古物、文献与古迹加以整理发扬，并妥予保存。为达到此任务，先在各县进行调查，兹制定古物、文献、名胜古迹调查表三种，印发各县，仰该专员、县长转发所属各区、乡政府机关，着手调查，依表填记，统限于本年底查填完竣，汇集呈送教育厅。

调查方可参照下列办法：

（一）各县、区、乡政府指定专人负责调查；

（二）广泛的访问民众；

（三）向老学者访问；

（四）县、区、乡负责人亲自调查；

（五）其他办法。

调查所得之古物、文献及古迹暂由各该区、乡政府或县政府设法保管，群众自愿将所收存之古物、文献送政府或出卖于政府保管者酌予奖励。而各级政府人员在进行调查中办事出力或发现出重大价值之古物、文献、古迹者，亦当酌予奖励。所有各项奖励办法及将来保存古物、文献、古迹之具体办法，另再规定。

此令[2]”

陕甘宁边区政府上述训令，全面、具体地规定了调查古物、文献、古迹的指导思想、重要性、调查办法，所获古物的保存及奖励等。在抗日战争极为艰苦的条件下，训令要求各级领导亲自动手，进行古物、文献、古迹调查，充分体现了中国共产党对中华民族历史遗产的高度重视。这也是边区政府领导的第一次全面的文物普查，具有重大影响和深远意义。

第三节　调查古物、文献及古迹训令评析

陕甘宁边区政府关于调查古物、文献及古迹训令，是中国共产党领导人民建立的政权在其辖区内开展古物古迹调查法规，该项工作开启人民政府在其辖区调查保护文物的先河。

（一）关于“训令”

陕甘宁边区政府关于调查古物、文献及古迹的文件以“训令”的方式颁行，其重要价值和意义在于：“训令”之“训”有“典式、法则”之释；“训令”系“指上级机关对所属机关指示工作的一种公文。”（《辞海》）换言之，陕甘宁边区政府对其所辖各分区行政专员、各县县长发出调查古物、文献及古迹指示的公文称之为“训令”，应是强调该文件的法规性、权威性与该项工作的重要性。边区政府颁发的调查古物、文献及古迹训令和在其辖区内开展的这

项工作，在当时的环境和条件下具有开创性，开启人民政府颁发调查文物法规和开展文物调查工作之先河，具有很强的导向性和表率作用。

（二） 在抗日战争时期开展的古物古迹调查

1937年，日本帝国主义发动了全面侵华战争，中国人民奋起反击，开展艰苦卓绝的抗日战争。在1939年11月，也就是全面抗战两年之后，在抗战极其艰难的大背景下，在陕甘宁边区建设中开展了具有重大历史意义的古物、文献及古迹调查，保存、保护古物、文献及古迹，保护中华民族悠久历史文化，并进行整理发扬。这一重要工作，既是社会历史发展的需要，边区文化建设的需要，也是抗日战争保卫国家，反对侵略，保护、保存中华民族悠久历史文化的需要；在这一特殊历史时期充分发挥文物的作用。

（三） 保护古物、 文献及古迹是社会历史和文化发展的需要

陕甘宁边区是中共中央所在地，该地区的政治、经济、军事、文化等建设，在抗日战争时期有很大发展。陕甘宁地区处于祖国西北，如训令所指出的“原系祖先发祥之地，而边区又为西北之要地，历代所遗文物胜迹之多，自不待言”。“而历代古物、文献与古迹实为研究过去社会历史与文化之发展的必须参考材料”。“本政府现在决定对边区内所有古物、文献与古迹加以整理发扬，并妥予保存”。古物、文献与古迹是中国历史和文化发展的物质载体，是中华五千年文明发展的历史见证，其内核是中华文化延续、发展的文脉。边区政府把调查保存、保护古物、文献与古迹提高到保护、保存中华民族祖先遗迹遗物，与研究社会历史和文化之发展必修之材料的高度联系起来，说明它的重要价值和意义。应是提高各分区行政专员、各县县长及区、乡负责人和工作人员对这一工作重要性的认识，以增强他们执行训令的自觉性和积极主动性，做好这一工作，从而为社会发展和文化发展提供内容丰富、内涵博大精深的物质历史材料。

（四） 调查古物、 文献及古迹的方法

调查古物、文献与古迹是对其进行保护的前提。调查是实地了解古物、文献与古迹的历史与保存现状的一种科学方法。陕甘宁边区政府为调查设计了三

种表式，发给各县，要求专员、县长转发所属各区、乡政府机关，着手调查，依表填记。调查古物，制定表式，依表调查填记，是民国以来普遍采用的方法。边区政府的要求明确，“统限于本年底查填完竣，汇集呈送教育厅”。为了做好调查工作，边区政府提出调查的五种办法：第一种是“各县、区、乡政府指定专人负责调查”。这既是调查工作的一种办法，也是对调查工作的一种要求。调查古物、文献与古迹工作涉及面广，又需要有一定历史文化知识，工作辛苦，如果不指定专人负责调查，很可能使调查工作落空或走过场。因此，由县、区、乡政府指定专人负责调查，是保障该项工作进行和取得实效的组织人员措施。

第二种和第三种办法分别是“广泛的访问民众”和“向老学者访问”。古物、文献与古迹保留、保存于各地，特别是广大乡村地区的古迹古物，当地群众了解多，或可提供线索，或做向导去实地调查，都需要虚心向群众了解，需要群众给予帮助。这样做，可收到意想不到的好的结果。“向老学者访问”，专家学者或者乡绅对西北一带历史发展、文献记载、风土胜迹等等有较多了解，向他们访问，向他们学习，可从他们那里了解到有关古物、文献与古迹资料，以便进一步做好调查。这两种办法，实质都是党的群众路线在文物调查中的应用，充分调动和发挥广大群众和专家学者的支持和作用，是取得调查圆满成果的重要保障。

在调查办法中，还强调“县、区、乡负责人亲自调查”。虽然县、区、乡政府已指定专人负责调查，但如果政府负责人亲临实地，对古物、文献与古迹进行调查，可真正了解实情，了解调查工作实际状况，及时解决调查中的问题，既可通过亲自调查古物、文献与古迹进行学习，提高自己，又可了解实情，做好指挥，使调查工作取得重要成绩。这既是领导作风问题，也是领导工作方法问题，应当重视。

（五）应用“文物”一词

陕甘宁边区政府在调查古物、文献与古迹训令中，应用了“文物”一词，训令称“我边区既有丰富之历代文物胜迹……”这里的“文物胜迹”，应包括古物、文献和名胜古迹。“文物”一词的适用范围扩大，内容在拓展，内涵不断丰富。

注释

[1]艾克恩：《延安文艺运动纪盛》。转自李晓东著：《中国文物学概论》，河北人民出版社，1990 年 2 月第 1 版，1993 年 9 月第 2 次印刷。

[2]陕西省档案馆、陕西省社会科学院合编：《陕甘宁边区政府文件选编》，第一辑，档案出版社，1986 年第 1 版。

第二章　土地法大纲规定与边区政府文物法规

第一节　土地法大纲保护古迹古物规定与贯彻执行

中国共产党1947年在河北省平山县西柏坡召开全国土地工作会议，经过充分讨论，会议于9月13日通过了《中国土地法大纲》。它是中国共产党领导全国人民废除封建土地私有制度，实行耕者有其田的纲领性文件，是中国共产党领导制定的重要法律。

一　保护古迹古物规定

在《中国土地法大纲》中，第九条（丙）规定：名胜古迹，应妥为保护。被接收的有历史价值或学术价值的特殊的图书、古物、美术品等，应开具清单，呈交各地高级政府处理。

二　贯彻保护古迹古物规定

中央局和解放区在认真贯彻执行《中国土地法大纲》中，对古迹古物保护十分重视，采取多项措施进行保护、保管和宣传，其中包括制定法规等，在这里作简要记述。如：

1948年4月，我东北行政委员会根据《中国土地法大纲》的原则精神，在哈尔滨成立了东北文物管理委员会，由东北行政委员会副主席高崇民任主任委员，车向忱任副主任委员。省、市成立分会，负责收集土改中所接收的图书、古物、美术品等。同时，颁发了《东北解放区文物古迹保管办法》和《文物奖励规则》等法令。

1948年2月5日，晋察冀中央局为在土改中征集保管文物古迹发出通知。1948年7月31日，晋冀鲁豫边区颁发文物征集保管办法。

1948 年 8 月，中共中央华东局暨山东省人民政府成立山东省古代文物管理委员会，中共华东局副秘书长吴仲超任主任委员。文管会的任务是“收藏保管传世的历史文物；接收敌伪机关和社会团体所存文物；搜集社会上的流散文物”[1]。山东省人民政府还发布《通行征集保存古代文物令》。

1949 年 2 月 18 日，冀鲁豫行政公署发出《关于文物古迹征集保管问题的决定》，对文物发掘、文物古迹征集保管范围、管理机构、保管办理等作出了具体规定。

1949 年 9 月，华北图书古物整理委员会向北平历史博物馆移交华北解放区收集的文物 1162 件。

三 价值与影响

《中国土地法大纲》是废除封建土地制度的重要法律，在这部重要法律中，规范了保护名胜古迹、古物和图书等，既为其保护提供了重要法律保障，又为中央局和解放区制定保护古迹古物法规等措施提供了重要依据，换言之，有了上位法的原则规定，各地可根据实际情况制定相关政策法规。上述我东北行政委员会、晋察冀中央局、晋冀鲁豫边区、华东局和山东省政府、冀鲁豫行政公署等就是这样做的。

1947 年 9 月，解放战争正在胜利进行中，在一些解放区已开始进行土地改革，随着解放战争在全国的胜利，土地改革也将全面展开。中国共产党全国土地工作会议通过的《中国土地法大纲》，是保障土地改革运动在全国健康、胜利进行的重要法律。

在全国开展的土地改革运动，是一场消灭封建土地私有制度的深刻革命。在运动中，必将涉及名胜古迹保护问题，涉及私有的图书、古物、美术品等。这些重要的历史遗产如处理不好，将遭到破坏或毁灭，造成不可挽回、无法弥补的重大损失。《中国土地法大纲》中明确作出保护名胜古迹、图书、古物和美术品等规定，使这些历史遗产受到法律保护。这一规定十分重要和富有远见，具有重要历史价值和意义，发挥了重要作用，产生了深远影响。

第二节 晋察冀中央局征集保管文物规定

中国共产党在《中国土地法大纲》中明确规定保护名胜古迹古物。晋察冀中央局为贯彻土地法大纲保护文物古迹的规定，于 1948 年 2 月 5 日，向县团级发出为征集与保管文物古迹通知。

一　征集保管文物通知

征集与保管文物古迹通知主要有五条，全文如下：

晋察冀中央局为征集与保管文物古迹通知[2]

（发县团级）

一九四八年二月五日

中国文化艺术的遗产必须保护，各地土改中，发现与接收了许多有历史价值与学术价值的图书、古物、美术品等，为统一保管，避免散失，拟成立文物保管委员会，并规定征集办法如下：

一、贵重文物开列清单妥为包装运送中央局宣传部（其中特别贵重者派专人负责运送），如（一）古版书籍、抄本、宗教经典、县志、风土志等；（二）古物、古字画、雕刻及其照片；（三）贵重图书资料，包括外文书刊、图表等。

二、普通书籍，集中县以上各级党委机关，开具详细书目，报告中央局宣传部。

三、上述文物，为土地改革胜利果实之一部，任何机关或个人不得任意加以损坏，不得归私人所有。

四、各地名胜古迹及建筑，应妥为保护，不得破坏，并望将其情形报告。

五、对成立文物保管委员会有何意见及建议，亦请告知。

各级党委接到本通知后，应即遵照执行，并指定专人负责办理为要。

二　几点评析

中共晋察冀中央局为了贯彻执行土地法大纲关于保护古迹古物规定，发出为征集与保管文物古迹通知。在解放战争正在激烈进行，同时开展土地改革运动的形势下，晋察冀中央局将通知发至边区党政县级和部队团级单位，是十分必要和重要的措施，对通知内容和要求的贯彻执行是一项重要的组织保障。

通知内容主要有五条，对征集保管文物古迹范围、对象、种类、保管和成立保管机构作出明确规定。现作一些简单评析。

一是关于珍贵书籍、古物等规定。其中将古版书籍、抄本、宗教经典、县志、风土志等作为珍贵文物放在重要位置，同时，将贵重图书资料的范围扩至外文书刊和图表等，也就是把贵重的外文书刊和图表等纳入文物征集、保管范围。从第一条内容分项来看，（一）（二）是指古代部分，（三）应是指近代部分。这些图书资料在土改运动中都会涉及，将其明确列出，有利于有关人员进行征集、保管，以免散失或损毁；也有利于向广大群众宣传、解释，共同做好保护。对征集的文物图书资料，要求开列清单、妥为包装，运送中央局宣传部，其中特别重要的要求派专人负责运送，以保证其安全，这在当时（战时）尤为重要，在特殊情况下，甚至派民兵或部队护送都是必要的。这一要求适用于贵重外文书刊、图表等，体现了晋察冀中央局对贵重外文书刊和图表等价值和作用的重视程度。

二是通知明确规定征集的文物图书不得归私人所有。通知明确指出，上述文物图书为土地改革胜利果实之一部，任何机关或个人不得损坏，不得归私人所有。换言之，这些文物图书是在土改中没收地主等所获得的文化财产，应归公有或国家所有，由人民共享，不得损坏和由私人据有。这一条十分重要，它为以后博物馆和图书馆提供了重要馆藏。

三是通知将第一条和第二条所规定的古籍、古物等，在第三条概括为“文物”，即统称为“文物”。“文物”包含的对象和范围进一步扩大，作为概念应用日益增多。

四是通知要求对名胜古迹和建筑应妥为保护。名胜古迹和建筑范围很广，其中涉及寺庙，有些寺庙有大量土地，在土改中对有罪恶的主持进行了严惩，对其土地按规定分给了农民，但对寺庙等建筑按通知精神应妥为保护，不得破坏，是非常及时和必要的规定。据笔者了解，有的地方把寺庙建筑分给了农民，也保存了下来。

五是成立文物保管委员会问题。在解放区，成立文物保管委员会或文物管理委员会的日益普遍，作为一个地区保护管理文物的专门机构。这一机构名称和组织形式，具有独创性和中国特色。它影响深远，至今许多省、市、县仍成立有文物管理委员会，在文物保护管理中发挥了重要作用。

第三节　晋冀鲁豫边区文物征集保管办法

晋冀鲁豫边区人民政府曾长期驻河北涉县弹音村。1948 年，边区人民政府为了贯彻执行中国土地法大纲关于保护古迹古物和图书的规定，制定颁发了晋冀鲁豫边区文物征集保管暂行办法（以下简称暂行办法）。

一　暂行办法

暂行办法共七条，全文如下：

晋冀鲁豫边区文物征集保管暂行办法[3]

（一）为执行中国土地法大纲第九条丙项之规定，边区设立图书博物馆，各行署区成立文物保管委员会，为文物征集、保管专门机构。

（二）各地在土地改革中，凡遇名胜、古迹、古代碑碣、建筑物及有艺术价值之雕刻、塑像、壁画等，除当地政府责成专人保护，严禁破坏外，所有书籍（包括古今中外各种书籍以及经典、报章、杂志图表、失［史］料档案、唱词、小说等等……）碑帖、字画、珍奇、古董及各种美术品，均须暂行保存，经各区文物保管委员会报告边区政府教育部，派人检视，加以处置，不能任其损坏散失，或自由处理。

（三）过去土改中已散归各机关、团体，以及干部私人之图书、古物，其在各区者由各区文物保管委员会负责征集之，在边区各机关者，由边区图书博物馆征集之，各县民教馆或图书馆，除应留存解放区出版一般干部读物与可供社会教育与小学教员阅读之图书外，其余书籍古物，均应上缴。

（四）凡下列各种图书、古物，应送边区图书博物馆，集中保管之：

1. 古版及各种名贵版本、孤本、绝版抄本与不常习见之书籍。

2. 只供专门学术研究之古今中外各种图书资料。

3. 有证史价值的各种古董及美术品，即残缺损坏，亦可供研究者。

（五）凡下列图书，如有复本，其所在之行署区，得保留一部分供参阅；如无复本，则归边区图书馆供全区流通阅览。其余下列各项之图书，原则上应缴送边区图书馆保存：

1. 万有文库、四库备要、图书集成等类书。

2. 中学教学参考与一般事业部门参考之近代出版物。

（六）各行署区因需要或其他情况，未能上缴之图书，必须造具图书目录，送存边区图书馆备查，必要时，可由边区图书馆调取流通阅览。边区图书馆亦得编制总书目，印发各区，供应索取阅读之需要，发挥每一有用书籍之效用。

（七）各地因图书古物上缴，所花之装运保管等费用，准予报销。

（一九四八年七月三十一日）

二　几点评析

晋冀鲁豫边区人民政府制定颁发的文物征集保管暂行办法，是贯彻执行中国土地法大纲中关于保护古迹古物和图书规定的重要法规文件。暂行办法于 1948 年 7 月 31 日颁发，应是由边区人民政府主席杨秀峰，副主席薄一波、戎伍胜、张友渔批准、签署，或由某位领导签署。暂行办法对边区各行署区在土地改革中如何做好文物图书征集、保管等工作作出明确规定，现作些评析。

一是，暂行办法虽名为文物征集保管，但就全部内容观察，实际上是对土改中对文物和图书的征集保管工作作出的规定，而涉及图书的内容还比较多，书籍又包括古今中外各种书籍、报章、杂志、图表、史料档案、唱词、小说等等。暂行办法规定的内容，就时代而言，并非只是古代，还包括近代和民国时期；就国别而言，既有中国的，又包括外国的，种类和范围都相当广。总的要求是，均须暂时保存，由各区文物保管委员会报边区政府教育部，派人检视，加以处置，不得自行处理，从而保证不致损坏、散失。

二是，暂行办法规定的古版及各种名贵版本、孤本、抄本等珍贵图书资料，应属文物范畴，其中既包括古代的，也包括近代和民国时期的。对它们的保管应按文物要求进行保管，其他图书则应按图书要求保管。因此，在暂行办法中有不同要求的规定。

三是，对土改中散归机关团体以及个人的图书、古物等明确规定了负责征集收回的单位，其目的是保护土改胜利果实，将其收归国有文物、图书收藏保管单位保存。其中文物保存至今的，历史价值内容更丰富，是国有重要文化财产。

四是，暂行办法明确规定，设立边区图书博物馆，各行署区成立文物保管委员会，为负责文物征集、保管之专门机构，这是暂行办法各项规定贯彻落实的重要组织保障。其中边区图书博物馆，从暂行办法（二）（三）之规定看，应是一个机构，两个名称，其职责是收藏、保管图书和文物。

五是，暂行办法将文物、图书征集保管一起进行规范，包括设立边区图书博物馆，专业工作合为一馆负责，既有其历史的原因，而更重要的是两者有一部分是交叉的，即其本身的善本古籍等珍贵图书资料既是图书资料，具有重要历史、艺术、科学价值，又是文物。这种交叉和专业工作重叠，在文物事业早期，文物博物馆机构少的情况下，从实际出发，由图书馆兼管文物保存，在文物保护事业发展史上发挥了重要作用。

注释

［1］国家文物局主编：《中国文物地图集》山东分册（上）《概述》，中国地图出版社，2007 年 12 月第 1 版，2007 年 12 月西安第 1 次印刷。

［2］崔金亮：新中国成立前夕华北地区有关保护文物古迹文件选编。《档案天地》1999 增刊。

［3］崔金亮：新中国成立前夕华北地区有关保护文物古迹文件选编。《档案天地》1999 增刊。

第三章 毛泽东与华北人民政府保护名胜古迹古物指示与规定

第一节 毛泽东保护名胜古迹指示及相关措施

在革命战争年代，中国共产党始终重视保护、保存中华民族历史遗产。1942年，毛泽东《在延安文艺座谈会上的讲话》中指出：“我们必须继承一切优秀的文学艺术遗产。”早在1938年，毛泽东在《中国共产党在民族战争中的地位》中写道：“学习我们的历史遗产，用马克思主义的方法给以批判的总结，是我们学习的另一任务。我们这个民族有数千年的历史，有它的特点，有它的许多珍贵品。……今天的中国是历史的中国的一个发展；我们是马克思主义的历史主义者，我们不应当割断历史。从孔夫子到孙中山，我们应当给以总结，承继这一份珍贵的遗产。这对于指导当前的伟大的运动，是有重要的帮助的。”[1]

一 毛泽东保护历史遗产指示

1948年至1949年，中国人民解放战争不断取得重大胜利。在解放战争中保护名胜古迹等历史遗产，被放到重要位置。毛泽东主席等中央领导和解放军采取了一系列重要措施。

1948年11月，毛泽东主席在中央军委起草的致前线指挥领导人的电报中，增加了一条：“请你们通知部队注意，保护清华、燕京等学校及名胜古迹等。”

1948年12月17日，毛泽东主席在起草的中央军委关于保护工业区、保护北平文化古迹的电报中写道：“沙河、清河、海淀、西山等重要文化古迹区，对一切原来管理人员亦是原封不动，我军只派兵保护派人联系，尤其注意与清华、燕京等大学教职员、学生联系，和他们共同商量如何在作战时减少损失。”

1949年1月16日，毛泽东主席在为中央军委起草的关于积极准备攻城（北平）部署，给平津战役前线总前委聂荣臻等负责人的电报中，强调指出："此次攻城，必须做出精密计划，力求避免破坏故宫、大学及其他著名而有重大价值的文化古迹。""要使每一部队的首长完全明了，那些地方可以攻击，那些地方不能攻击。绘图立说，人手一份，当作一项纪律去执行。"

1949 年 4 月 23 日，南京解放，中央军委主席毛泽东发电报，要求部队"注意保护南京的孙中山陵墓，对守陵人员给予照顾"。

1949 年 4 月 25 日，中央军委主席毛泽东、中国人民解放军总司令朱德发布《中国人民解放军布告》，宣布中国共产党、中国人民解放军和全国人民共同遵守的约法八章，其中第四条规定："保护一切公私学校、医院、文化教育机关、体育场所和其他一切公益事业。"早在 1948 年，中央军委颁布的入城八条纪律中，第四条明确规定："保护学校、医院、科学文化机关及城市公共设备，名胜古迹和建筑工业。"

1949 年 5 月，毛泽东主席电令中国人民解放军指挥机关："在占领奉化时，不要破坏蒋介石的住宅、祠堂及其他建筑物。"[2]

中国人民革命军事委员会副主席周恩来，对保护文物、图书等多次作出重要指示，如 1949 年 5 月 7 日，周恩来通知中共中央宣传部：一、希望解放军对于南浔镇刘氏嘉业堂藏书楼，特予保护，以重文化。二、太原城内普善寺藏有开宝藏（北宋版）数卷，及宋藏全佚（疑即碛沙藏），希望解放军特予保护。

1949 年 4 月 26 日，中共中央宣传部电告中共中央华东局、第三野战军政治部，命欧阳道达保护国立北平故宫博物院南京分院文物。电称：南京水西门朝天宫有故宫博物院仓库，内存故宫精选古物一万余箱，望特别关照保护，其负责人为欧阳道达科长，即住朝天宫内，请与联络，命其继续负责看管，不得损失。

4 月 28 日，中共中央宣传部电告中共中央华东局，请保护宁沪古书等物。

二　解放军部队领导人指示保护文物

1949 年 8 月 26 日，兰州解放。中国人民解放军第一野战军司令员兼政治委员彭德怀专门召开了一次部署文物保护的会议。他在会上严肃地指出，我军已踏上了古丝绸之路，再往西走历史古迹更多，那都是中华民族的瑰宝。如果谁破坏了几千年历史遗产，谁就是将被子孙后代责骂的败家子。他还重点介绍了敦煌石窟，要求我军一定要像珍惜生命一样，将它保护好。

1948 年，随着解放战争胜利进展，中国人民解放军向全国各地进军，为了保护各地重要文物建筑，急需一份这方面的重要资料。中国人民解放军有关部门委托国立清华大学和私立中国营造学社合设的中国建筑研究所合编这一资料，由梁思成任主编，自 1948 年 12 月开始编写，1949 年 3 月完成，定名为《全国重要建筑文物简目》。

《全国重要建筑文物简目》（以下简称《简目》）按民国三十八年（1949 年）三月以前的省、市、县行政区划排列，共收入 22 个省、市的重要古建筑、石窟寺、雕塑等共计 465 处，并加注了建筑文物的详细所在地、性质种类（如佛寺、道观、桥梁、陵墓……）、创建或重建年代，以及建筑文物的价值和特殊意义。《简目》编排和内容，条理分明，简明扼要，科学合理，便于查阅。

为了强调对特殊重要的建筑文物加强保护，《简目》在编写时，将建筑文物分为 4 级，以圆圈作标志，而以圆圈多少表示其重要性，从而便于部队识别掌握，充分发挥其作用。

《简目》编写的主要目的，是供中国人民解放军作战和接管时使用，以保护重要建筑文物安全。1949 年 3 月，解放军向全国各地全面进军前，该《简目》以手刻油印本首次发至军中。在以后曾多次铅印发行，如 1949 年 6 月，由华北人民政府高等教育委员会印发等[3]。

三　文物博物馆业务工作新的方针

1949 年 1 月 31 日，北平和平解放，城内和城外文物古迹得以保存、保护。3 月 6 日，北平市军事管制委员会在故宫太和殿召开接管故宫博物院大会，军事管制委员会代表尹达宣布正式接管故宫博物院，马衡院长留任，全体工作人员均留在原工作岗位工作，职薪不变。

1949 年 4 月，北平市军事管制委员会文化接管委员会文物部确定国立北平故宫博物院业务工作新的方针，即：要利用文物为教育人民之工具，以启发其反帝、反封建的革命思想，并协助国家建设事业为工作目标。因此，全部陈列室要重新布置，不事炫奇尚异，而以教育为主旨[4]。

四　价值与影响

毛泽东主席关于保护名胜古迹等一系列重要指示，有重要价值和意义，对保存、保护北平城内和城外重要文物古迹，对中国人民解放军向全国各地进军中保存、保护文物古迹，发挥了极为重要的决定性作用，使中华民族丰富而弥足珍贵的历史遗产得到保存和保护，免遭战争中难以避免的损坏。这是它最重要的，直接的历史价值和重大意义。

毛泽东、周恩来、朱德等中央领导人关于保护名胜古迹、图书等重要指示，以及中共中央宣传部、中国人民解放军部队领导人关于保护文物古迹、图书等重要指示，所体现的保存、保护中华民族五千年历史遗产和近代以来的重要历史遗存的重要思想、方法等，对新中国文物保护事业产生了重要而深远的影响。

《简目》是一部具有很高价值的重要建筑文物编目著作，是建筑历史学界等专家学者多年调查研究古建筑、石窟寺等的重要成果。同时，它具有很强的针对性和适用性，既有重大的现实意义，即在当时特定的历史条件下发挥了重要作用，又有重要的历史价值，对以后建筑文物保护、研究等产生了重要影响，如对建筑文物的调查、普查，对建筑文物的分级保护等，均作为重要参考或依据。

第二节　华北人民政府文物保护管理规定与价值

1948年9月26日，华北人民政府成立。它是在合并晋察冀和晋冀鲁豫两大边区的基础上成立的。在这一重大变化和新的情况下，为了进一步贯彻土地法大纲精神，做好文物古迹保护管理工作，华北人民政府于中华民国三十七年（1948年）十一月十三日，由主席董必武，副主席薄一波、蓝公武、杨秀峰联署，颁布《关于文物古迹征集管理问题的规定》的政府训令（教总字第二号）。这是一个保护管理文物的重要规定，有重要价值和意义。

一　保护管理文物规定

华北人民政府训令颁布的《关于文物古迹征集管理问题的规定》，共十条，全文如下：

华北人民政府训令（教总字第二号）

关于文物古迹征集管理问题的规定[5]

各行署直辖市政府并抄致华北级各机关及专署县市政府：

古代文物为我民族文化遗产，其中不少具有历史学术或艺术价值。土改中为保护征集古代文物，晋冀鲁豫边区政府及晋察冀边区行政委员会均曾根据土地法大纲精神颁布命令与办法。据近数月了解此项工作在各地区均获得一定成绩，但仍未在干部群众中进行深入教育，因之各地图书古物古迹的散失损毁，时有所闻，此实乃人民文化财产之重大损失，应引起严重注意。今后图书古物管理工作为经常的文化建设工作之一，本府为有组织有计划地进行此项工作，特再统一规定十条，望接令后根据你处具体情形传达布置，并作报告。

（一）在各级干部群众中进行深入教育，说明此类图书古物是中华民族文化的历史遗产，对新中国文化具有重大价值，应加注意保护，不应一概斥为“封建迷信之物”任其损毁，应严禁出口。

（二）华北人民政府教育部，各行署区、各直属市、各县，成立各级图书古物管理委员会，为图书古物管理的专门机关。各级图书古物管理委员会应以各级政府教育部门，及其同级各单位宣教部门吸收聘请地方知名人士专家、文化教育工作者组成之，根据各地情形拟出具体办法进行工作。

（三）凡古代石器、铜器及其他金属器、陶器、瓷器、玉器、竹木器、齿牙骨角器、珠宝珧贝器、玻璃料器、皮革器、丝麻棉等编织物及刺绣，凡各种化石，凡古版及各种珍贵版本，孤本、绝本、抄本与不常习见之书籍、碑版、甲骨、金石文字及其他拓片，图书版片、简牍、档案、文书簿记、字画、佛经等，以及近代的中外图书仪器报章杂志、图表等均应负责征集。

（四）图书古物征集后，在各行署区、直辖市，可分别鉴定登记，教育部图书古物管理委员会派人检视并根据该地图书古物的情况决定上缴或存留（有专门研究价值及珍贵古物必须上缴），上缴部分运送到教育部图书古物管理委员会，存留部分可由各区成立图书馆负责管理工作，但须将目录清册按时造送教育部图书古物管理委员会存查，以备必要时调取研究阅览。教育部图书古物管理委员会亦得将华北图书博物馆图书编制总目录印发各区以供应大家阅览之需要。

（五）凡各地名胜古迹：如名寺古刹及其附属建筑、地下建筑、古佛像、碑碣、壁画、古冢墓及其附属建筑、古迹发掘遗址、名人故居等不能移动及不便移动者可留原地保管，并责成当地政府负责保护。

（六）凡地方人士捐献其所收藏之古物图书归公保存者，各地之图书古物管理委员会可酌情给予适当奖励与照顾。而在土改中没收地主之图书古物不论分配与否，应按土地法大纲精神动员交给当地图书古物管理委员会，不能作为一般财产分配给当地群众，而由国家保存归全体人民所有。但在群众交献以上图书古物时，亦应给予适当奖励。

（七）凡工作人员利用其职权收集图书古物据为己有者，在这次指示之后应即刻送交当地图书古物管理委员会（专署级无图书古物管理委员会应交行署级图书古物管理委员会）。如在管理机构已经成立而仍匿不交者，即以窃取果实论处。对负责收集爱护又能即时送交图书古物管理委员会者，应予表扬奖励。对任意使图书古物古迹损毁者，按情节轻重给予批评处分。

（八）各地呈缴之图书目录与古物清册应详细具体，兹列举报告要点如下：关于图书者应查明书名、著名（或编者译者）、校者、版本（出版年、出版地、出版人等），装订收藏者鉴赏者，高广、册数、卷数、页数、函数、完缺情形、来源、价格等。关于古物者应查明：品名、质地、大小（高长宽、直径）、颜色、花纹、重量、文字、字体、收藏者、完缺情形、来源、价格等。古物中之珍贵者应派专人早日送交教育部图书古物管理委员会。关于古迹应查明：地点、方位、坐落、样式、面积、完缺情形、内藏造像埋藏物（照古物要点）、壁画、碑碣匾额等。

（九）古物发掘不得自流进行，已发掘者要报告：缘起、过程、出土地质层、古物的位置。并按第八条所提古迹要点古物要点详细报告，此次指示后非经教育部批准不得自行发掘。

（十）各地因图书古物上缴所开支之装运保管等费用准予报销。

此令

主席　董必武

副主席　薄一波

蓝公武

杨秀峰

中华民国三十七年十一月十三日

二　价值与意义

华北人民政府是在合并晋察冀边区行政委员会和晋冀鲁豫边区政府的基础上

建立的。在解放战争胜利进行，土地改革在解放区深入开展的形势下，华北人民政府在河北平山县成立。这不仅是边区区域上一次重大的变动，在政权建设上也是一项重大举措，是一项标志性胜利成果。华北人民政府主要部门比较齐全，职权比较明确，因此被誉为“新中国雏形”。

华北人民政府成立后，在文物古迹保护方面面临新的情况。在此之前的二月份晋察冀中央局向县团级发出为征集与保管文物古迹通知，七月份晋冀鲁豫边区政府颁布文物征集保管暂行办法，各地在贯彻执行中取得了一定成绩。现在两大边区合并，组建了华北人民政府，如何与此前晋察冀和晋冀鲁豫边区所发通知和办法相衔接，进一步贯彻中国土地法大纲关于保护古迹古物和图书的规定，不使该项工作脱节，就提到重要议事日程。在这种情形下，华北人民政府及时研究制定、颁布了《关于文物古迹征集管理问题的规定》训令。

《关于文物古迹征集管理问题的规定》（以下简称《规定》），承前启后，内容比较全面，调整、规范保护管理对象涉及不可移动文物古迹和可移动文物，涉及古迹、名人故居、考古发掘、古物图书征集、禁止古物图书出口、奖励与惩处等各个主要方面，其中还有一些重要文物术语（词汇）或概念应用，如文化遗产、文化财产、原地保护等，是一个内容比较全面、系统、综合性的文物法规文件。连同后来华北人民政府颁布的《为保护各地名胜古迹、严禁破坏由》训令和《为禁运古物图书出口由》令，是新中国成立前具有标志性的重要法规文件，据此对文物古迹和图书实施保护管理，同时，也为新中国成立后文物政策法规建设做了重要准备，具有重要历史价值和当时的现实意义，产生了重要影响。

《规定》在序言中第一句开宗明义写道：“古代文物为我民族文化遗产，其中不少具有历史学术或艺术价值。”文物是文化遗产的重要组成部分，将古代文物定性和定位于我民族文化遗产，是一种科学界定，华北人民政府用训令来界定，具有权威性和稳定性。这是新中国成立前笔者已知中国共产党和人民政府在保护文物古迹法规中较早应用“文化遗产”概念。把古代文物作为中华民族文化遗产，这一定性和定位以迄于今，一以贯之，影响深远。

在《规定》序言中，还应用“文化财产”术语（或概念）：“因之各地图书古物古迹的散失损毁，时有所闻，此实乃人民文化财产之重大损失，应引起严重注意。”古迹古物和图书不是一般的物质财产，是承载中华悠久文化、文明的载体，其内容丰富，文化内涵博大精深，将其定性和定位为“文化财产”是科学的、合理的。这一定性和定位决定了对它们的保存、保护和管理，应从保护文化、积累文化、传承文化的立场和观念上去把握，应摒弃单纯物质财产的观点，以及粗暴的做法。

在《规定》序言中接着写道：“今后图书古物管理工作为经常的文化建设工作之一。”这也是对保护、管理古迹古物和图书工作性质的科学的和准确的认定。这一认定的重要性影响至今，保护文物仍是社会主义文化建设的重要组成部分，对文化发展、建设意义重大。

华北人民政府在新的形势下，根据新的情况和需要，在晋察冀和晋冀鲁豫边区保护文物古迹通知和办法的基础上，特统一规定十条，以有组织有计划地进一步做好文物古迹和图书保护管理工作。

《规定》第一条是对干部群众进行文物古迹价值教育和禁止古物图书出口的规定。它强调了在各级干部群众中深入开展文物古迹价值和作用宣传教育的重要性和意义。强调要“说明此类图书古物是中华民族文化的历史遗产，对新中国文化具有重大价值，应加注意保护”，把保护古迹古物图书的价值认知提高到保护民族历史遗产，促进新中国文化建设重要性的高度加以明确。为此，对古物图书等明确规定“不应一概斥之为‘封建迷信之物’任其损毁”。这不仅在当时具有很强的针对性，而且对以后廓清干部群众对古物古书的认识和做好保护都至为重要。同时，在此基础上，第一条明确规定，此类图书古物“应严禁出口”，是改变和杜绝近代以来我国文物图书严重流失状况必要的举措。

第二条是对成立图书古物管理委员会的规定。它是古迹古物和图书管理专门机构。同时规定管理委员会的组成部门和专家等人士。这一规定的组织形成，一直影响到现在。

第三条是对保护古物图书类别与禁止出口的规定。它规定文物古迹征集保管的范围很广，种类众多且比较齐全。其中的古物和版本分类，从分类方法上讲，已比较科学和合理，既有利于当时古物征集，建立分类档案，有利于保存、保管，也影响到以后的文物藏品分类和保管建设。同时，规定中对近代以来中外图书报章杂志图表等征集也作出明确规定，其中包括有近代以来的珍贵图书资料，它们也是近代文物的重要组成部分。就此而论，华北人民政府规定，从法规上明确了对近代文物的征集、保存和保护，确立了近代文物的法规地位。这一规定有重要价值，影响深远。

第四条是对图书古物征集、鉴定、登记造册的规定。它规定征集的古物图书等应分别鉴定登记造册，教育部图书古物管理委员会派人检视，以确定上缴或存留。登记造册是建立图书古物文化财产账，是检视、保存、保管古物图书的重要依据。《规定》对有关职责作出明确规定，有利于贯彻、落实和检查。

第五条是对名胜古迹保护作出明确规定。它列出了名胜古迹一些类别，都属于不可移动文物。特别应指出的是，一是明确提出和规定保护名人故居，作为名胜古迹的一个类别，无疑有利于对其保护。名人故居应包括古代名人故居，也应包括近代名人故居，如此把不可移动文物保护由古代扩展到了近代。二是强调对名胜古迹等不可移动文物或不便移动（即移动后将严重影响其价值）的文物，留原地保护，由当地政府负责保护。不可移动文物由原地保护到原址保护的原则处于形成之中。

第六条是对捐献古物图书者给予奖励和没收地主之图书古物归全民所有的规定。它规定凡地方人士捐献古物图书归公者应给予奖励和照顾。奖励和照顾一般应包括物质的和精神的，应视具体情况而定。没收地主之图书古物不是一般物质财产，不能分给农民群众；它是文化财产，是民族的历史文化遗产，应由国家保存，归全民所有和共享。但已分给农民群众的，在向群众作好宣传解释后，主动上交的应给予适当奖励。因为毕竟当时是作为土地改革胜利果实分给他的，也可能因此少分给他应得的其他物质财物，因此在群众自愿上交时，给予适当奖励既是鼓励也是一种补偿，合情合理。

第七条是对利用职权收集古物图书据为已有者应上交有关问题的规定。在土改运动中，凡工作人员利用职权收集古物图书据为已有者，应根据规定要求即刻送交当地图书古物管理委员会，应看做是执行规定的表现。如在管理委员会已成立的地方，仍藏匿收集的古物图书不上交，《规定》对此明确为“以窃取果实论处”，换言之，在土改中工作人员利用职权收集古物图书，是窃取土改胜利果实，这就不仅是一般据为已有的财产问题，而是政治立场问题，必须严肃对待，给予处理。同时规定，对负责收集爱护古物图书又能及时送交者应给予表扬奖励，对任意损毁者，应按情节轻重给予批评教育或处分。只有奖罚分明，严明纪律，才能保证古物图书上交，并得到妥善保存、保管。

第八条是对各地呈缴图书编制目录和古物登记造册的规定。执行这一规定对保障图书古物不致散失，保障其安全有重要意义。同时，按照规定要求的图书编目要点（项目）和古物古迹登记造册要点（项目）做好这项工作，就可保证图书、古迹古物各项重要资料的科学性和完整性，有利于保存它们的各种信息安全。对古物而言，保障流传有绪信息的完整性十分重要。该条规定的科学要求其价值和意义重大。

第九条是对古物发掘须报经批准的规定。它明确规定古物发掘不得自流进行，已发掘者，即在《规定》颁布前已发掘者，应进行报告，并按第八条所规定古迹登记要点详细报告。在《规定》颁布以后，未经华北人民政府教育部批准，不得自行进行发掘。该条规定为古物发掘保证其科学性，并合法有序进行，防止私挖乱掘破坏古迹有重要价值和作用，对考古发掘实行审批许可制度做了重要准备。

第十条是对上缴古物图书运费报销的规定。它是开展这项工作的经费保障措施。在当时明确规定这一点尤为重要。

第三节　华北人民政府保护名胜古迹规定

华北人民政府继颁布《关于文物古迹征集保管问题的规定》之后，于中华民国三十八年（1949 年）一月十四日，又《为保护各地名胜古迹、严禁破坏由》颁发训令，就有关问题作出明确规定。

一　保护名胜古迹与禁止破坏规定

华北人民政府关于保护各地名胜古迹、严禁破坏训令主要有五条规定，全文如下：

华北人民政府训令　社教字第七号

为保护各地名胜古迹、严禁破坏由[6]

令县以上各级政府，本府各部门，各直属机关：

我国名胜古迹，各地均有，在历史、文化、科学及艺术各方面，皆有很大的价值。这些都是人民的文化财产，以前因日寇、蒋匪荼毒人民，破坏损毁，为数甚多，又在土改期间，因政府照顾欠周，也有部分损坏。兹为珍重人民文化财产计，特作如下之规定：

(一) 凡具有历史文化价值之名胜古迹，如：古寺、庙、观、庵、亭、塔、牌坊、行宫等建筑，碑、碣、塑像、雕刻、壁画、冢墓、古迹发掘遗址、名人故里之特殊建筑，及其有纪念意义之附属物等，均属于保护之列。

(二) 各级政府之民政部门，应兼办其辖境内，名胜古迹之调查及勘查事宜，调查结果，随时报告本府。各级政府更当分别情形，注意保护。

(三) 关于名胜古迹之修葺，应以保护为原则，目前绝不应翻修或重建，其费用可从地方建设粮内开支，如遇特殊情形，需要补助时，可具报本府，认为必要时酌量予以解决。

(四) 凡零散在各地之古迹，当地政府应负保管之责，其能移动者：如碑碣、雕像、铸像之类，必要时可移至名胜场所，或古物保存所，以便保护。

(五) 凡有价值之宫、观、寺宇及名胜场所等，禁止军队及其他机关拆毁占用，并应委定专人住守管理，加意保护，看守人之生活费用，应由当地政府规定办法，自行解决。一般无特殊价值之寺院，亦当视为公共财产予以照顾，不可任令毁坏。

上述各项，仰即转饬所属遵照执行，并将保护名胜古迹之重要性，向广大群众宣传解释，各县应将辖境内名胜古迹，作一调查，限四月底以前，转报本府备查。

此令

中华民国三十八年一月十四日

主席　董必武

副主席　薄一波

蓝公武

杨秀峰

二　保护名胜古迹规定评析

华北人民政府《为保护各地名胜古迹、严禁破坏由》训令（以下简称“保护名胜古迹”训令），是一件专门保护名胜古迹的法令，其内容主要为保护名胜古迹或者说保护不可移动文物作出的规定。现对训令规定内容作一些分析和评论。

训令序言中强调指出，各地名胜古迹具有历史、文化、科学及艺术价值，是人民的文化财产，由于以前的破坏，造成了重大损失。为珍重人民文化财产，特作出了五条规定。

第一条是对应保护之名胜古迹范围的规定。它采用列举的方式，列举了名胜古迹一些种类。其中的行宫可能指热河行宫（避暑山庄）等，古迹发掘遗址应指古遗址或古文化遗址，名人故里特殊建筑应指以名人故居为代表的具有特点的建筑，但列举的主要涉及寺庙建筑较多。就华北地区来说，如石窟寺、长城、宫殿建筑、园林建筑、古桥等许多重要文物建筑没有列举，应是缺憾。上述都应属于国家保护名胜古迹或文物古迹的范围。

第二条是对名胜古迹调查职责和保护职责的规定。它规定各地政府民政部门负责名胜古迹的调查和勘查事宜，由各级政府负责保护。换言之，各级政府对名胜古迹负保护之责，其影响久远。

第三条是对名胜古迹修葺等问题的规定。它规定对古迹“目前绝不应翻修或重建”。当时，解放战争正在进行中，解放区政府的重要任务是实行土改，发展生产，支援前线。就华北地区而言，在华北人民政府 1949 年 1 月 14 日颁发保护名胜古迹训令时，平津战役尚未结束，有些地方还没有解放，在这样的全国和华北总的形势下，当时也没有保障古迹翻修或重建的经济条件，以及工程技术力量。因此，训令规定对古迹“目前绝不应翻修或重建”是从大局出发，从实际出发，实事求是。规定要求对古迹修葺是为了保护，即保护是修葺的前提和落脚点。同时明确修葺“费用可从地方建设粮内开支”，可窥见当时经济形势和实际情况。这一规定具有十分明显的时代特点。

第四条是对零散碑碣、雕像等古迹保管的规定。它首先明确对零散碑碣、雕像等古迹由各地政府负责保管。同时规定，为了有利于保存和保管，对零散的碑碣、雕像、铸像可迁移到其他名胜场所或古物保存所。这是一种保护方法。首先，迁移的碑碣、雕像、铸像必须是零星散布的、已无其他关联建筑物、墓冢等遗存，换言之，是孤零零的散存某地，无法有效保护。这是确定可否迁移保管的前提条件。其次，要选好迁至的保存处所，一是可以有利于集中保管、研究、展出，二是具备安全保管设施等条件。再次，在迁移之前，对碑碣、雕像、铸像应做好记录、登记、照相等资料工作。第四，在迁移过程中，要精心组织、精心实施，保证碑碣、雕像、铸像及工作人员安全。

上述规定保护零散碑碣和雕像的方式，对以后此类文物保护产生了影响。但必须强调指出，有的碑碣应禁止迁移，如疆域碑、重大历史事件发生地标志碑等。

第五条是禁止拆毁古迹和占用古迹的规定。这条规定在当时是十分必要的，具有很强的针对性，也发挥了一定作用。但也应指出，在当时及以后的年代，一些地方还是发生了拆毁古建筑的事件，造成了不可弥补的损失。至于禁止军队及其他单位占用古迹建筑，在解放之初是很难避免的，因此至今仍有占用单位尚未迁出、腾退，未以保护文物的要求进行保护、利用。以华北人民政府训令这条规定衡量，当时占用就是违法的；对于历史上遗留的问题，应积极创造条件，逐步加以解决，让人民群众共享文化遗产，发挥文物应有的作用。

第四节　华北人民政府禁运古物图书出口规定

华北人民政府为了保护我国古物图书，于中华民国三十八年（1949 年）四月八日，以教总字第一号《为禁运古物图书出口由》颁布政府令，全文如下：

华北人民政府令　教总字第一号

为禁运古物图书出口由[7]

令各行署省府直辖市府津海关

查我国古物图书在蒋匪统治时代，官商勾结，盗运出口，使我国文化遗产，遭受莫大损失。今平津两地已告解放，海陆运输又已畅通，为防止古物图书盗运出口，自命令即日起，凡属于考古学、历史学、古生物学及其他文化有关之古物，并八十年以前之一切图书，均严禁出口，运往国外（经政府特许交换者不在此限）。无论中外人士，违者除没收其物品外，并以盗窃论罪。除分令海关及检查站认真检查执行外，希即遵照并饬属依照执行为要！

此令

中华民国三十八年四月八日

主席　董必武

副主席　薄一波

蓝公武

杨秀峰

华北人民政府在颁布禁运古物图书出口令之前，已颁布了《关于文物古迹征集保管问题的规定》和保护名胜古迹禁止破坏的规定。这两个保护文物古迹法规，是规范境内文物古迹保护管理、禁止破坏，做好境内文物古迹保护管理工作的依据。而禁运古物图书出口规定，应是从加强海关管理，管住古物图书出口问题，结束近代以来古物图书严重非法流失的历史。三个法规文件构成一套当时加强文物古迹保护管理的法规组合，对新中国成立之前文物古迹保护发挥了重要作用。

在文物古迹保护中，从海关把住古物图书出口关至为重要。1949 年 1 月 15 日天津解放，有了重要出口海关；北平也于 1949 年 1 月 31 日宣告和平解放，华北人民政府于 1949 年 2 月 20 日从河北移至北平办公。1949 年 3 月 5 日，毛泽东在中共七届二中全会上的报告中，对“改革海关制度”作了重要指示，把它作为“中国人民就在帝国主义面前站立起来了”[8]的重要举措之一。华北人民政府关于禁运古物图书出口规定就是在这样的政治背景和形势下颁布的，有重要价值和意义。

禁运古物图书出口规定中的古物，具体范围和种类，基本上应以华北人民政府颁布的《关于文物古迹征集保管问题的规定》第三条所列古物种类和善本图书等为依据认定，严禁出口。而图书资料在禁运古物图书出口规定中，明确八十年以前之一切图书严禁出口。“八十年以前”年限规定，应是借鉴外国有关禁止古物图书出口的规定作出的。禁止图书出口的具体种类，应依据华北人民政府《关于文物古迹征集保管问题的规定》第三条和第四条规定的图书资料种类进行认定，严禁出口。华北人民政府禁运古物图书出口规定令，成为结束近代以来我国古物图书严重非法外流历史的标志性法规。

注释

[1]《毛泽东选集》第二卷，人民出版社，1991 年 6 月第 2 版，1991 年 9 月第 2 次印刷。

[2]毛泽东关于保护名胜古迹等指示，均见国家文物局编：《中华人民共和国文物博物馆事业纪事（1949—1999）》，文物出版社，2002 年 9 月第 1 版（内部发行）。

[3]罗哲文：《全国重要文物建筑简目》，载《中国大百科全书 · 文物博物馆》，中国大百科全书出版社，1993 年 1 月第 1 版。

[4]国家文物局编：《中华人民共和国文物博物馆事业纪事（1949—1999）》，文物出版社

2002 年 9 月第 1 版（内部发行）。

[5]崔金亮：新中国成立前夕华北地区有关保护文物古迹文件选编。《档案天地》1999 增刊。

[6]崔金亮：新中国成立前夕华北地区有关保护文物古迹文件选编，《档案天地》1999 增刊。

[7]崔金亮：新中国成立前夕华北地区有关保护文物古迹文件选编，《档案天地》1999 增刊。

[8]《毛泽东选集》第四卷，人民出版社，1991 年 6 月第 2 版，1991 年 6 月北京第 2 次印刷。